人力资源管理理论与实务系列

人员素质测评

杨敏杰◎主审　王文茜◎主编

RENYUAN
SUZHI CEPING

上海交通大學出版社
SHANGHAI JIAO TONG UNIVERSITY PRESS

内容提要

本书包括人员素质测评导论、胜任素质模型、人员素质测评的设计、笔试测评、面试测评、心理测验、评价中心以及人员素质测评的实施与运用等 8 个章节，每章由理论和实训两部分组成，各章均以案例导入，以进一步强化学生的实际应用能力。

本书可以作为普通高等院校人力资源管理专业教材，也可以作为企业的人力资源管理咨询和指导用书。

图书在版编目（CIP）数据

人员素质测评 / 王文茜主编．—上海：上海交通大学出版社，2025.1

ISBN 978-7-313-24551-9

I．①人… II．①王… III．①人员测评 IV．①C962

中国版本图书馆 CIP 数据核字（2023）第 054407 号

人员素质测评
RENYUAN SUZHI CEPING

主　　编：王文茜
出版发行：上海交通大学出版社　　地　　址：上海市番禺路 951 号
邮政编码：200030　　电　　话：021-64071208
印　　制：上海新艺印刷有限公司　　经　　销：全国新华书店
开　　本：710mm×1000mm 1/16　　印　　张：16.25
字　　数：319 千字
版　　次：2025 年 1 月第 1 版　　印　　次：2025 年 1 月第 1 次印刷
书　　号：ISBN 978-7-313-24551-9
定　　价：58.00 元

总　序

人力资源是推动社会经济发展的第一资源。近年来，党中央、国务院高度重视人力资源服务业的发展，人力资源和社会保障部按照人才强国战略和就业优先战略的部署，制定了促进人力资源服务业发展的系列政策措施，推动我国人力资源服务行业保持较高增速。目前行业规模更是跨越万亿元门槛，成为推动我国经济发展的重要引擎。

人力资源管理得到了企事业组织的高度重视，如何把握好人力资源规划、职位分析、招聘管理、绩效管理、薪酬管理、培训管理、员工关系管理等人力资源管理中的关键环节，已经成为企事业组织考虑的最重要的问题。随着以大数据、移动互联网、人工智能等为特征的新科技时代的来临，企事业组织对员工素质的要求大大提升，人力资源管理面临着更高的要求和更大的挑战。

无论是提高企事业组织的人力资源管理水平，还是建立具有中国特色的人力资源管理理论体系，都需要大批具有先进管理理念、掌握科学管理方法的人力资源管理人才。近年来，社会对人力资源管理专业人才的需求一直居高不下，旺盛的需求同样导致供给的增加。据统计，到目前为止，全国已有 500 多所高校开设了人力资源管理本科专业，这些专业不仅面向企业，也开始逐步面向政府公共部门。因此，提高人力资源管理人才的培养水平已经成为当务之急。

人力资源管理是实践性和操作性很强的专业，更注重应用技术型人才的培养，而应用技术型人才培养的本质在于实践，“人力资源管理理论与实务”系列教材立足于应用技术型人才的培养，充分体现了对实践的尊重。本系列教材的作者们系统总结，提炼和升华了多年的教学实践经验和企事业人力资源管理经验，立足于中国本土企事业组织的招聘管理、绩效管理、薪酬管理、培训管理、员工关系管理等人力资源管理经典模块，以全球视野与互联网时代新思维，全面而立体地剖析人力资源管理的关键方法，对于快速提升学生的人力资源管理水平和技能，具有极大的参考价值。

在浩如烟海的人力资源管理类书籍中，针对人力资源管理入门者，应用技术型人力资源管理人才，围绕人力资源管理的工作流程，提供系统化业务知识指导与实践的书籍相对较少。本系列教材与其他人力资源管理类书籍相比，有以下两个方面的特点：

其一，精练化的管理理论。本系列教材包括《招聘管理》《绩效管理》《人员素质测评》《员工培训与开发》《薪酬管理》《员工关系管理》等。教材中提炼的管理理念，尽量不基于某一实践个例，而是对近年来解决实际管理问题的方法的系统性分析与归纳，较为科学、与时俱进；既可以满足人力资源管理专业学生系统学习知识的需要，也可以让非人力资源管理专业的学生根据需要选读。

其二，针对性的实践内容。除《人员素质测评》外，本系列教材都分上、下两篇，上篇为理论篇，下篇都为实训篇，这部分内容摒弃复杂难懂、高深莫测的学术性词汇，注重生动性和接地气；将人力资源管理前沿理论与应用实战经验高度融合，形成具有较高的可操作性的管理工具与方法。本系列教材将理论与实践有机结合，内容新颖，题材丰富，既包含体系化的管理理念与知识，又收集了丰富的“实战工具”。

实践的力量是伟大的，源于实践、尊重实践，最终应用于实践的情怀与理念是值得推崇的。本系列教材的作者们充分发挥实践的力量，为解决管理中的实际问题提供理论方法与参考工具，为人力资源管理专业学生职业技能的提升指引方向、提供动力。

本系列教材由上海杉达学院人力资源管理专业教师编写，得到了上海杉达学院专项资金的资助，充分体现了学校对专业教学工作和教材建设的鼓励和支持。希望本系列教材能够成为人力资源管理专业学生以及人力资源管理从业者的良师益友。

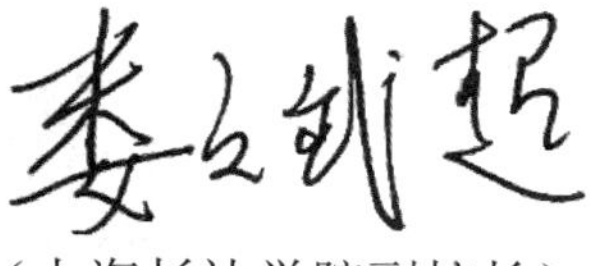

（上海杉达学院副校长）

前　言

伴随习近平总书记“一带一路”倡议的提出，以具体行动参与、支持“一带一路”建设，已成为国际社会的“热现象”，一大批中国企业也迎来了“走出去”的浪潮。在跨文化的合作发展中，我国企业面临着诸多机遇和挑战。因此，丰富和提高企业人员选拔的方法和水平，为企业输送适岗人才就显得尤为重要。本教材通过指导企业建立与自身发展相适应的人员素质测评体系，帮助其高效准确地对人员进行选拔以及合理配置，从而实现“人岗匹配”。

素质中的“素”即“白”“无色”，“质”即“底子”“秉性”，即素质是人的本源，越是本质的东西越难测评。信息不对称、被测者往往隐瞒信息、以及测评工具本身有一定局限性等因素，导致人员素质测评成为人力资源管理诸多板块中主观性最强、技术含量最高、最难把握的环节。本教材尝试对什么是素质、哪些素质可以测评、如何测评、如何保证信度和效度等问题进行阐述。

同以往教材相比，本教材具有以下3个特色：

（1）内容全面。人员素质测评的重要内容均被悉数纳入，整体性、系统性较好，符合人员素质测评的逻辑过程。

（2）本教材力求将理论与实训相结合，介绍人员素质测评的原理、方法和操作实务。每章后有多个与之相对应的实训任务，实现“知行合一”。

（3）教材采用案例、流程图、表格等多种编排方式，有利于生动活泼的、富有个性的测评学习活动的实现。

人员素质测评虽不是传统人力资源管理6大模块之一，但要提高人力资源开发和管理的科学性，人员素质测评是绕不开的话题。事实上，人员素质测评渗透在各个模块当中，譬如招聘管理模块中的简历筛查、笔试面试，培训与开发模块中的工作鉴定认可、专业知识技术考察，绩效管理模块中的人才考核、晋升等。为了使实训内容更贴合理论知识，本教材没有采用同套书籍将理论与实训分列开来的结构模式，而是在每一章节中均搭配多个与该章节非常匹配的实训任务供教师实施相关的实践教学活动，避免实践课程与理论内容脱节。

本教材在编写过程中借鉴了许多中外学者的研究成果，参考了期刊、报纸、专业网站等众多资料，特向有关作者表示衷心感谢！由于编者水平有限，书中错误与不妥之处在所难免，敬请广大读者批评指正！

目　录

1

人员素质测评导论

学习目标

（1）掌握素质的定义、特性及构成；
（2）掌握人员素质测评的含义；
（3）掌握人员素质测评的类型；
（4）掌握人员素质测评的特点；
（5）了解中西方人员素质测评的发展历程；
（6）掌握人员素质测评对于现代人力资源管理的作用。

引例

没有最好的员工，只有最合适的员工

人们只知道卓豪（Zoho）公司在IT领域声名鹊起，拒绝了来自微软、谷歌、雅虎的收购，却很少有人知道，这家印度公司制作“知识产品”软件所采用的方法与工厂的生产没有什么两样。目前该公司员工总数高达600人，而与其他IT公司不同的是，它在市场端的硅谷地区竟只聘请了8个人。为了进一步降低人力成本，卓豪甚至坚持不招聘名校的学生，只要胜任无须名校毕业。据报道，卓豪甚至派人深入高中校园，招聘一些成绩不错但急着赚钱补贴家用的学生，接受9个月的培训后，就开始工作。实践证明，卓豪挑选的人员恰恰能很好地满足公司的需求。

在实际工作中，我们往往能够选拔出最聪明、最优秀的员工，但他们对于公司来说就是最合适的吗？也许从来没有人问过这样的问题。所谓的“好”是有标准的，否则就无所谓好。标准不应该来自我们自己的主观经验，而应该来自经过事实验证了的客观规律。选拔人员，只有最合适的，没有最好的。

（资料来源：没有最好的员工，只有最合适的员工[EB/OL]. [2017-10-01] http://www.ceconlinebbs.com/FORUM-POST-900001-900130-920777-0.html）

案例思考题

“只有最合适的，没有最好的”，这句话反映的正是用人单位在招聘过程中应具备的用人观。试结合上述材料，谈一谈你对企业人员选拔与测评的看法。

1.1 素质概述

1. 素质的含义

“素质”这一概念含义非常宽泛，可以运用到不同领域，如心理学、教育学、医学、管理学等。使用范围不同，其内涵和外延也不同。在人力资源管理领域，“素质”指的是个体完成一定活动与任务所具备的基本条件和基本特点，包括生理素质与心理素质两个方面，是人所具有的个性特质如学识、才气、能力以及专业技术特长等的综合。它对一个人的职业倾向、工作能力及潜力、工作成就及事业的发展起着决定性的作用。

1973年，美国心理学家D. C·麦克利兰（D. C. McClelland）在《测量胜任特征而不是智力》一书中定义了“素质”（麦克利兰称为“胜任特征”或“胜任力”），即在特定的工作岗位和组织环境中，与工作绩效或生活中其他重要成果直接相似或相联系的特征、知识、技能、个性、特质或动机，它可以区别绩效优秀者与绩效普通者，是可由实证而得的，具有不易造假也不易模仿的特质。

麦克利兰发现组织在人员的选聘和甄选中所采用的传统的智力测验、性向测验、学校的学术测验及等级分数等手段，并不能预测其从事复杂工作和高层次职位工作的绩效，或在生活中能否取得成功。他认为决定员工能够把工作干好的因素并不是通常人们所认为的与个体智力相关的知识、技能或经验，而是个体的态度、价值观、自我形象和动机等潜在的深层次特征。他认为胜任特征是指“与参照效标（有效的绩效或优秀的绩效）有因果关联的个体的潜在特征”。

在本教材中，我们把“素质”定义为：个体为达到某种工作绩效或完成某项工作任务所具备的、可以测量的并能显著区分绩效优劣的基本条件、特征和潜在特质的集合，包括知识、技能、能力性格、社会角色、个人动机、自我形象、态度或价值观等。

2. 素质的特性

为何需对个体素质进行测评？因为个体素质具有如下特征：一是素质具有差异性；二是素质具有一定的稳定性。因差异性的存在，不同的人有不同的素质特征，所以不同的人适合从事不同的工作；因稳定性的存在，所以个体身上的素质特征对其在工作上的行为表现具有一定的预测效力。

具体来说，素质具有以下特性：

1）基础作用性

素质对个体行为发展与事业成功，仅是必要条件并非充分条件。

2）相对稳定性

素质是高度统一的个体行为与特定系统中稳定的结构因素。这种稳定的结构因素，并不是存在于一时一事中，而是体现于个体活动的全部时空中。然而这种稳定性是相对的，一方面表现在：有些素质会随实践活动的进行而在时间上有所变化，例如专业知识技能素质可以随着个体的学习和专业实践的进行而提高；另一方面可表现为：不同层次结构的素质在稳定性上的区别，例如遗传性强的素质就比遗传性差的或环境塑造性程度高的素质更稳定。

3）可塑性

个体的素质是在遗传与环境因素共同作用下形成和发展的，并非天生不变的，因而具有一定的可塑性。素质的可塑性是分层次的，遗传性强的素质可塑性小，遗传性弱的素质可塑性大。从发展阶段或年龄看，年龄较小的个体的素质具有较大的可塑性。

4）内在性

素质虽然是任何个体身上的一种客观存在，但是看不见、摸不着、说不清，具有隐蔽性与抽象性。

5）外在性

素质虽然是内在的与隐蔽的，但它会通过一定的形式表现出来。行为方式、工作绩效与行为结果（包括工作产品在内）是素质表现的主要媒介与途径。个体的内在素质与外在的行为方式、工作绩效以及行为产品，构成一个耗散结构系统，内外具有统一性。个别素质与个别行为不一定具有一一对应的关系，但总体来说，特定个体的特定素质会以特定的形式表现，而特定的表现形式也反映着特定个体的特定素质。

6）差异性

个体间的素质是存在差异的。这种差异表现在每个人的行为方式、行为产品与工作绩效中。有人活泼好动，有人沉静内向；有人快言快语，有人木讷寡言；有人思维敏捷，有人反应迟钝。容貌有美丑，体质有强弱，能力有大小，品德有好坏。无论是比较同一个体的各种素质，还是比较不同个体的同一素质，都是“横看成岭侧成峰，远近高低各不同”。

7）综合性

同一个体的各种素质、同一素质的各种成分，都是作为高度统一的有机体存在于个体之中，它们相互联系、难以分割，统一地作用于行为方式、行为产品与工作绩效。素质的综合性，还表现在素质对行为辐射的共通性、普遍性与全时空性。因此，测评任何一个人的任何一种素质，都不应该凭一时一事，而应该依据行为表现进行综合评判。

8）层次性

素质具有层次性，包括核心素质、基本素质与衍生素质等层次。核心素质是基本素质的基础，基本素质是衍生素质的基础。

3. 素质的构成

素质的构成一般是指素质的基本结构。本教材把个体素质划分为身体素质与心理素质两大类。身体素质是指个体的体质、体力和精力的总和，良好的身体素质是其他一切素质发展与事业成功的生理基础。广义的心理素质包括智能素质、品德素质、文化素质、心理健康素质及其他素质，心理素质是个体发展与事业成功的关键因素。而狭义的心理素质不包括文化素质。

素质的构成体系如图 1-1 所示。

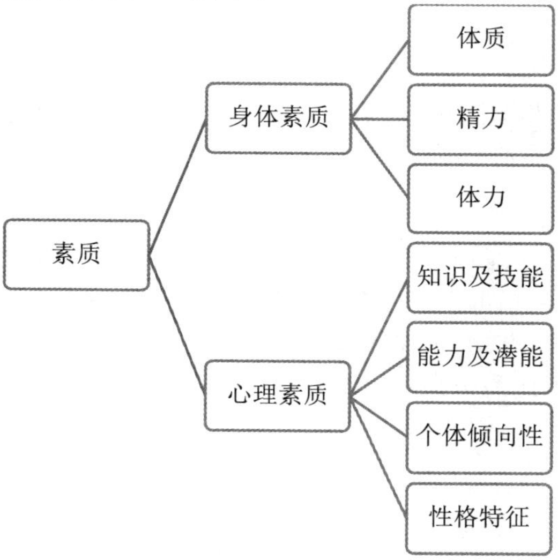

图 1-1　素质的构成体系

1）身体素质

身体素质通常是指在中枢神经系统的调节下，人体各个器官系统的机能在组织工作中的综合表现与综合反应，一般包括身高、体重、体能、健康状况等。一个人身体素质的好坏与遗传有关，也与后天的营养和体育锻炼密切相关。身体素质是员工产生高工作绩效的基础与前提。

2）知识及技能

知识指人们所掌握的人类改造自然和改造社会的历史经验；技能指人们通过练习而获得的动作方式和动作系统。知识和技能反映一个人已经达到的成就和水平。

3）能力及潜能

能力是一个人顺利完成某种活动所必备的心理特征，它直接影响到活动的效率。能力是学习和掌握知识与技能的基础和前提，影响到掌握知识和技能的快慢及程度。潜能又称为能力倾向，是指经过适当训练或被置于适当的环境下完成某项任务的可能性，是一种潜在的能力。也就是说，潜能是指一个人能学会做什么以及一个人获得新的知识和技能的潜力如何，而不是当时就已经具备的现实条件。能力可分为一般能力和特殊能力。一般能力是指在很多基本活动中都表现出来的能力，如观察、记忆、思维等，在西方心理学中被称为“智力”。特殊能力是表现在某些专业活动中的能力，它只适用于某种狭窄活动范围的要求。

4）个体倾向性

个体倾向性是一个人的动力系统，主要包括动机、需要、兴趣、理想、信念以及价值观等。任何一个人要取得成功，不仅要有一定的能力水平，而且要有一定的内在动力，即他愿意干。如果一个人很想在某方面干出成绩，即使他能力水平较低，也往往比能力强而不愿意做的人更能把事情做好。在现代人员测评技术的心理测验中就有专门测量动力因素的工具。

在动力因素中，价值观是层次最高、影响面最广的因素。所谓价值观就是人们关于目标或信仰的观念，它使人们的行为带有方向性。国外有人专门编制了相关测验，其中最著名的价值观测验把价值观分为六种类型：理论型、经济型、审美型、社会型、政治型和宗教型。

除了价值观以外，动机也是动力因素的重要成分。所谓动机是指推动一个人行为的内在原因，一个成就动机强的人往往积极上进，并且最终很可能会成就一番事业，反之则会碌碌无为，一事无成。

兴趣指的是个体对某种活动或某种职业的喜好。当人的兴趣与行为相一致的时候，可以使行为更加有效；而当人的兴趣与行为不一致时，则会影响行为的效果。

5）性格特征

性格特征是一个人对待客观事物的态度和行为方式中所表现出来的稳定的心理特征。根据不同的态度体系，人的性格特征可以表现为：一个人对待他人和集体的性格特征，如善良、同情、热情、虚伪；一个人对待工作的性格特征，如勤劳、懒惰、认真、负责、马虎；一个人对待物品的性格特征，如有条不紊、杂乱无章、爱护有加；一个人对待自己的性格特征，如自尊心强、自高自大、谦虚、骄傲。

根据不同的行为方式，人的性格特征可以表现为：一个人对规范纪律的行为方式，如纪律性、顺从性；一个人对自己行为控制上的行为方式，如主动性、自制力、被动性；一个人在紧急和困难情境中的行为方式，如果断、勇敢、优柔寡断、胆怯、冒失、鲁莽；一个人在长期工作中的行为方式，如严谨、坚韧、坚持或相反的品质。

性格特征在人员素质测评中经常通过各种人格特质的测量反映出来。

1.2 人员素质测评概述

1. 人员素质测评对人的假设

我们都知道，经济学中的很多理论都是基于一些假设提出来的，如经济人假设等。同样，人员素质测评也存在几个基本假设。这里可以把假设当作我们相信的某种说法，换句话说，就是很难绝对地证实或证伪的陈述。比如，如果有人非要和你较真，问你为何平行线不能相交？在无穷远的地方也不能相交吗？恐怕你很难说服他。

总的来说，现代人员素质测评的开展主要基于以下四个基本假设。

1）个体素质会影响工作表现

根据管理学和心理学的很多研究，我们可以知道，个体的内在素质主要包括人格、智力、自我形象和价值观、社会角色、知识、态度、技能和能力等，一个人的工作行为和工作结果是这些素质要素的综合外在表现。比如，态度严谨、具有创造性、善于钻研的人适合做科研工作，而善于沟通、具有冒险精神、外向性格、坚韧的人可能更适合做销售工作。只有当素质结构与工作特点相匹配时，才会有最佳的工作业绩。如果让适合做科研工作的人去做销售工作，自然不会有很好的业绩产出。

2）人心可测

所谓人心可测，顾名思义，就是指我们可以将人的特征用某种量化的方式描述出来。研究表明，由于人的素质结构是其先天生理结构以及后天环境（尤其是早期经历）共同作用的结果，因此，如果掌握了人与人在先天生理结构和后天经历两个方面的差异，我们就会对他们的素质有更深入的理解，进而可以更加准确地预测他们的行为。

3）人与人之间存在差异

俗话说“龙生九子，各有不同”，西方哲学家也曾经说“世界上没有两片完全相同的叶子”。这些话都体现了事物之间的差异性。作为万物之灵，人与人之间也存在巨大的差异性。在现实生活中我们也能看到，无论是性格还是身体状况，人与人之间都存在差异。譬如，有的人喜欢冒险，有的人追求安稳；有的人思想深刻，有的人思维敏捷；有的人安静沉稳，有的人开朗健谈。心理学和其他一些行为科学的研究表明，我们所观察到的这些人与人之间在行为方面的差异就是由人的内在素质决定的。

看到这里，你也许会说："我不认为人与人之间是有差别的，我们看到的不同都只是表象。一个人的特征一直在随着环境的变化而变化。比如，一个看起来安静的人在有些时候也会变成'人来疯'，一个看起来活泼开朗的人内心也可能很沉闷。"如果你这么想，别人很难同你争辩。这也是我们将"人与人之间存在差异"称为假设的主要原因。然而作为一门学科，人员素质测评确实建立在这条不可证明的假设之上。道理很简单，如果人与人之间没有差异性，根本就不需要测评。

4）人与人之间的差异是稳定且有规律的

"三岁看大，七岁看老""江山易改，本性难移"，这两句俗语就是指人的特征的稳定性。个体素质的形成与大脑的生成过程有关，大脑内在结构到了一定年龄后就会稳定成形，之后就比较不容易改变了。譬如，偶遇多年未见的小学同学，刚见面时可能会比较陌生，可是稍微聊一会儿，你就会发现他身上一些比较熟悉的特征。为什么会有这种感受？就是因为人的素质结构是由一些稳定的生理和心理因素决定的，这种结构可能会伴随人的一生，基本不会发生突变。

个体内在的素质结构是稳定的，而外在的行为表现反映了内在的素质结构。素质结构是稳定的，则行为反应也是稳定的，如果了解并掌握了一个人内在的素质结构，就可以通过素质结构来预测他的行为反应。因此，个体的行为并不是毫无规律的，而是可以预测和掌握的。

需要特别说明的是，差异稳定只是一条假设而已。你当然也可以说人与人的差别是易变的。不过，对于任何一门学问，如果认定某种事物不具有规律性，我们是不会去研究它的。

2. 人员素质测评的含义

人员素质测评又称为人才测评，也称为人员测评、人事测评等，这些概念基本上没有太大的区别，可以互相替代。一般来说，人才测评中的"人才"主要强调的是测评对象或被测评者，即被测者，是具有一定能力的个体；人员测评中的"人员"主要是指具有智力劳动能力或体力劳动能力的人的总和；而人事测评中的"人事"着重强调的是"人"与"事"之间在量和质上的对应关系，"量"上的对应关系指的是一定数量的事要求相应数量的人去做，"质"上的对应关系指不同类型和特点的事要求有相应的人去做。本教材选择人员素质测评这个概念是因为"人员"涵盖的范围较广，既包括人才，也可指一般的人力。

人员素质测评是指根据一定目的，综合运用定量与定性的多种方法，对个体的知识水平、工作技能、个性倾向及特征、能力以及发展潜力等实施测量和评价的活动。可以从以下四个方面来理解人员素质测评的概念：

1）人员素质测评活动是一种有目的的活动

测评目的是测评活动的指南针，测评活动必须围绕测评目的来进行。根据不同的测评目的，测评者应该选择不同的测评方法和测评内容。组织中常见的人员素质测评种类与目的见表 1-1。测评活动本身不是目的，只是实现目的的一种手段。例如企业为挑选新员工而进行的选拔性测评和为了培训员工而进行的诊断性测评所选择的测评内容和方法会有不同的侧重。

表 1-1　人员素质测评的种类与目的

测评种类	具体目的	特点说明
选拔性测评	以人员选拔为目的的测评	强调测评的区分功能和公平性原则，要求整个测评过程和测评要求对每位被测者都是一致的
诊断性测评	以了解员工素质现状或素质开发中的问题为目的的测评	侧重于了解被测者素质现状与问题。测评内容比较广泛，具有较强的系统性
鉴定性（考核性）测评	以鉴定测评对象是否具备某方面的素质或具备程度大小为目的的测评	侧重于对被测者素质结构和素质水平的鉴定
开发性测评	以开发人员素质为目的的测评	侧重于针对员工的发展需要，在了解员工现有素质特征状况的基础上，提出发展建议，促进员工发展
配置性测评	以人力资源合理配置为目的的测评	侧重于针对特定岗位，了解被测者是否达到该岗位的素质要求

小专栏 1-1

人员素质测评的类型

人员素质测评依据测评目标和应用范围大致可以分为五种类型：选拔性测评、配置性测评、开发性测评、考核性（鉴定性）测评和诊断性测评。

1. 选拔性测评

甄别测评对象是否具有帮助组织达到目标所必备的素质特征，在此基础上选拔本组织所需要的一定数量和质量的员工，并注意实现人力资源各类结构的合理搭配，这是组织发展目标能否实现的关键环节。在这一过程中对员工品德、知识等特征的甄别被称为选拔性素质测评。选拔性素质测评是人力资源管理活动中经常使用的一种素质测评方式，目的是发现和选拔组织中的优秀人员。

选拔性素质测评流程如图 1-2 所示。

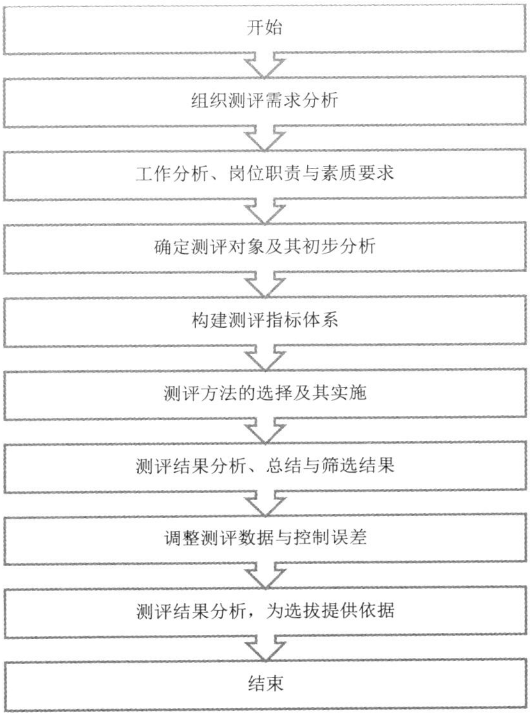

图 1-2　选拔性素质测评实施流程

2. 配置性测评

配置和调整是指在对员工进行培训和开发之后，根据组织人员需求和选录人员的素质状况进行人与事的匹配安置。为了实现人与事的动态最佳匹配、配合组织或员工个人职业生涯发展、满足某些部门保密等特定的具体要求，组织也会不定期对员工岗位进行动态性微调。测评结果是动态性微调的一个重要依据，以配置和调整为目标进行的测评被称为配置性测评。

配置性测评就是以“人”的合理配置和选择“岗位”最佳胜任者为目的，通过对个体素质的测量和评价，清晰了解个体素质的结构和水平，安排其在最合适的岗位上，最大程度发挥个体潜能，实现人和组织的双重发展目标。

与其他类型的素质测评相比，配置性测评针对性和区分性强，例如适用于甲职位的配置性测评模式，不一定适用于乙职位。依据配置性测评结果进行的人事配置工作能够在特定环境下提升工作绩效，当个体所处环境或岗位要求发生变化时，配置性测评需要重新调整内容。

通常情况下，配置性测评的流程如图 1-3 所示。

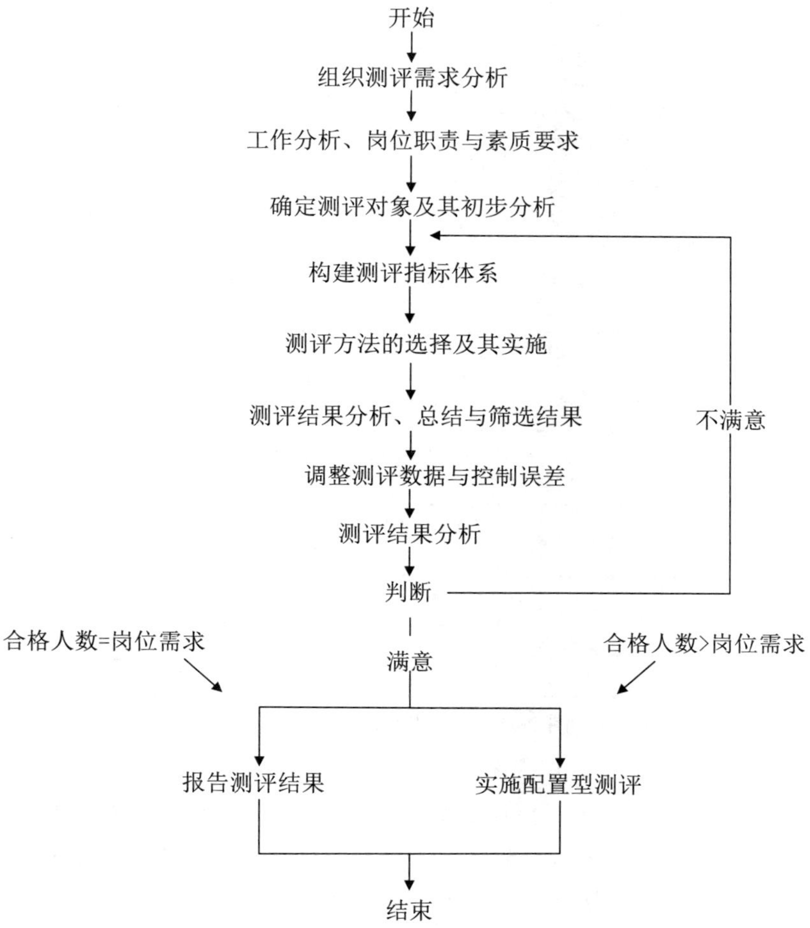

图 1-3　配置性素质测评实施流程

3. 开发性测评

培训和开发是员工素质提升的重要通道，也是人力资源管理实现可持续性发展的重要环节。由于外部环境和顾客需求的变化，组织战略和规划也需做出相应调整，所以组织对员工素质的要求也要有所改变。员工通过有组织的培训与开发可以更快地获取与组织发展战略相匹配的素质，这一过程中进行的素质测评，我们称之为开发性测评。

开发性测评，也称勘探性测评，是以开发测评对象素质为目的的测评。素质是在遗传、环境与个体能动性三个因素共同作用下形成和发展的，可塑性较强。

通过有针对性的人力资源开发，不健全的素质可以健全起来，欠缺的素质可以获得不同程度的补充，水平一般的素质可以训练成为特长素质。开发性测评可以为人力资源的进一步开发提供科学的依据。

开发性测评的流程如图 1-4 所示。

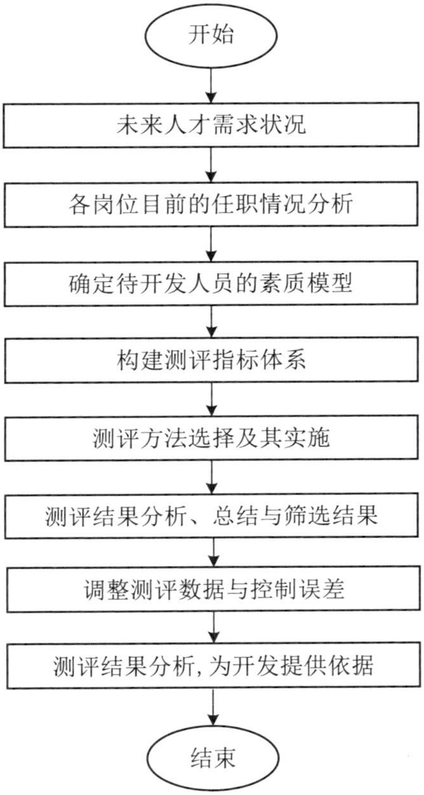

图 1-4　开发性素质测评实施流程

4. 考核性测评

考核是对员工在一定时期内的工作结果做出评价的过程。组织进行考核是为了了解员工目标与组织目标之间的匹配情况，考核结果是进行配置与调整、开发与培训的依据。通过考核对员工素质进行评价的过程称为考核性测评。

考核性测评是组织鉴定与验证测评对象是否具备岗位所需技能、素质及其水平高低的测评。考核性测评经常穿插在选拔性测评与配置性测评之间。

考核性测评流程如图 1-5 所示。

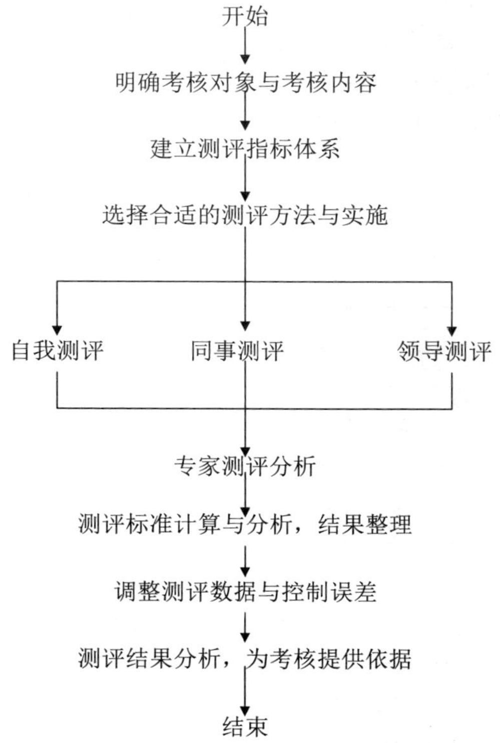

图 1-5　考核性素质测评实施流程

5. 诊断性测评

人力资源管理诊断是一种综合性人力资源管理评价工具。它通过对人力资源管理诸环节衔接、互动以及实施情况的评价，保证人力资源管理目标的实现。人力资源管理诊断能够及时发现组织人力资源管理系统及其执行过程中存在的问题，解决矛盾冲突。人力资源管理诊断关注人员素质构成特征与水平差异，并集中处理人员管理模式与组织战略匹配过程存在的问题。在诊断过程中进行的素质测评活动，称为诊断性测评。

诊断性测评是指为了了解组织中人员素质现状和素质开发培训状况，对发现的问题提出矫正和修正意见的过程。无论是了解素质现状还是查找素质问题，诊断性测评都要求从观察表面特征与标志开始，层层深入，全面分析，因此诊断性测评的内容十分广泛和精细。另外，与其他类型不同的是，诊断性测评的结果只供内部掌握与参考，不向众人公开。

诊断性测评流程如图 1-6 所示。

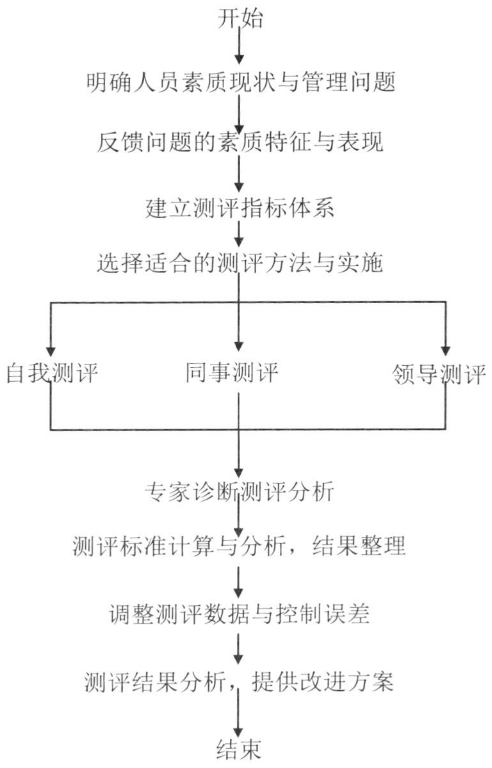

图 1-6　诊断性素质测评实施流程

2）运用科学的测评方法

虽然人员素质测评的方法和手段有多种，既包括定量的（如心理测验），也包括定性的（如观察法），但总体而言，现代人员素质测评技术强调测评方法的科学性和标准性，尽可能地采用客观的、科学的方法进行定量分析。常见的人员素质测评方法包括履历分析、笔试、心理测验、面试以及评价中心技术等。

3）测评内容主要是人的心理特征

人员素质测评中“素质”的含义是非常宽泛的，只要与工作相关，影响到其完成工作质量高低、速度快慢等各方面的特征都可以包含在素质的范畴。总体而言，可以把素质分为生理方面的素质特征和心理方面的素质特征。生理方面的素质特征是指一个人完成工作的身体基础，如一个人身体的柔韧性、臂力、手指的灵活性等。某些特殊工种对生理素质会提出非常严格的要求，如招录飞行员，不仅对其身高、体重、血压、视力等有要求，还要求其没有文身刺字，没有做过开颅、开胸手术，没有慢性胃肠病、哮喘病史及经常咳嗽等症状，没有经常头痛头昏、失眠，没有家族精神病史，没有乘车（船）恶心、呕吐现象，没有牙齿脱落 3

个以上或明显啮合不良等问题，要求非常严格。心理方面的素质特征包含的内容也非常广泛，既有能力方面和性格方面的，也有知识技能方面的，诸如认知水平、操作技能、智力、人格特质、职业倾向和发展潜力等。相对而言，对生理素质特征进行测评比较简单，而对心理素质特征进行测评则复杂得多。现代人员素质测评技术主要研究的是如何对人的心理素质特征进行测评。本教材主要讨论的内容也是如何通过现代测评技术对人的心理素质特征进行科学的测量和评价。

4）人员素质测评活动包含了测量和评价两个过程

所谓测量（measurement）是指根据一定的法则用数字对人的各项素质要素进行定量的描述；评价（assessment）则是根据某种标准在这些数字的客观基础上确定测量对象的价值意义。测量是定量分析，是客观描述；评价是定性分析，是主观判断。人员素质测评是测量与评价的有机结合，既提供具体、翔实的客观材料，又对被测对象进行价值判断。例如，通过智力测验得出某学生的成绩是 100 分，这个是测量的过程，即对该学生的智力进行定量的描述，但这个分数究竟意味着什么，还需要进行一个评价的过程。通过与同龄的其他学生的智力得分进行比较发现，100 分处于该群体智力测验的平均分，这时我们就可以进行价值判断，该生的智力水平在同龄的学生中处于中等水平。

总体来说，尽管不同的学者对人员素质测评的定义有所不同，但以上要素是相同的，即人员素质测评是针对一定的目的，运用科学的方法，针对人的心理特性进行测量和评价。

3. 人员素质测评的特点

人员素质测评活动主要针对的是个体的心理特征，测评过程具有以下特点：

1）人员素质测评的间接性

人员素质测评是间接测量，而不是直接测量。这一特点是由人员素质测评对象的特点所决定的。人员素质测评的对象主要是个体的内在心理特征，而内在的心理特征既具有抽象性，又具有表出性。所谓测评的间接性指的是对个人内在心理特征的了解只能通过观察或测量人的外在行为来进行推断。例如，我们评价某个人的记忆力好坏与否，是通过他在记忆活动中表现出来的行为特征推断出来的。如果某个人在平时的学习活动中，记忆速度很快，保持时间很长，我们就说这个人的记忆力比较好；相反，如果某个人记忆速度慢，又容易遗忘，我们就说这个人记忆力差。再比如说，判断一个人是外向还是内向，我们也是通过这个人的行为表现来进行推断的。如果一个人经常喜欢与他人交往，在人群中表现活跃，我们就说这个人偏向于外向；反之，则偏向于内向。

测评的间接性隐含着一个假设：在其他条件一定时，个体内在的心理特征决定了个体的外在行为表现，虽然我们不可能对内在心理特征本身进行直接测量，但可以通过个体表现出来的行为特征进行间接的推测和判断。

2）人员素质测评的相对性

测评的相对性包含两个方面的含义：一是测评结果正确性的相对性；二是测评结果评价标准的相对性。虽然任何测评都力求客观准确地反映被测者素质的实际状况，但或多或少存在误差，所以其测评结果的正确性是相对的。

与此同时，对测评结果意义的评价也只具有相对的意义，而不具有绝对的意义。因为从心理测量与统计的角度看，我们对个体内在心理特征的测量或比较只有高低、多少的区别，没有全或无的关系，即没有绝对的标准。对个体某个方面素质的判断是依据他与其他人的比较而获得的，即看个体相对处于什么位置。以智力测验为例，对于智力水平，只能用高低来形容，不能说一个人没有智力。而一个人智力水平的高低是与一个特定人群的智力水平比较而言的，这个作为比较的标准，一般称为常模。常模不同，测评结果的意义也不同。例如，由于教育水平等条件发生变化，不同时代出生的儿童在智力测验上所得的平均分数也在发生变化，某一分数在 20 世纪 50 年代，可能处于中等的水平；而在 20 世纪 90 年代则可能处于中等偏下的水平。所以，如果还用 20 世纪 50 年代的评价标准来评价 20 世纪 90 年代儿童的智力发展水平，就不准确，不能很好地衡量出该儿童的智力水平跟同龄人相比处于什么位置。因此，智力测验的评价标准（即常模）需要及时修订。

3）人员素质测评的代表性

人员素质测评是一种抽样测评。抽样测评意味着：第一，一次测评不可能也不需要涵盖反映该心理特征的所有行为表现；第二，抽取的样本必须能够全面衡量该心理特征，不能有所遗漏；第三，抽取出的行为样本必须是该心理特征的典型行为表现。

从理论上讲，实施人员素质测评时，涉猎的范围越广，收集的相关信息越充分、越全面，测评结果就越具体、越客观、越有效。但在实际操作中，由于种种原因，测评的主持者在有限时间内不可能掌握被测者素质的全部表征信息，只能根据统计学的有关原理，选取有代表性、能够充分衡量测评对象的样本来对测评要素进行抽样，在保证测评结果在一定误差范围内的前提下，从样本的测量结果来推断全部待测评内容的特征。

例如，衡量一名学生是否掌握了某个年级该掌握的数学知识，我们要选取一些能够反映该年级数学知识水平的试题来进行测试。这些被抽取出来的试题是有代表性的样本，这个样本应该涵盖需要掌握的知识点，并且代表该年级的数学知识水平。

4）人员素质测评的客观性

客观性是科学性的保证，是一切测量活动的基本要求。客观性要求在测评过程中尽量减少无关的主观因素对测评结果的影响。如果测评的结果受到主观因素的影响较大，那么测评的结果就缺乏科学性。

虽然人员素质测评是间接的、相对的，但是我们可以借助严谨的理论支撑、专业的技术人员和科学的测评手段及方法来保证测评具有一定的客观性。从某种意义上讲，现代测评技术的发展就是一个不断追求客观科学、排除主观误差的过程。例如，在面试过程中，对于同一求职者，如果面试考官的态度、表情以及提问方式不同，求职者的面试表现可能大相径庭，面试结果会相差很大，正因为在面试过程中，面试考官的主观因素会对面试结果产生巨大影响，面试测评技术就从非结构化面试逐渐发展到半结构化面试、结构化面试。结构化面试就要求在面试过程中，面试的试题、过程、面试考官的提问方式以及评价标准等都有相应的标准，以此消除面试过程中面试考官各方面的主观因素对面试结果造成的影响。

1.3　人员素质测评的发展历程

无论是在中国还是在西方的历史上，都有大量的关于人员素质测评的思想和方法，这些思想方法为现代人员素质测评的发展奠定了基础。尽管人员素质测评作为一门学科产生于近代的西方，但中国古代学者早就注意到了人与人之间存在心理活动方面的差异，并尝试使用有效的方法对具有不同心理特征的人进行区分。

1. 中国早期有关人员素质测评的思想与实践

中国是一个历史悠久、文化底蕴深厚的国度。中国古代先贤在心理测量方面的思想光辉历久弥新。比如，我国最古老的一部历史文献《尚书》中记载，“知人则哲，能官人。”这句话的意思是只有能正确认识别人的人，才是聪明睿智的人，只有正确认识了别人，才能用人得当。

著名教育家、思想家孔子曾提出“上智”和“下愚”的概念，并说“唯上智与下愚不移”“中人以上，可以语上也；人以下，不可以语上也”。这两句话实际上是按智力将人分为“上智”“中人”和“下愚”三种类型，这种思想同现代测量学将人分为“超常”“正常”和“弱智”三类的看法是相似的。在战国时期，孟子曾对齐宣公说：“权，然后知轻重；度，然后知长短，物皆然，心为甚，王请度之。”这就是心理特征的可测性思想。1918 年美国心理学家 E. L • 桑代克（E. L. Thorndike）的信条“凡物之存在必有其数量”与孟子的“权”思想如出一辙。

三国时期，刘劭写下了《人物志》，该著作堪称中国古代人事测评思想的集大成。在《人物志》中，刘劭提出“众人之察不能尽备”，只能“观其感变以审常度”。

他认为，我们不可能观察到人的所有行为，只能通过观察具有代表性的行为来预测其整体人格。这同现代测量学对行为样本的测量是一致的。

中国古代不仅有以上关于心理特征差异性和可测量性的理论阐述，也出现了真正意义上的心理测验的实践活动。初萌于商周、兴盛于隋唐的科举制度堪称规模宏大的有组织的测量活动。在商代，考试的内容是礼、乐、射、御、书、数等服务于祭祀和作战之需的科目；到了汉代，则对法律、军事、农业、税收和地理等内容进行笔试；隋唐时，由于儒学的至尊地位，考试以儒学经典为取材来源。这种科举考试一直延续到清朝末年。除了官方的科举取士制度，在我国民间也有一些对人的心理进行测量的活动。例如，南北朝时期，中国江南地区广为流行“周岁试儿”活动。它采用近似标准化的实物作材料，观察婴儿的动作反应和适用行为等方面，属于一种对婴儿早期行为的诊断测验。它是近代西方学者 A. 格塞尔（A. Gesel）的婴儿发展量表的前导。此外，早在 1860 年我国已有七巧板（益智图），大小、形状不同的七个小板块可以组成复杂图形。它被视为一种非文字类型的创造力测验，对操作者的知觉整合能力和空间想象能力要求很高。七巧板早于世界上任何机巧板，堪称现代智力测验中广泛使用的所有拼图类试题的始祖。

2. 人员素质测评在西方的发展过程

1）比奈对人员素质测评产生的重要影响

19 世纪末，法国颁布了义务教育法，声明所有孩子都有接受教育的权利，但是富人家的孩子和穷人家的孩子教育基础并不一样，如果只依靠年龄阶段来划分教学班会出现很多问题。为了解决这个问题，法国教育部召集教育学家、医学家等组成一个委员会，致力于研究如何对智力落后儿童进行特殊教育。法国心理学家 A. 比奈（A. Binet）是该委员会的委员之一，为了对孩子的智力做一个区分，他制定了世界上第一个具有实用价值的心理测验——智力测验。比奈不仅提出了检验智力的方法，还将智力测验应用到教育领域，从而推动了心理学的迅速发展。

虽然比奈的智力测验还有不足的地方，但在当时是最先进的心理测验方法。比奈的智力测验在心理学界迅速掀起了狂潮，智力测验传遍全世界，并不断地修正和发展。此后又产生了比奈—西蒙量表、库尔门—比奈量表、斯坦福—比奈量表。现在智力测验已经普遍运用于教育领域，在企业界、医学界和军事领域也都得到了非常普遍的应用。

2）人员素质测评在第一次世界大战前后的发展

1917 年，美国参加了第一次世界大战。当时主要工作于教育领域的心理学家也走进军队，为国家服务。由于每名士兵的智力水平不同，心理学家建议把心理测验应用于选拔官兵和分派任务，他们认为在部队中应用心理测验可以提高军队的整体素质和战斗力。由于当时的心理测验主要用于教育领域，大部分心理测验都是针对个体的（即单独施测），无法在大规模的部队中推广普及。为此，心理学家开发了多种适合军队使用的团体测验，这些测验中最为著名的就是 A • 欧提斯（A. Otis）编制的纸笔智力测验。该测验最后编制修订成了著名的陆军甲种测验和陆军乙种测验。陆军甲种测验是文字测验，而陆军乙种测验是非文字测验，这种测验是专门为文盲和不懂英文的后备服兵役者准备的。同时，在第一次世界大战中也出现了世界上第一种标准化人格问卷——个人资料调查表。该调查表由 R. S • 伍德沃斯（R. S. Woodworth）编制，主要是为了鉴别不能从事军队工作的神经症患者。

第一次世界大战结束后，由于陆军甲种测验和陆军乙种测验在部队的应用取得了很显著的成效，这种团体测验被广泛应用于职业咨询、工业部门和军事领域的人事选拔和配置工作，心理测验在社会上的应用越来越普遍。

3）人员素质测评在组织工业领域的发展与应用

1921 年，R. B • 卡特尔（R. B. Cattel）、桑代克和伍德沃斯等著名心理学家建立了一个较大的心理测验公司，将心理测验向社会推广。1922 年，美国文官服务委员会成立了由 L • 欧鲁克（L. O'Rouke）领导的评估研究小组，将心理测验技术引入文官考试制度中。1927 年，第一个职业兴趣测验——斯特朗职业兴趣量表出版，广泛应用于职业选择、人事选拔等领域。1971 年，美国联邦法院要求在相关领域使用人员素质测评技术，许多大企业因此开始建立自己的人员素质测评技术、方法和流程，人员素质测评在整个工业中的应用越来越广泛。

1.4 人员素质测评对于现代人力资源管理的作用

人力资源管理包括人力资源规划、招聘与配置、培训、考核、薪酬和员工发展等模块。那么人员素质测评与人力资源管理的这些模块之间存在什么样的关系呢？作为现代人力资源管理工作的重要技术支撑，人员素质测评在人力资源管理的几个模块中都起着重要作用。下面具体介绍它们之间的关系。

1. 人员素质测评在人力资源管理中的作用

随着知识经济时代的到来，企业之间对人才的竞争愈演愈烈。大家都知道，素质是企业对其所需要的人的核心能力的描述。而人员素质测评作为人力资源管理的基础贯穿整个人力资源管理系统，为企业的选人、育人、用人和留人工作提供保障。具体而言，人员素质测评在以下人力资源管理模块中均起着比较重要的支持作用。

1）人员素质测评在人力资源规划中的作用

通过企业的人员素质测评，人力资源管理者可以掌握企业中已有人才的能力分布状况和素质水平，对需要和缺乏的人员素质有较为清晰的了解。同时，通过人员素质测评还可以发现人与岗、人与人之间存在的差距。人员素质测评可以让企业了解自己拥有的人力资源的质量，并将人力资源素质现状与企业持续发展要求员工具备的素质状况进行对比，分析员工素质在哪些方面还存在不足，并针对测评结果开展人才吸纳、培训、激励等一系列提高员工素质的人力资源管理工作。员工的素质与能力不仅可以从实际工作绩效中看出来，还可以进行实际测量。如果采用后者，则需要通过采用人员素质测评技术帮助组织评估现有人才的素质现状。

小专栏 1-2

背景

A 公司多年来一直采用传统方式，比如组织考察、推荐等，来选拔后备管理人才。为了更快速准确地选拔出一批能够适应新的竞争形势、具有成长潜力的管理者，A 公司决定委托外部咨询公司，利用人员素质测评技术，将优秀的人才推荐到后备库中。这次后备选拔针对 A 公司总部部门总经理、分公司总经理和对应的副职，进行三级建库。

解决方案

（1）首先确定三个层级管理者通用的胜任特征测评重点，比如认知能力、沟通协调能力等；然后分别确定三个层级管理者鉴别性的胜任特征测评重点，比如部门总经理、分公司总经理等正职强调驾驭能力，而分公司副总经理等副职则更加强调执行力。

（2）选择合适的评价中心工具。其中，对正职的测评增加了公文筐测验，对副职增加了专业能力测验。

（3）实施测评。本次合计测评 182 人，其中，正职后备候选人 58 人，副职后备候选人 124 人。

成果

（1）提供了针对不同类别的后备干部的整体分析报告，为现有人员素质的盘点提供了数据支持。

（2）提供了个人测评报告和测评成绩。

（3）进行跟踪，为后备干部的培训、培养，干部配备等提供了重要参考。

（资料来源：徐世勇，刘亚军. 人才素质测评[M]. 北京：中国人民大学出版社，2014.）

2）人员素质测评在招聘与配置中的作用

在招聘过程中，很多企业往往只看重候选人的技能、知识和经验，但是这些特征只能满足职位的短期空缺，并不能保证人员未来的发展潜力，从而难以确保企业获得持续的竞争力。因此，企业必须把人员素质测评纳入招聘选拔过程中，认真分析目标职位对任职者的素质要求，并对候选人的素质进行测评，确保候选人的素质与目标职位的素质要求相符合，确保人岗达到最佳匹配。

小专栏 1-3

背景

某大型跨国公司近期需要为四个子公司分别选拔合适的人才担任总经理。该公司的人力资源部虽然比较了解这四个子公司总经理的职位，但是不太清楚后备人员的情况。于是该公司委托外部咨询公司，对候选人进行专业的综合素质测评。

解决方案

（1）采用行为事件访谈法，分别建立四个高管职位的胜任特征模型，从而确定关键的测评素质。

（2）选择合适的测评工具:无领导小组讨论、公文筐测验、结构化面试、管理游戏等。

（3）实施测评。系统、客观地收集候选人和岗位的相关信息，并对其进行评价。

成果

（1）提供推荐建议，为人事决策提供了重要参考。

（2）测评报告和测评成绩。

（3）合适人员已到岗，该公司对其业绩表现满意。

3）人员素质测评在员工培训中的作用

员工培训包括培训需求分析、培训效果评估两个环节。这两个环节都可以通过人员素质测评的技术来实现。具体来说，通过人员素质测评可以发现员工在素质与能力方面存在的不足，为培训需求分析提供依据。在培训效果评估环节，也可以借助人员素质测评对员工对新知识、新技能的掌握情况进行考察，以确定实际的培训效果。企业可以根据综合素质测评结果、绩效考核结果和员工职业发展计划，制定相应的培训计划。因此，使用人员素质测评会让企业的培训更有针对性，真正实现员工与企业共同发展。

小专栏 1-4

背景

A 公司新任事业部总经理大多是从技术职位或营销职位转过来的，他们是否能够尽快适应新角色的要求影响着公司的业务发展。于是 A 公司委托外部咨询公司，以人员素质测评为基础帮助 A 公司事业部新任总经理进行领导力发展辅导。

解决方案

（1）采用心理测验、无领导小组讨论等技术对 12 名事业部总经理进行胜任特征和个人风格测评，比如行为风格和领导风格。

（2）基于人员素质测评，分析各事业部总经理与胜任特征之间的差距。

（3）听取直接上级对各事业部总经理需要发展何种能力、达到何种水平的要求。

（4）向各事业部总经理进行一对一的反馈，协助他们制订个人能力提升计划。

（5）针对共性差距，设计并实施以体验练习为模式的领导力课程，如团队建设、问题解决等。

（6）每月一对一地跟踪各事业部总经理能力提升计划执行情况，收集变化数据，并提供面对面的辅导。

（7）一对一辅导过程中，帮助各事业部总经理缓解工作压力，寻求积极应对压力的方式。

（8）对于短期不能胜任或过度胜任的事业部总经理提供适应现有岗位和调整新岗位的建议。

成果

（1）事业部总经理能够快速适应新角色要求，从单一职能管理走向全面管理。

（2）事业部总经理对优势、个人风格、不足和新角色适应有了清晰、客观全面的认识。

（3）通过人员素质测评，对事业部总经理的未来发展提供了一些有价值的建议。

（资料来源：徐世勇，刘亚军. 人才素质测评[M]. 北京：中国人民大学出版社，2014.）

4）人员素质测评在其他人力资源模块中的作用

绩效管理是企业日常管理的一项重要内容，对于员工绩效的考察可以从过程和结果两个方面展开。所谓过程考核，就是要对员工的行为表现和内在素质进行分析，以确定他们在某个时段的变化。此时就可能会借助人员素质测评对员工的外在行为和内在素质进行分析。类似地，在薪酬管理中，有时不单单根据员工所处的岗位高低来支付薪酬，还会根据员工的素质和能力来支付薪酬。

员工职业生涯规划的目的在于帮助员工根据自身的素质和职业兴趣设计适合个人的职业发展路径。对员工进行素质测评，可以让他们更好地了解自身的优势与不足，并知道岗位的素质要求，从而更加清晰合理地确定自己在企业中的定位和发展方向，减少个人职业生涯规划的盲目性。同时，测评结果也为员工规划了个人职业发展的有效路径，可以确保员工尽快地实现自我价值。

2. 国内人员素质测评在人力资源管理中的应用现状

改革开放以来，人员素质测评的方法与理论逐渐被国内学术界接受。现阶段我国已经出现了一大批从事人员素质测评的专业人员和专业机构。但我国人员素质测评技术起步较晚，而且很多原理和技术都是直接从国外引进的，在本土化方面仍存在一定问题，无论是观念上还是技术上都与国外存在一定的差距。总体来看，我国人员素质测评现阶段主要存在的问题如下。

1）缺少专业的人员素质测评人员

人员素质测评是建立在测量学、心理学、管理学等多学科基础之上的一门交叉学科，要求测评人员具备测量学、心理学和管理学方面的知识结构，尤其要熟练掌握心理测量的方法。与此同时，测评过程对测评人员的要求也是非常高的，测评方案的设计，测评过程信息的收集、处理、分析等需要测评人员具备良好的专业知识和实践能力。我国目前虽然涌现出一大批专业测评机构和测评人员，但真正的专业性测评人员还是很少。

2）人员素质测评的观念和理论素养落后，对人员素质测评的定位缺乏正确认识

很多企业现在虽然引进了人员素质测评，但是对人员素质测评的概念、作用并不清楚。具体表现为很多使用者对于测评的基本概念、测评分数的解释、测评工具的使用范围、测评工具的评价标准不了解，这就导致在使用过程中难免会出现滥用、盲信、非理性排斥等不理智的做法。

3）人员素质测评技术落后

很多人员素质测评技术方法和测评软件都是直接从国外引进的，由于中西方文化和民族心理具有差异性，国外的测评技术方法和软件并不一定适用于中国。测评技术中的标准，在不同的文化下可能会有不同的解释和意义，如果不考虑我国的文化特点和民族特点，只是简单地遵循“拿来主义”，势必会使人员素质测评过程出现偏差。

本章小结

（1）人员素质测评是指根据一定目的，综合运用定量与定性的多种方法，对个体的知识水平、工作技能、个性倾向、特征、能力以及发展潜力等实施测量和评价的活动。人员素质测评的特点主要有间接性、相对性、代表性和客观性。

（2）中国古代人员素质测评的内容主要有德、性、识、才、智、绩，其中，

“德”是历代人员素质测评中的重要内容，包括道德品质与一般的个性品质。

（3）西方人员素质测评的产生是以心理测验的产生和发展为基础的，两次世界大战中在军事上的成功运用使其得到了长足发展。20 世纪初期科学管理思想的创立与广泛传播促使其在政府机构及工商企业各界得到了广泛的运用。20 世纪中期心理学、统计学、计算机科学等学科的发展为人员素质测评理论和实践的成熟奠定了基础，人员素质测评的研究得到进一步完善。

（4）人员素质测评对于人力资源管理的各个模块都具有支撑作用，人力资源规划、招聘与配置、员工培训以及职业生涯规划等都离不开人员素质测评的支持。

复习与思考

（1）如何理解人员素质测评的概念？

（2）人员素质测评所依据的几个基本假设是什么？

（3）请谈谈人员素质测评在现代人力资源管理中的具体应用。

拓展阅读

全球著名人员素质测评机构

（1）万宝盛华公司（Manpower）是全球领先的全方位人力资源雇佣与管理服务商，成立于 1948 年，在全球 80 个国家和地区拥有超过 4 500 家分支机构，2007 年公司总收益达 210 亿美元。万宝盛华于 1964 年首次将业务拓展至大中华区，如今，该公司在中国大陆拥有超过 14 年的本地经验，在 19 个主要城市拥有超过 650 名专业招募人员。在中国大陆，万宝盛华拥有超过 3 500 家跨国企业和本土企业的客户，包括超过 80%的世界前 50 强企业。

（2）美国智睿咨询有限公司（DDI）是全球领先的人力资源咨询公司。智睿独有的系统化的创新方法，可以协助企业快速提升现有人才的能力，将其培养成为能成功执行企业未来商业战略的栋梁。智睿两大专长领域包括：设计和实施人才遴选系统，帮助服务机构迅速聘用优秀人才；发掘和发展能构建高绩效工作团队的杰出领导人才。

智睿已在全球 26 个国家成立了 75 家办事处并拥有 1 000 多名员工。遍布全球 60 个国家的逾 2 000 家机构用他们的系统和服务来构建高效敬业的工作团队。智睿已为各行各业的 19 000 多家企业提供过服务，平均每天有 9 200 人通过智睿的选才系统进入各家企业。

（3）艺珂（Adecco）是全球最大的国际性人力资源服务公司。艺珂能根据企业的需求，提供最好的专业人才招聘及人才派遣等相关人力资源服务，协助企业跨越文化、地域及语言上的限制，招聘最合适及可信赖的人才。艺珂总部位于瑞士，2007 年在《财富》杂志 500 强排名第 261 位。目前已有 6 700 多家分公司，遍布于世界 70 个主要国家及地区，全球员工超过 33 000 名，每天更有超过 700 000 名的派遣雇员为公司客户提供服务。

（4）翰威特（Hewitt）咨询公司是全球最大的综合性人力资源外包和人力资源管理咨询公司，在全球拥有 65 年的人力资源管理、咨询、服务经验。翰威特咨询为全球 2 300 多家企业提供过咨询业务，并且为 340 多家公司、数百万名员工和退休人员提供薪资和福利管理服务。翰威特结合了世界一流的咨询能力、先进的评估诊断工具和方法及领先的发展战略，帮助公司建构强有力的领导力计划，推动经营的成功。翰威特分布于 35 个国家的办事机构现拥有近 24 000 名员工。

（5）翰德（Hudson）国际顾问有限公司为世界知名的人力资源咨询公司。总公司位于美国纽约并于全球四大洲共 20 多个国家设有 146 个分公司和办事处，员工超过 3 800 人。作为全球三家上市的人力资源咨询公司之一，翰德为各行业提供招聘及人力资源顾问服务。大部分全球财富 500 强企业均为该公司客户。

实训任务一

【实训目的】

掌握正确的识人观、用人观。

【实训内容】

一家科技型民营企业老板给记者讲了一个故事：企业发展急需生物工程专业技术人员，经过多渠道层层筛选，最后根据个人简历，从网上选中一位拥有大学本科学历的“人才”。这位老板说：“选中他不只是因为他学的是生物工程，主要是看中了他的工作经历，26 岁便有 10 年驻俄罗斯经历，很不容易啊!”经过双方的认真协商，公司高薪聘请他担任项目负责人。谁知，这位“人才”根本没有实际工作能力，不到一个月便被炒了鱿鱼。临走，他才说了真话，他不但没有上过本科，也根本没去过俄罗斯。据说，不久后这位“人才”又被另一家民营企业聘用。只因他的个人简历上又增加了一项“曾在某公司担任业务主管”。这位民营企业老板说，绝大多数企业用人讲究“实际、实用、实效”，谁也不会花高价聘个“花瓶式”人才当摆设。

记者采访过一位怀揣“博士文凭”求职的人才。与上面那个人相反，该博士到用人单位求职，只说自己是专科学历，于是被安排到一个不显眼的职位工作。两三个月下来，优良的业绩让老板产生了怀疑。老板把他叫到办公室，问道：“你不可能是专科学历吧？”他拿出了本科学历证书。不久，他被提拔为中层管理人员。又干了一段时间，他再次被老板唤到办公室，老板问他到底是什么学历。到这时，他才拿出博士文凭。很快，他被聘为公司副总经理。老板重用这样的人才是正确的，因为他表现出来的不仅仅是工作能力，更重要的是自信，这在市场竞争中尤为宝贵。

一些企业界人士对“泡沫人才”进行了归纳。一是“自吹自擂型”。上面讲到的那位有 10 年驻俄经历的“人才”便是典型。二是“眼高手低型”。一些刚刚走出校门的毕业生，认为有了文凭便有了一切，在工作中的实际表现与公司要求相去甚远。三是“万金油型”。目前企业用人正从“通用型”向“技能型”转变，有些人怀揣多个证书却“放斤不够斤，放两不够两”，难挑重任。

“是骡子是马，拉出来遛遛”，这句俗语揭示的正是一种实用的识人观、用人观。试结合案例，对此进行分析。

【组织与评价】

（1）阅读案例，随后分组进行讨论。

（2）组内整合观点并进行阐述。

（3）任课教师就每组观点进行点评。

实训任务二

【实训目的】

理解素质的内涵及其构成，并能够初步说明人员素质测评的类型及其应用对象。

【实训内容】

（1）以某企业的人力资源部为例，分析某企业生产部门经理和销售部门经理的素质构成。

（2）在企业内部或外部模拟推荐适合该企业生产部门经理和销售部门经理的人选。

【组织与评价】

（1）教师进行素质及素质测评的相关理论、方法的讲授和演示。

（2）将学生分成 4～6 人一组，教师明确实训任务和实训内容后，学生分组完成。

（3）学生分组演示或讲演。

（4）任课教师对演示的内容进行点评和指导。

实训任务三

【实训目的】

了解人员素质测评的过程。

【实训内容】

走访一家猎头公司，了解公司是如何进行人员素质测评的。

【组织与评价】

（1）以小组为单位，选择一家猎头公司。

（2）通过访谈或实证了解公司是如何进行人员素质测评的。

（3）教师根据采集信息的完整性以及对测评过程的理解程度，酌情计分。

实训任务四

【实训目的】

通过面试手段了解如何更合理有效地对一个人的素质进行测评。

【实训内容】

6 个同学一组，轮番作为面试官，利用以下的面试题和评分表考察其他同学，思考自己有哪些方面有待改进。自行设定应聘职位，可以和所学专业相关。

面试题目包括：

（1）请做自我介绍。

（2）你平时喜欢什么活动，有哪些兴趣爱好？

（3）你的优缺点是什么？

（4）曾经遇到最大的困难是什么，如何解决的？

（5）你未来 3 年的规划是什么？

（6）你为什么想应聘这份工作？

（7）你认为你有哪些有利的条件来胜任将来的职位？
（8）你更喜欢独自工作还是协作工作？
（9）所学专业知识的提问（可以提问所学的专业术语）
（10）你对待遇有什么要求？

面试评估表

姓名		性别		年龄	
专业		院校		学历	
应聘职位		应聘部门		应聘时间	
考核项目	考核内容	评分（分）			
仪表礼仪	穿着打扮	优（10）良（8）中（6）差（4）			
	行为举止	优（10）良（8）中（6）差（4）			
	形象气质	优（10）良（8）中（6）差（4）			
语言表达	清晰准确	优（10）良（8）中（6）差（4）			
	条理分明	优（10）良（8）中（6）差（4）			
	简洁流畅	优（10）良（8）中（6）差（4）			
思维反应	敏捷迅速	优（10）良（8）中（6）差（4）			
	逻辑性强	优（10）良（8）中（6）差（4）			
专业水平	理论知识	优（10）良（8）中（6）差（4）			
	职业技能	优（10）良（8）中（6）差（4）			
总计　　　　分					
评语：（录用、待考核、不考虑） 考核人：					

【组织与评价】

（1）根据事先设定的应聘职位，作为面试官来考察其他同学。
（2）就面试考察过程，思考测评中的不足或有待完善之处。
（3）任课教师就学生演示的内容和反思进行点评和指导。

2

胜任素质模型

学习目标

（1）掌握胜任素质的概念及特征；

（2）掌握胜任素质模型的概念与特点；

（3）掌握经典的胜任素质模型：麦克利兰的冰山模型、斯潘塞的冰山模型和洋葱模型；

（4）掌握通用管理者的胜任素质模型；

（5）掌握胜任素质模型建立的步骤；

（6）掌握胜任素质模型建立的方法；

（7）理解胜任素质模型在人力资源管理各模块中的应用；

（8）掌握胜任素质模型与素质测评指标的转换。

引例

中外运—敦豪国际航空快件有限公司岗位胜任素质模型

中外运—敦豪（DHL）国际航空快件有限公司是中国对外贸易运输集团总公司和敦豪国际航空快递公司联合成立的航空快递公司。在调整过程中，为了选拔优秀而且适合公司文化背景的人才，DHL 采用了一些先进的管理理念和人员甄选技术，基于胜任素质的人员选拔方案是其中一种主要的选拔方式。

首先，DHL 根据自身的企业文化和业务发展，建立起了符合公司自身特点的岗位胜任素质模型。胜任素质（competency）是从品质和能力层面论证个体与岗位工作绩效的关系，是个体的态度、价值观和自我形象、动机和特质等潜在的深层次特征，是将某一工作（或组织、文化）中表现优秀者和表现一般者区分开来的基础。在建立岗位胜任素质模型时，DHL 分成两步进行：第一步，以岗位说明书和著名咨询公司 HAY 为其量身定做的职位评估系统（KH/PS/AC8 要素）为主要依据，参考原有胜任素质，归纳总结岗位关键胜任要素，形成岗位胜任素质模型框架；第二步，通过管理访谈、管理层研讨，对模型框架做有针对性的调整和修正，并细化胜任特质的典型行为；在初步的胜任素质模型的基础上，形成评估要素列表，制订评估框架并选择、组合评估方法，从而建立起完整的胜任素质模型。

其次，根据胜任素质模型评估各个岗位应该具备的能力。由外部专家、内部管理人员及需评价岗位的直接上司、在岗人员及其下属共同对该岗位所需要的胜任素质水平做出评估，同时，参考同类组织对相应岗位的要求，建立DHL所有岗位的胜任素质标准。

再次，通过对公司的管理诊断和评估，建立发展评价中心，并运用于选拔和招聘公司所需要的员工。DHL聘请专业咨询机构——北京博思智联管理顾问有限公司，建立了独立的发展评价中心（DAC），并广泛地将其运用于内部人力资源评估、人事决策等管理事务中，取得了良好的效果。DHL的发展评价中心包括心理测验（包括能力倾向测验、职业兴趣测验、动机测验、管理风格测验）、情景模拟（包括文件筐、无领导小组讨论、角色扮演、管理游戏、案例分析等）和专家面谈（包括结构化面谈、半结构化面谈和非结构化面谈）。

最后，根据胜任素质模型和发展评价中心对现有人员进行评估，力求达到人职匹配。DHL应用已经建立的发展评价中心，对现有关键岗位进行人员素质评估，根据胜任素质模型和参照标准，在胜任素质的各个维度上进行比较，对不能达到任职要求的人员进行有针对性的培训和调整，从而保证组织调整的顺利完成，并建立起独立的人员选拔系统，将胜任素质变成企业的核心竞争力之一。

（资料来源：马欣川. 人才测评：基于胜任力的探索[M]. 北京：北京邮电大学出版社，2008：106-107.）

案例思考题

（1）与传统的人员选拔相比，基于胜任素质模型的人员选拔有哪些优势？

（2）结合案例，试概述基于胜任素质模型人员选拔的步骤。

企业实施人力资源战略管理的一个基础条件就是了解企业对人力资源素质的要求，要想建立更加有效的人力资源管理系统，寻找有效的人力资源管理切入点和管理模式，就需要建立起基于企业战略发展要求的胜任素质模型。一个先进的胜任素质模型能够成为组织从事员工培训、改善员工绩效水平以及其他人力资源管理的基础。

2.1 胜任素质模型的基本原理

1. 胜任素质的概念与特征

1）胜任素质的概念

胜任素质，又称为能力素质，是在组织管理中驱动员工做出卓越绩效的一系列综合素质，是员工以不同方式表现出来的知识、技能、能力、职业素养、自我认知、特质和动机等方面的素质集合。

将胜任素质用于实践的第一人是哈佛大学教授D·麦克利兰（D. Mcclelland）。20世纪70年代初，麦克利兰应美国政府邀请，为其设计了一种能够有效预测驻外联络官绩效的方法。首先，他采用行为事件访谈法收集第一手材料。然后，比较并分析工作表现优秀者和一般者的具体行为的差异项。最终，提炼出了优秀的驻外联络官所应具备的能力和素质。

胜任素质模型现已被应用到人力资源工作的各个方面。实践证明，它不仅可以提高组织的人力资源质量，提升组织竞争力，还能推动组织发展战略的实现。

2）胜任素质的特征

胜任素质的内涵可以概括为3个方面。

（1）胜任素质是个体深层次的特征，包括知识、技能、能力、动机、特质等各方面的内容。

（2）胜任素质能够引起或预测优劣绩效的因果关联。胜任素质的深层次特征显示了个体的思维方式和行为特征，具有跨情境和跨时间的相对稳定性。在人力资源管理中，胜任素质并不是素质特征的简单相加，而是那些与岗位要求及管理绩效有因果关系，能够预测多种情境或多样工作中人的行为特征的素质。

（3）胜任素质是作为参照效标而存在的。胜任素质是能够衡量个人在特定的环境下，完成工作所需的知识、技能、性格、动机等深层次特征的参照效标。参照效标是胜任素质定义中最关键的一个方面，是衡量某素质特征、预测现实情境中工作绩效优劣的效度标准。如果一个素质的特征不能预测一些有意义的差异（如绩效方面的差异），则其就不能称为胜任素质。

2. 胜任素质模型的概念与特点

胜任素质的概念是通过胜任素质模型来展现的，胜任素质模型是识别胜任力的主要方法。

1）胜任素质模型的概念

胜任素质模型（competency model）是指担任某一特定的任务角色所需要具备的胜任素质的总和。①几十年来，中外学者对各种类型的胜任素质模型进行了深入而广泛的研究，取得了众多成果。

合格的胜任素质模型应符合以下3个要求：关注引起或产生高绩效的关键性因素；与组织的愿景、战略、价值观紧密相关；胜任素质模型形式简单、通俗易懂、能够被组织成员接受，以便将其融入工作实践中转化为员工的自觉行动。

---

① 时勘，王继承，李超平. 企业高层管理者胜任素质模型评价的研究[J]. 心理学报，2002,34(3):306-311.

2）胜任素质模型的特点

胜任素质模型具有以下 3 个特点，如表 2-1 所示。

表 2-1　胜任素质模型的特点

特点	主要内容
具有行业特色	它反映了某行业对各岗位人员的素质要求，具体表现为对知识和技能的掌握、运用能力，对客户的认知程度等
具有企业特色	由于各企业的企业文化、企业战略和经营目标的差异，不同企业的胜任素质模型有不同的内容，它反映的是单个企业对特定岗位、特定人员的要求，该要求可以细化到行为方式的各个等级
具有阶段性特征	企业成长的各个时期对员工有不同的胜任素质要求，所以胜任素质模型是与企业的发展相联系的，随着企业的经营目标、经营策略或经营环境的不同而不同

根据企业中从事某岗位的员工所应具备的胜任素质，从知识、技能、能力、职业素养 3 个层面构建的胜任素质模型如图 2-1 所示。

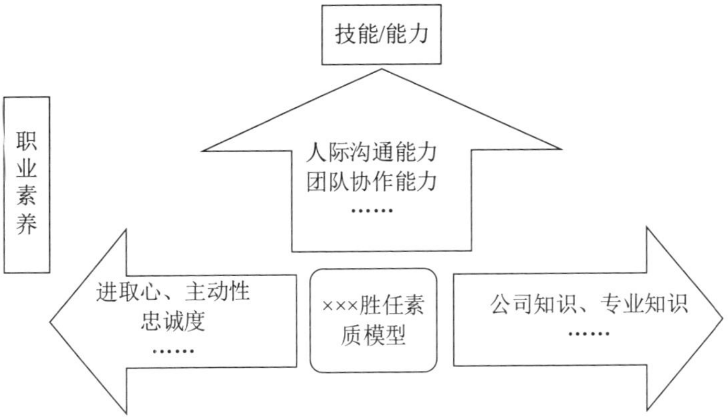

图 2-1　×××胜任素质模型

3. 经典的胜任素质模型

人们在进行胜任素质的研究时认为，胜任素质是潜在的、持久的个人特征。这种观点强调，胜任素质与一定的工作或情境中选取的绩效优异的效标参照有因果关系。“潜在特征”指胜任素质是一个人个性中深层和持久的部分，显示了行为和思维的过程，能够预测多种情境或工作中的行为；“与效标参照有因果关系”指胜任素质能够预测表现优异者和表现一般者，就像按照特定标准进行测量一样。

长期以来，诸如知识、技能等显性的胜任素质，由于可以被直接观察和研究，就好比冰山浮出水面的那部分，一直为人力资源管理者所关注。而自我概念、特质、动机等隐性因素，好比冰山潜藏于水下的部分，往往容易被忽略。而近年来的研究发现，能够有效区分高绩效与一般绩效者的关键因素正是这些隐性因素。

麦克利兰将不能区分高绩效与一般绩效者的知识、技能，称为基准性胜任素质（threshold competencies），也就是从事某项工作所应该具备的胜任素质，而把能够区分高绩效与一般绩效者的自我概念、特质、动机等称为鉴别性胜任素质（differentiating competencies）。

1）麦克利兰的冰山模型

麦克利兰的冰山素质模型对胜任素质的构成要素进行了形象的描述，"冰山以上部分"包括基本知识、基本技能，是外在表现，是容易了解与测量的部分；而"冰山以下部分"包括社会角色、自我认知、品质和动机，是人内在的部分（见图 2-2）。

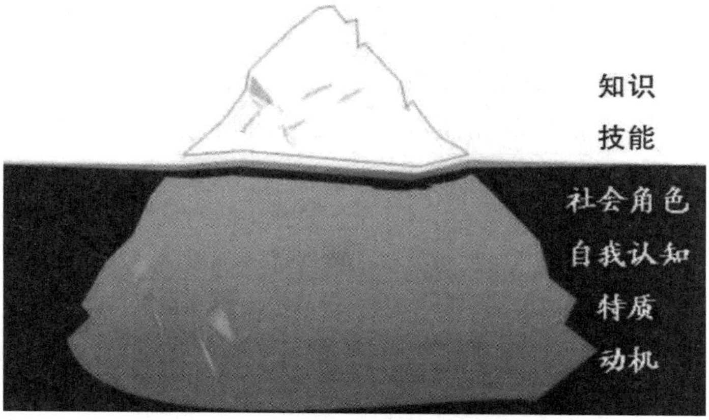

图 2-2　麦克利兰的冰山模型

（1）知识。知识不仅包括员工从事某一职业或某一领域工作所必须具备的专业信息，如物业管理、人力资源管理、生产运营管理等学科的专业知识，还包括员工在某一组织中工作时所必须掌握的一些相关信息，如公司的基本简介、产品知识和客户信息等。

（2）技能、能力。技能是指员工掌握和运用某项知识来完成具体工作的技术或能力，如计算机操作技能、财务分析能力等。能力是个性心理特征之一，是指员工天生具备或在外部环境影响下不易改变的特质，如人际协调能力、问题分析能力、市场拓展能力、判断推理能力等。

（3）社会角色。社会角色是与个人的某种社会地位、身份相一致的一系列权利、义务的规范和行为模式，是人们对有特定身份的人的期望，如团队合作精神。

（4）自我认知。自我认知是指个人对自己行为和心理状态的洞察和理解，主要包括自我观察和自我评价两个方面。自我观察是个人对自己的感知、思维和动机等方面的觉察能力；自我评价是个人对自己的行为及人格特征等方面的判断与评估能力。具有较强自我认知能力的人能够积极地调整自己的行为和心理状态，以达到胜任本岗位工作的要求。

（5）品质。品质是指个体特性以及个体所拥有的对情境或信息的持续性反应，是由于个人的某种倾向而导致的某些行为，可以用形容人格特点的词语进行描述，如自信、和蔼可亲等。

（6）动机。动机是个人对某种事物或某个事件持续渴望，进而付诸行动的念头。它会指导个人向有利于目标实现的行为方向前进，对个人追求或避开某事物、开始或停止某活动具有推动作用。

2）斯潘塞的冰山模型

斯潘塞等人在麦克利兰冰山模型的基础上，从特征的角度将其冰山模型中的6 个层次改为了 5 个。该模型的水上部分为知识和技能，水下部分为自我概念、品质和动机。

相对来讲，知识和技能是裸露在水面上的表层部分。这部分属于基准性素质，是对员工的基础素质要求，是很容易被测量、观察和模仿的，但不能把组织中的优秀者与一般者区别开来。这部分的素质是可以通过培训获得的。

自我概念、品质和动机等属于潜藏于水下的深层部分，属于鉴别性素质，是区分绩效优异者与一般者的关键因素：职位越高，该部分发挥的作用比例就越大。与基准性素质相比，鉴别性素质不容易观察和测量，难以改变和评价。这部分素质很难通过培训获得（见图 2-3）。

图 2-3　斯潘塞的冰山模型

3）洋葱模型

美国学者 R・博亚特兹（R. Boyatzis）和斯潘塞等人对麦克利兰的素质冰山理论进行深入地研究后提出了“洋葱模型”（见图 2-4）。

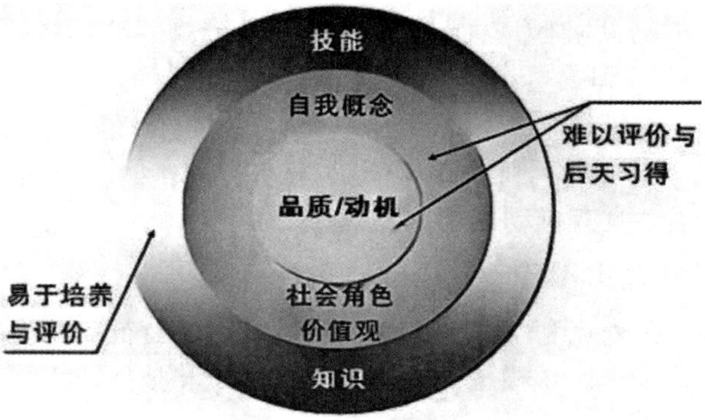

图 2-4　洋葱模型

洋葱模型把 6 个层次分为 3 类，即把胜任素质概括为层层包裹的结构。该模型中最核心的素质是品质和动机，中间部分是社会角色、价值观和自我概念，洋葱表面是知识和技能。洋葱模型中越外层的素质，越易于培养和评价；越向内，越难以评价和培养。

洋葱模型同冰山模型都强调核心素质或基本素质等胜任素质。相比而言，洋葱模型更能够突出潜在素质与表象素质的层次关系。

4. **通用的管理者胜任素质模型**

许多学者提出了管理者的通用素质模型。波亚特兹建立的管理者胜任素质通用模型，如表 2-2 所示。

表 2-2　管理者胜任素质通用模型①

目标与行动管理群	指导属下群	领导群	专注他人群	人力资源群	专门知识
效率导向	启发他人	自信	自我控制	运用社会化权利	记忆
生产力	运用单向权利	运用口头简报	认知的客观性	正面思考	专门知识
分析运用概念	自发性	逻辑的思考	精力与适应力	管理团队流程	
关注影响		概念化	关注亲密关系	精确的自我评估	

① BOYATZIS R E. The Competent Management: A Model for Effective Performance[J]. New York: John Wiley, 1982.

斯潘塞夫妇提出了一般管理者的胜任素质，如表 2-3 所示。

表 2-3 一般管理者胜任素质模型①

加权	能力	加权	能力
×××	冲击与影响力	×××	自信心
×××	成就倾向	×××	直接/果断性
×××	团队与合作精神	×××	需求资讯
×××	分析式思考	×××	团队领导力
×××	主动积极	×××	概念式思考
×××	培养他人	基本要求	（对组织的了解与关系建立）专门知识/专门技术

时勘等采用 BEI 行为事件访谈技术探讨了我国通信业高层管理者的胜任素质，结果证实我国通信业高层管理者的胜任素质模型包括：影响力、组织承诺、信息寻求、成就欲、团队领导、人际洞察力、主动性、客户服务意识、自信和发展他人。②

严正等按照管理的职能对管理者的胜任素质进行了归纳，如表 2-4 所示。

表 2-4 管理者的胜任素质③

管理职能	胜任素质
计划	解析力，决断力，战略思维，判断力，制度构建，情报分析，系统思考，制订计划，归纳力，计划实行，时间管理，战略制定，市场解析，前沿创新，市场重心，远见，概念性思考，演绎力，信息收集
组织	全局意识，组织能力，专业精神，团队工作，顾客导向，执行力，行动力，业务支持，团队整合，协调能力、创造性，配置资源，解疑能力，技术能力，抗压能力，创新能力，主持会议，会议主动，组织思维，影响力，服务观念，组织献身精神
人事	用人适当，指导帮助，包容能力，人本精神，交流能力，口头表达，聆听能力，以己度人，交往能力，团队合作，文字能力，建立关系，理解能力
领导	追求成就，感召力，领导力，委派工作，鼓励能力，教育培养，任务下达，诚信度，情绪控制，移情能力，自控能力，弹性掌控，社交能力，统率力，开放的心态，驱动动机，信赖度洞察力，危机处理能力，演讲能力
控制	重视绩效，成本控制，重视细节，质量意识，安全意识，强调结果，制度完善，监督能力，信息反馈，应变能力，冲突管理，客户中心
基础	集体认同，自我管理，生涯规划，自我提升，责任感，自我反省，敬业，主动积极，自信，持续改进，坚持不懈，商业思维

① SPENCER L M, SPENCER S M. 才能评鉴法：建立卓越的绩效模式[M]. 魏梅金，译. 汕头：汕头大学出版社，2003:194.

② 时勘，王继承，李超平. 企业高层管理者胜任素质模型评价的研究[J]. 心理学报，2002, 34（3）:306-311.

③ 严正，翟胜涛，宋争. 管理者胜任素质[M]. 北京：机械工业出版社，2007，1.

赵曙明等研究发现，企业管理者的胜任素质包括 11 个方面，如表 2-5 所示。

表 2-5　企业管理者胜任素质及其定义

胜任素质	定义
决策能力	管理者根据经验和掌握的信息，准确地分析、判断信息，敏锐地揭示事物间的内在关系，从而果断地做出正确决策的能力
情绪智力	管理者认识、理解、控制自我及他人情绪和情感的能力
自我效能	管理者对有效控制自己各方面能力的知觉或信念
成就动机	管理者追求成就，渴望成功的内部需求和动力
创新能力	管理者创造性地加工、接受环境中的信息，以新颖、独特的方式创造出成果的能力
社交能力	管理者掌握人际交往知识，运用人际交往技能，获得良好社会关系的能力
学习能力	管理者根据环境所需，及时补充最新知识和技能的能力
沟通能力	管理者有效、适时地向他人传递和反馈信息，善于理解他人传递的信息和与他人交流信息的能力
领导能力	管理者指导、影响、激励员工，从而促使个人和组织达成目标的能力
变革能力	管理者影响、推动员工在思想和行为上发生改变和变革，从而促使整个员工集体或者组织发生根本性变化的能力
知识水平	管理者将掌握的知识应用于工作，并促使工作绩效提高的能力

赵曙明等通过对不同行业企业管理者胜任素质的测评，研究了不同层级管理者胜任素质与管理绩效之间的相关关系，发现财务/金融部门的管理者在沟通能力方面相对较弱，这与该部门的技术专业性密切相关。①

李智伟针对中层管理者的特点构建的中层管理者胜任素质模型，如表 2-6 所示。

表 2-6　中层管理者胜任素质分解

类型	关键胜任力	二级胜任力特征
隐性	个人品德	个人诚信 敬业自信，人格特征
	动机	主动性，信息寻求，成就欲
显性	管理技能	团队领导 决策能力，激励能力，变革能力

① 赵曙明，杜鹃. 基于胜任力模型的人力资源管理研究[J]. 经济管理，2007, 9（6）：16-22.

（续表）

类型	关键胜任力	二级胜任力特征
综合	沟通协调	人际关系，团队合作，上传下达
	专业知识 战略贡献	技术专长，商业知识 部门绩效 帮助与服务他人

2.2 胜任素质模型的建立

胜任素质模型的建立，是基于胜任素质模型进行人员选拔的关键环节。这个环节直接关系到人员选拔的效果，因此是这一章的重点内容。

1. 建立胜任素质模型的步骤

首先，我们先用通俗的语言解释两个概念：效度和效标。效度就是看一个量表或测验能否有效地测出想要测量的东西，而效标则是评判效度所要参考的标准。例如，智力测验的成绩就是一种效标，测验成绩与智力行为的相关度高则该智力测验的效度高。下面我们一一介绍建立胜任素质模型的步骤。

1）确定绩效标准

建立胜任素质模型的第一步，就是确定绩效标准，以界定所研究人员的杰出绩效与一般绩效。为某项工作制定正确的绩效标准十分重要。假如绩效标准的制定偏离了企业的宗旨，就会把员工引入歧途。例如，如果把绩效标准定为个人受欢迎程度而非业绩，那么就会使员工过分热衷于拉拢关系，而忽视了他们的首要任务——在工作上取得成绩。

绩效标准一般通过工作分析和专家小组讨论来确定。工作分析是确定完成各项工作所需技能、责任和知识的系统过程。在这个过程中，可以明确岗位对人员的具体要求，从而提炼出鉴别工作优秀的员工和工作一般的员工的标准。专家小组讨论是指由中高层领导和相关专家组成一个小组，一是依靠其现有的知识、经验积累，讨论决定绩效标准，二是在行为事件访谈的基础上确定绩效标准。推荐使用的是这两种方法的结合。这是因为，两种方法各有其局限性，结合起来可以扬长避短，互相补充。另外，工作分析法和专家小组讨论法也可以交叉在一起使用。一般来说，进行工作分析的是人力资源部门的相关人员，他们在某种程度上也可以算是专家。但是如果能让更多的非人力资源的专家参与进来，效果也许会更好。例如，在确定研发人员的绩效标准时，应该让研发部门的领导和工程师参与其中，因为他们在这方面有着不可替代的作用。如果仅靠人力资源部门制定绩效标准，很有可能出现许多问题。因此，在进行工作分析时可以采用专家小组讨论的方法，而专家小组在讨论绩效标准时，也可以拿出工作分析的相关资料作为重要参考。

另外一种比较简便的方法是由领导者直接确定绩效标准。这种方法往往在经

费不足的情况下使用，而且前提是领导者具备较强的洞察力和较丰富的经验。这种方法虽然比较主观，但也可酌情使用。

在确定绩效标准时，要以定量指标为主，定性指标为辅，并尽量具体。例如，科研人员的学术成果、专利数目，业务经理所管部门的销售额、利润率，生产经理所管部门的废品率、成本等。如果具体标准无法取得，那么由上级、同事、下级进行评价也是一种比较可靠的方法。

2）选取标准样本

根据岗位要求，分别从绩效优秀员工和绩效普通员工中随机抽取一定数量的样本进行调查。一般来说，至少应该抽取 20 名员工，其中包括 12 名优秀员工和 8 名一般员工的样本。这样做可以满足简单的能力假设检验要求（如表现杰出者与表现一般者能力等级平均值差异的 T 检验、多变量分析或区别函数分析）。规模更小、不做统计分析的样本也可以作为定性分析的资料。

3）收集数据信息

有关胜任素质的数据资料可以采用行为事件访谈法、专家小组法、问卷调查法、全方位评价法、专家系统数据库法和观察法，但一般以行为事件访谈法为主。我们会在后文介绍建立胜任素质模型的方法时，着重介绍这种方法。下面先对这几种方法做一个概述。

（1）行为事件访谈法。行为事件访谈法要求被调查者列举出其在工作中发生的关键事例，包括成功事件、不成功事件或负面事件 3 项，并让被访者尽可能详尽地描述事件发生的时间、地点、起因、结果、相关人物、涉及的范围及影响层面。同时，也要求被访者描述自己当时的想法和感受，最好让他们总结一下事件成功或不成功的原因。

（2）专家小组法。邀请一批专家，让他们用头脑风暴法讨论得出表现杰出者不同于表现一般者的特点。这些专家中既要有所选员工的直接上级，又要有与所选员工素不相识的外部人。选择前者是因为他们对所选员工最为了解，能够发掘深层次因素；选择后者则是因为他们是外部人，对所选员工没有任何个人感情，可以较为客观地进行分析。

（3）问卷调查法。设计一套问卷，问卷中包含可能成为胜任素质的个人特征。如果业绩优秀者在某一特征上的得分与业绩一般者差距较大，那么这个特征很可

能就是胜任素质中的一项。

（4）全方位评价法。这种方法是指请员工个人、上级、同事、客户分别对员工进行评价，这里的评价不是要得出某个员工的绩效是好还是坏，而是要找出导致其绩效优秀或一般的个人特征方面的原因。

（5）专家系统数据库法。在计算机中安装了相关的专家系统数据库后，计算机可以向专家或者样本组的员工询问问题。对这些问题的答案进行计算机处理之后，可以得出能区分绩效优秀者和绩效一般者的个人特征。其实，专家系统数据库只是把搜集数据的过程变得无纸化了，计算机中的问题归根结底还是来自上述各方法。

（6）观察法。通过观察业绩优秀者和业绩一般者的工作过程来发现他们各自的特征，这种方法在实施时要求观察者有较强的洞察力，能耐心细致地了解被观察员工的每一个细节，并做精确的记录。

4）分析数据信息

首先，将录音访谈、问卷、观察记录等信息录入计算机，校对、打印、整理成文稿。然后，就可以开始对数据进行分析了。对于用行为事例访谈法和观察法获得的数据，要进行编码训练。编码训练是一个不断修正、提炼行为事件中的能力定义的过程。编码训练可以识别出某个行为实例反映了什么样的能力。编码训练的目的是使每项能力在定义上都获得大家可以接受的“评分者间信度”，使小组内的编码结果达到高度的一致性。接下来是独立分析编码。经过专门训练的人员会将表现杰出者与表现一般者的资料列出来，并寻找其中的差异。分析编码的另一项重要任务是从行为事件中找出新的能力主题，这是最需要创造力，也是最困难的一个步骤。然后，专业人员还要对编码结果的一致性进行初步的统计比较，并再次讨论、培训、示例，提高共识。

对于专家小组讨论得出的结果，则不必再进行编码训练。这是因为，专家小组已经将主要的胜任素质列举出来了，现在要做的是汇集各位专家提供的数据，看哪些胜任素质是各位专家一致提出的。一般情况下，若干专家的意见总有一部分是重叠的，不太可能出现每位专家提出的胜任素质都完全不一样的情况。那些被若干专家都认可的胜任素质就是我们要选择的、用于构建胜任素质模型的成分。

5）建立胜任素质模型

在对数据进行汇总和分析的基础上，确定一些胜任素质指标，并根据出现频次确定各胜任素质指标所占的权重；然后确定等级，描述各等级的特征，建立胜任素质模型。建立模型的时候，既要考虑组织的特点和实际情况，又要遵循各层级不重叠、能区分、易理解的建模原则。在初稿形成之后，应该就初稿与管理层充分沟通，最大限度地提高胜任素质模型的准确性和可行性。

6）验证胜任素质模型

企业可以采用 3 种方法来验证胜任素质模型的有效性。第一种方法是搜集表现杰出者与表现一般者的行为事例访谈资料，由其中的事件评分结果来判断胜任素质模型是否可以预测出第二个效标样本的表现杰出者与表现一般者，这称为同步交叉验证。第二种方法是设计测验内容来评估胜任素质模型所描述的能力，并用来测验第二个效标样本中的表现杰出者和表现一般者。如果胜任素质模型和评分表都有效，那么第二个效标样本中的杰出者应该在评分表中得分较高，这称为同步建构验证。第三种方法是使用测验或行为实例访谈法，按胜任素质模型进行选拔，看看这些人在未来的表现是否较好。这是最有力的验证方法，被称为预测验证。

2. 建立胜任素质模型的方法

目前得到公认且最有效的胜任素质模型构建方法是美国心理学家麦克利兰结合关键事件法和主题统觉测验而提出来的行为事件访谈法（behavioral event interview，BEI）。行为事件访谈法采用开放式的行为回顾式探察技术，让被访谈者找出和描述他们在工作中最成功和最不成功的 3 件事，然后详细地报告当时发生了什么。其具体内容包括：这个情境是怎样引起的？牵涉哪些人？被访谈者当时是怎么想的，感觉如何？在当时的情境中想完成什么，实际上又做了些什么？结果如何？然后，对访谈内容进行分析，来确定访谈者所表现出来的胜任素质。通过对比担任某一任务角色的卓越成就者和表现平平者所体现出的胜任素质差异，确定该任务角色的胜任素质模型①。

1）行为事件访谈法

行为事件访谈法是一种开放式的行为回顾式调查技术，类似于绩效考核中的关键事件法。

行为事件访谈法主要以目标岗位的任职者为访谈对象，通过对访谈对象的深入访谈，收集访谈对象在任职期间所做的成功和不成功的事件，挖掘出影响目标岗位绩效的细节性行为。然后，对收集到的具体事件和行为进行汇总、分析、编码。最后，在不同的被访谈群体（绩效优秀群体和绩效普通群体）之间进行对比，找出目标岗位的核心素质。具体操作程序如图 2-5 所示。

① 时勘，王继承，李超平. 企业高层管理者胜任素质模型评价的研究[J]. 心理学报，2002,34（3）:306-311.

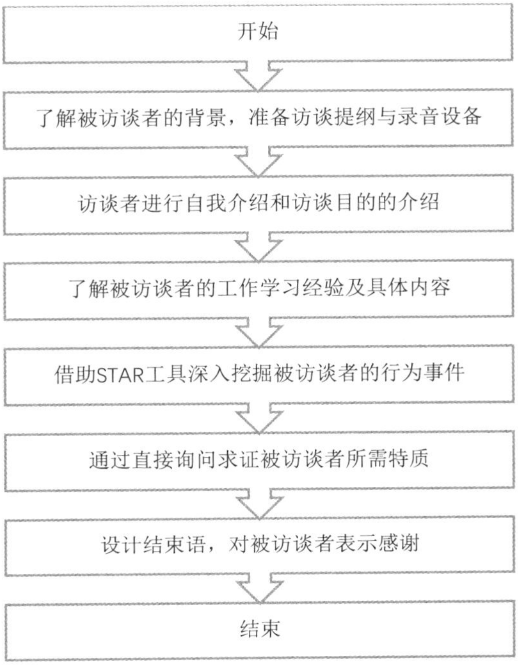

图 2-5 行为事件访谈法操作程序

2）STAR 工具在行为事件访谈法中的应用

行为事件访谈法对访谈者的要求非常高，只有经过专业培训的访谈者才能在访谈过程中通过不断地有效追问，获得与目标岗位相关的具体事件。在进行行为事件访谈时，访谈者访谈的重点应是被访谈者在过去确切的情境中所采取的措施和行动，不应是假设性的答复或哲理性、抽象性及信仰性的行为。因此，访谈者需借助 STAR 工具来深层次挖掘出被访谈者具体的行为细节。STAR 工具主要包括以下 4 个方面的问题。

（1）S（Situation）：那是一个什么样的情境？什么样的因素导致了这样的情境？在这个情境中有谁参与？

（2）T（Task）：您面临的主要任务是什么？为了达到什么样的目标？

（3）A（Action）：在那样的情境下，您当时心中的想法、感觉和想要采取的行为是什么？

（4）R（Result）：最后的结果是什么？过程中又发生了什么？

STAR 是一项比较复杂的技术，技术关键点有以下 6 个。

（1）从正向的事件开始。

（2）遵循事件本身的时间顺序。

（3）探究相关的时间、地点和心情，这样通常有助于被访谈者回忆起当时的情节。

（4）让被访谈者多说有用的素材。通过不断强化，可以训练被访谈者描述此类事件。

（5）了解访谈过程以及被访谈者可能会出现的情绪反应。

（6）一次只描述一个情况，注意探究其行为模式。探究思想上的起因（S）和行为过程（A），即实例中技术问题的解决模式和策略规划的思考程序。

3）行为事件访谈法的优点

（1）客观性：在行为事件访谈中，被访谈者谈的是具体事件，这大大提高了访谈的客观性。

（2）针对性：在行为事件访谈中，访谈者可根据该岗位的特点，要求被访谈者有针对性地说出自己过去的工作事件，并且要描述这些工作事件是有效还是无效的，这便大大增加了针对性。

（3）准确性：行为事件访谈方法关注被访谈者在过去的事件中做出的具体行为。在以前的传统面谈中，被访谈者会评价自己，如描述自己的优缺点、爱好、理想、态度以及人生哲学等，这些并不能说明个人的实际行为表现。

（4）真实性：由于行为事件面谈要求被访谈者讲述具体的事件以及自己在其中的表现，而非让其想象会怎么做，其真实性大大提高。

3. 建立胜任素质模型的注意事项

1）加强对胜任素质模型的宣传和培训工作

胜任素质模型的构建过程会采用多种行为测评工具，同时采用访谈法、调查法、小会议法等方法，这些方法的操作过程烦琐，对员工的工作形成一定程度的干扰。有的员工担心测评的结果对自己不利，有心理负担，因此在测评和访谈过程中隐瞒自己的真实想法，这在一定程度上影响了胜任素质模型的真实性和客观性。因此，建立胜任素质模型前要进行宣传和培训，让员工明白建立胜任素质模型的作用和意义，只有打消员工的顾虑，才能真实有效地建立胜任素质模型。

2）采用从关键职位入手开发的策略

在开发胜任素质模型时，由于对胜任素质模型构建的方法和技巧没有熟练掌握，因此公司可以先选取一些关键职位，而不是全部职位一起进行胜任素质模型的开发。从关键职位入手，不仅可以节约成本，减少风险，而且可以防止人力资源部门因失误而处于被动，待积累一定的经验后，再全面构建胜任素质模型。

3）胜任素质描述力求全面，应具有层次性和差异性

公司进行胜任素质模型构建时，要按照岗位的层次对胜任素质进行准确的定义，然后对取得高绩效应该具备的行为和标准进行提炼，使不同岗位的胜任素质具有层次性和差异性。

4）对胜任素质模型进行动态管理

一般认为，企业的胜任素质模型一旦建立，就成为一个静止的描述体系。然而实际上，胜任素质模型不是一成不变的，因为企业外部的发展环境瞬息万变，而且企业内部岗位调整、员工流动也会引起企业文化氛围的变动，因此需要对胜任素质模型进行动态管理。企业应根据发展战略和发展规划、部门职责和岗位职责、组织结构调整的方向、往年绩效考评对胜任素质模型的反馈，对胜任素质模型数据库进行动态管理，对现有的胜任素质模型进行分析、评价及修正，一般一年一次。

2.3 胜任素质模型的应用

胜任素质模型在人力资源管理各个模块中应用，可以更好地帮助企业选拔、培养、激励员工，实现企业人力资源管理的目标。

1. 在招聘录用中的应用

1）工作分析

工作分析是企业进行招聘的基础，如果仅仅按照职位说明书（如岗位名称、特征、职责权限、工作条件和环境等）进行分析，将很难准确识别岗位的胜任素质要求。

基于胜任素质模型的工作分析侧重于研究与优秀绩效表现相关联的行为特征及表现，定义了岗位的任职资格，使胜任素质模型具有了较强的绩效预测性，从而为企业招聘与录用人员提供了参考标准。

2）录用决策

企业招聘之难在于识别应聘人员的潜在素质，即如何通过应聘人员过去的工作表现预测其未来的工作绩效。以应聘人员的知识、技能及经验背景等外在特征作出录用决策，缺乏对应聘人员未来的预测。

基于员工胜任素质模型的招聘与甄选，旨在通过应聘人员过去的行为表现发现其潜在素质，分析其与应聘岗位的契合度，并预测其未来工作绩效，从而做出录用决策，降低企业人才录用的风险。

3）招聘录用流程示意图

基于胜任素质模型，对某岗位应聘人员进行招聘录用的流程如图 2-6 所示。

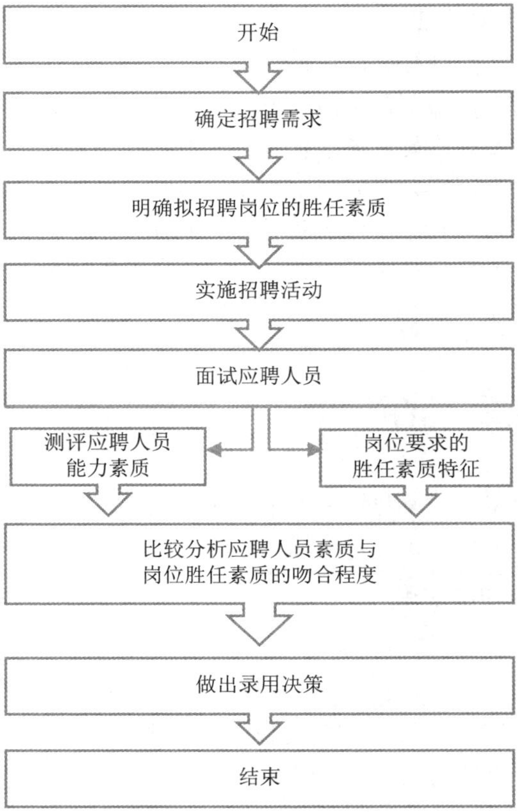

图 2-6　基于胜任素质模型的招聘录用流程

小专栏 2-1

基于胜任素质模型的招聘录用方法与传统的招聘录用方法相比，有什么优缺点呢？我们简单介绍一下传统的招聘录用方法。

传统的招聘录用中所用到的方法有很多种，常用的有简历筛选、推荐信核查、笔试（能力测验、人格测验）、面试、评价中心技术等。这些方法在基于胜任素质模型进行招聘录用时也都用到了，那么这两类方法的差异何在呢？基于胜任素质模型的招聘录用方法并没有改变选拔的形式，但这个模型的建立，改变了整个选拔过程的实质。传统的招聘录用，实质上是选拔可造之才。它设立了一个门槛，有能力跨过这个门槛的人具备了一些基本的素质，但要想胜任将来的工作，还需要组织的大力培养。而基于胜任素质模型的招聘录用，实质上是选拔可用之才。这些人具备了胜任未来岗位的能力，他们随时待命，一上岗就基本上可以完成手头的基本工作。当然，要想使其绩效有大幅度的提高，也是需要组织专门的培训的。造成这种差别的原因是，基于胜任素质模型进行招聘录用时测评了应聘者更深层次的素质，而且在行为面试的过程中面试官对这些素质可以有更深刻的了解；而传统的方法重视的是知识、智力等处于冰山模型水面上方的素质，即使有人格方面的测试，所测出的人格和胜任素质也没有很好的关联。这两种招聘录用方式的特点和优、缺点如表 2-7 所示。

表 2-7　两种招聘录用方式的比较

招聘录用方式	特点	优点	不足
传统方式	比较重视考察人员的知识、技能等外显特征	比较容易衡量	（1）没有针对难以衡量的核心动机和特质来挑选员工 （2）如果挑选出的员工不具备岗位所需的深层次胜任素质，要改变员工的深层次特质又比较困难，那么就会给组织带来损失
基于胜任素质模型的方式	帮助组织找到能胜任岗位的员工，其核心动机和特质基本符合要求	避免因人员挑选失误所带来的不良影响，减少企业的培训支出。尤其是为要求较为复杂的岗位挑选候选人，如挑选高层技术人员或高层管理人员时，在应聘者条件相似的情况下，胜任素质模型在预测优秀绩效方面远比与任务相关的技能、智力或学业等级分数更为准确	不易衡量

2. 在员工培训需求分析中的应用

企业设计培训环节是为了帮助员工弥补自己知识和能力等方面的不足，以提高其岗位胜任素质，从而使其达到岗位要求。科学、合理地分析员工的培训需求是培训的首要环节。只有结合员工自己的素质和岗位的胜任素质要求，才能制订出有针对性的培训规划。

基于胜任素质模型的培训体系不仅能够发现员工的不足，有针对性地培养员工的核心技能，激发、强化员工的优势与潜能，开发员工的潜在能力，还能够帮助企业储备具备核心能力素质的人才。

基于胜任素质模型的某岗位员工培训需求分析如图 2-7 所示。

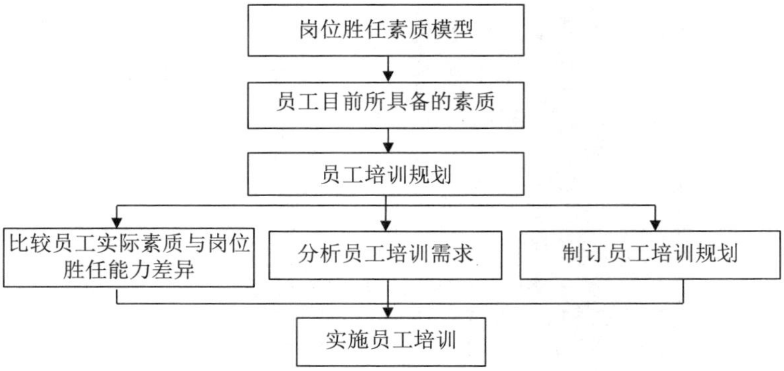

图 2-7 基于胜任素质模型的员工培训需求分析

3. 在建立绩效考核体系中的应用

建立绩效考核指标并设定相应的绩效标准是绩效考核工作的关键环节。其中，绩效考核指标是关系到员工工作产出的关键项目；绩效标准是对员工行为表现、工作结果达到的目标或程度的描述。

胜任素质模型能够有效区分绩效优秀者和绩效一般者的行为表现差异，这为设定绩效考核指标和标准等提供了进一步的支持。以胜任素质模型为基础的绩效考核体系，可以对员工履行岗位职责和执行岗位任务所获得的成果进行客观的绩效评价，有利于真实地反映员工的综合能力素质。基于胜任素质模型的某岗位绩效考核如图 2-8 所示。

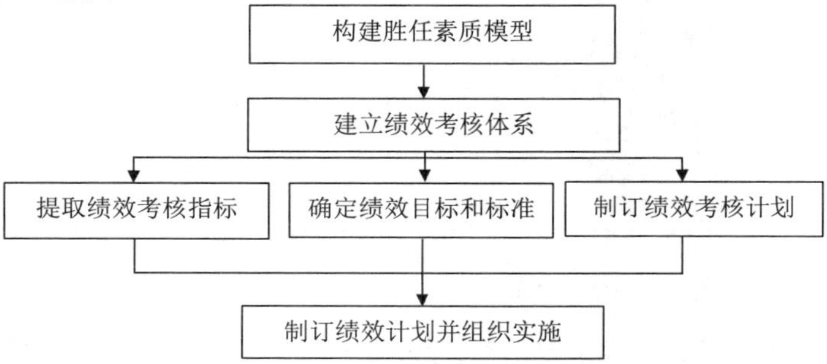

图 2-8 基于胜任素质模型的绩效考核

4. 在员工职业生涯规划中的应用

胜任素质模型能够帮助组织员工明确个人发展方向和目标，从而更有效地进行职业生涯发展规划，有助于组织成员对自己的职业生涯和工作任务负责。

由上述可知，胜任素质模型可以应用到组织人力资源管理的各个模块中，但是在应用时一定要根据自身企业的实际情况，根据组织结构、岗位特征等把胜任素质模型与日常工作紧密地结合起来，以满足胜任素质模型构建质量和应用的需求。

2.4 胜任素质模型与素质测评指标的转换

1. 胜任素质模型与素质测评指标转换的原理

胜任素质模型的构建基于“行为—指标—模型”的流程，也就是根据“行业—企业—岗位—任职者”4 个层面一些行为化的特征，提取相关的胜任指标，再将这些指标筛选，集合成胜任素质模型。胜任素质模型的构建，既为素质测评中能力指标的确定提供了依据，也为设计测评这些能力的方法（心理测试、面试、评价中心等）提供了基础。这就意味着测评题目的设计过程是对于胜任素质模型构建的逆向推导，即“模型—指标—题目”，首先根据胜任素质模型选取测评指标，其次是基于测评指标设计测评的题目及方法。

在现代企业招聘中，企业希望选拔出优秀的人才，往往需要根据胜任素质模型来选择合适的素质测评指标。胜任素质模型往往包含知识、技能、经验等多个维度的胜任素质，并且每项胜任素质的重要性、可塑性、可测量的程度都不尽相同。素质测评指标来源于胜任素质模型，但是胜任素质模型中的胜任素质在转化为素质测评指标的时候，需要按照一定的标准对其进行筛选。

1）胜任素质模型与素质测评指标的差异

胜任素质模型是在特定的组织和工作环境中，驱动个体产生优秀工作绩效的各种素质特征的集合。素质测评指标是指能反映测评对象特定属性的一系列考察因素和维度，也是表现测评对象特征的一种形式。素质测评指标是指测评中衡量和测评被测者素质的维度，又称测评要素。胜任素质模型和素质测评指标有许多共同之处，在实践中也往往容易混为一谈，这是因为素质测评指标主要来源于胜任素质模型，但二者还是存在一些差异。

素质测评指标通常需要同时满足两个条件：一是需要具有实际价值；二是能够可行可测。有些指标，例如“财务管理能力”虽然具备可测的条件，但对于某些测评客体（技术人员）施测的实际价值不大。而有些指标，例如“廉洁执政能力”虽然是公务员应具备的重要能力指标，但一般的测评技术难以在短时间内进行测评，需通过其他的测评方式进行评价，如“组织考察”等。

因此，测评者需要根据测评对象、测评目的，对能力指标进行筛选，即从胜任素质模型中提炼适合在测评环节进行测量的测评要素。

2）胜任素质模型与素质测评指标转换的原则

（1）与考评对象同质原则。素质测评指标是测评对象特征的标准。素质测评指标的内容与标志特征需要同考评的对象特征一致，就像尺子能有效地度量物体的长度，是因为它本身有长度的特征。素质测评指标来源于胜任素质模型，因此从胜任素质模型中选择素质测评指标的时候需要选取那些同考评的对象特征相一致的胜任素质指标，保证素质测评的效度。

（2）针对性原则。在对不同类别被测人员进行素质测评时，要根据各类人员的具体特点来进行指标设计。对于不同类型的人进行测评其指标是不同的，即使有些指标相同，但其内容也应是不一样的，或者权重设置不一样。在对具体的被测对象设置素质测评指标的时候，需要从胜任素质模型中找到对应这个人素质特点的最典型的评价标准，以此保证测评的准确性。

（3）完备性原则。处于同一指标体系中的各个指标应能够相互配合，在总体上全面地反映工作岗位所需具备的素质的主要特征。因此，胜任素质模型中的胜任素质在转化为素质测评指标的时候，需要选取最具代表性且综合起来最能充分体现测评目的的特征，既做到指标的个数尽可能少，又能全面地反映被测人员的能力。

（4）可操作性原则。设立的测评指标应该是可以辨别、可以比较、可以测评的。在从胜任素质模型中选取指标的过程中，要保证测评指标是可以直接观察、计算或者能通过一定方法辨别把握和计量的，要充分考虑可操作性。例如，“工作经验”本身是一个难以直接考评的指标，把它表征为“工作实际年限”时，就成了一个可以直接考评的指标。

（5）独立性原则。在从胜任素质模型中选取、转化测评指标的过程中，应该使得同一层次上的测评指标相互独立、没有交叉。在企业胜任素质模型中，各测评指标由多个层次构成，独立性原则是指同一级的 A 指标和 B 指标不能存在重叠或因果关系。

（6）结构性原则。在素质测评中既要有对所取得效率、效果考评的指标，又要有对职责任务完成情况考评的指标，还要有对素质条件考评的指标。在转化过程中很重要的一点是需要保证考评指标体系在总体上有条件、过程与结果 3 个方面的指标。

（7）精练性原则。素质测评指标的设计应尽量简单，只需要从胜任素质模型中选取那些能达到既定目的并获得所需要的功能信息的指标即可，避免冗杂烦琐。

2. 胜任素质模型与素质测评指标的转换的步骤

基于胜任素质模型筛选素质测评指标，构建测评指标体系，是一个系统的工程，主要包括以下几个步骤。

1）明确素质测评的目的

素质测评指标体系的制定，首先必须以一定的测评目的为依据。测评包括选拔性测评、开发性测评、诊断性测评、考核性测评，每项测评的目的不一样，所制定的标准指标体系也应该不一样。例如选拔性测评的测评指标强调区分功能，要求测评指标具有灵活性；诊断性测评需要测评内容精细、全面，测评指标应当具有较强的系统性。

2）素质测评指标的选取

当我们根据测评的目的确定测评内容之后，就需要根据已经构建好的胜任素质模型来选取优良的素质测评指标。如何筛选那些优良的素质测评指标呢？一般是依据下列两个问题逐个核查：①这个测评指标是否具有实际价值；②这个测评指标是否切实可行。

有的测评指标虽然具有实际价值，却并不切实可行，而有的测评指标虽切实可行但实际价值不大，因此这些指标都应当被筛掉。那么怎样检验一项测评指标的实际价值和可行性呢？

首先，所选择的测评指标一定能够具备明确的理由与用途，回答为什么选择这个测评指标、所得的测评结果如何，如此就说明了该测评指标的潜在价值；其次是要考察这个测评指标的可行性与现实性。可以从以下 4 个方面进行检查：

（1）保留这个指标并进行测评，在逻辑上是否可行？

（2）所需要的数据结果及行为表现是否可以从这个测评指标中得到，或者测评者与被测者双方经过合理的努力后能否得到？

（3）实施这个测评指标的条件是否具备？

（4）这个测评指标的保留有无充分的价值和理由？

小专栏 2-2

ZGL 通信公司胜任素质模型向素质测评指标转换的示例

ZGL 通信公司市场销售岗位的任职资格包括四个方面：岗位胜任的学识；岗位胜任的资历；岗位胜任的能力；岗位胜任的个性特质。

1. 岗位胜任的学识、资历向素质测评指标的转换（见表 2-8）

表 2-8　ZGL 通信公司岗位胜任的学识、资历向测评指标的转换

胜任素质项目	测评指标	测评方法	测评内容	评价标准
岗位胜任的学识	学历水平	资料审核、笔试	受教育程度和方式	（脱产）研究生/硕士 3 分，本科 2 分；（在职）研究生/硕士 2 分，本科 1 分
	专业知识	笔试、面试	能否满足岗位业务要求	笔试、面试成绩各占 50%，满分 10 分
	专业背景	资料审核、背景调查	专业学习的经历与岗位匹配程度	所学专业与岗位要求一致，5 分；所学专业与岗位要求相关，3 分；所学专业与岗位要求不相关，但接受过相关专业培训，1 分

（续表）

胜任素质项目	测评指标	测评方法	测评内容	评价标准
岗位胜任的学识	专业资质	面试、资料审核	相关职业资格证书；职称证书	具有符合岗位要求的高级职业资格证书、职称证书，3 分；中级证书 2 分；初级证书 1 分
岗位胜任的资历	生理年龄	资料审核	年龄与岗位匹配程度	年龄符合岗位任职资料要求，满分 3 分
	专业经验	面试、资料审核、背景调查	业务熟练程度以及对通信行业的了解程度	5 年以上专业工作经验，4 分；2~4 年专业工作经验 2 分；1 年以下专业工作经验 1 分；有行业工作经验的，2 分
	职业年龄	面试、资料审核	职业年龄在专业领域所处阶段	成长期（1~4 年）、成熟期（5~10 年）、突破期（11~16 年）、高原期（17 年以上），根据岗位要求酌情打分，满分 3 年

2. 岗位胜任的能力、个性特质向素质测评指标的转换（见表 2-9）

表 2-9　ZGL 通信公司岗位胜任的能力、个性特质向测评指标的转换

胜任素质项目	测评指标	测评方法	评价内容
团队领导能力	知人善用	面试、评价中心	（1）具有敏锐的人性洞察力，合理搭建领导班子； （2）全面、公正看待团队成员； （3）做到人岗匹配，促使员工个人能力得到最大化发挥
	团队激励	面试、评价中心	（1）运用策略提升团队的士气和生产力； （2）确保成员达成一致的群体目标
	培育下属	面试、评价中心	（1）指导与培训下属，确保员工与企业共同成长与发展； （2）给下属锻炼的机会和成长的平台，使其有广阔发展空间
	合理授权	面试、评价中心	（1）充分信任下属，适当授权； （2）鼓励员工承担更多的挑战和任务； （3）明确员工职责，使其各尽其职，各负其责
战略决策与执行能力	决策谋划	面试、评价中心	（1）准确且果断地制定决策目标； （2）鉴别和确定最优决策方案； （3）敏锐洞察决策所处环境和条件； （4）客观、公正预测和评价决策实施后果
	宏观思维	面试、评价中心	（1）有大局观，能认识事物本质及发展趋势； （2）从公司利益的全局出发，善于进行战略思维； （3）有独立的分析判断力，能灵活变通，不盲目跟随
	执行能力	面试、评价中心	（1）贯彻公司战略意图，完成预定目标的操作能力； （2）完善和优化企业管理制度，形成制度化管理； （3）监督、控制方案实施过程和结果，形成反馈机制

（续表）

胜任素质项目	测评指标	测评方法	评价内容
运营管理能力	市场开拓	面试、评价中心	（1）具有敏锐的市场洞察力，市场前瞻性强，能准确地把握市场发展方向和趋势； （2）客户服务导向，开拓和满足大客户需求，实现企业长远利益； （3）敢于挑战传统和承担风险，因地制宜，推动市场策略合理
	统筹协调	面试、评价中心	（1）合理有效地进行资源的统筹与调配； （2）具有较强的人际沟通和协调能力；
	冲突管理	面试、评价中心	（1）具有较强的跨地区文化冲突管理能力，能根据各地域不同的文化特色，灵活地调整管理的方法和技巧； （2）化解团队内部冲突或矛盾，促成内部有利的冲突解决方案
	关系运营	面试、评价中心	（1）与当地政府相关职能部门建立良好的关系网络； （2）与同行业其他运营商建立局部、阶段性的竞争和合作关系； （3）与客户建立友好、互利的长期合作关系
人格特性	情绪控制	面试、人机测评	（1）面对权威和质疑，独立判断并做出理性决策； （2）面对压力事件，保持客观、冷静，提出建设性意见
	自信心	面试、人机测评	（1）自愿接受挑战，不断超越自己，内心胸有成竹； （2）面对挫折和阻力，独立思考，改善负面形势
	坚毅性	面试、人机测评	（1）有顽强的耐力和毅力； （2）坚定执着地推动事情顺利发展
	创新性	面试、人机测评	（1）工作积极，主动性强； （2）善于思考，推动变革
个人品质	公信度	面试、人机测评	（1）得到上司、同事及下属的信任和好评； （2）决策和执行得到大家认同、支持

3. 素质测评指标的量化和标准化

当测评指标体系初步设计出来以后，必须同测评标准体系和计量体系相匹配，在小范围内预测。预测之后应当着重对要素进行分析、论证、检验并不断修订、增减、合并，对其进一步充实完善，最后形成一个客观、准确、可行的测评指标体系，从而保证大规模测评的信度和效度。

确定指标权重的方法包括：主观加权法、专家加权法、德尔菲法（专家咨询）、简单比较加权法、层次分析法（AHP）等。将表 2-9 中的部分能力指标量化和标准化后详见表 2-10。

表 2-10　胜任素质模型转换后量化和标准化的测评指标体系（部分）

胜任素质项目	测评指标	测评方法	评价内容	评价等级			
				1	2	3	4
团队领导能力（20 分）	知人善用（8 分）	面试中心、评价中心	（1）具有敏锐的人性洞察力，合理搭建领导班子； （2）全面、公正看待团队成员； （3）做到人岗匹配，促使员工个人能力得到最大化发挥				
团队领导能力（20 分）	团队激励（7 分）	面试中心、评价中心	（1）运用策略提升团队的士气和生产力； （2）确保成员达成一致的群体目标				
	培育下属（3 分）	面试中心、评价中心	（1）指导与培训下属，确保员工与企业共同成长与发展； （2）给下属锻炼的机会和成长的平台，使其有广阔的发展空间				
	合理授权（2 分）	面试中心、评价中心	（1）充分信任下属，适当授权； （2）鼓励员工承担更多的挑战和任务； （3）明确员工职责，使其各尽其职，各负其责				
战略决策与执行能力（15 分）	决策谋划（5 分）	面试中心、评价中心	（1）准确且果断地制定决策目标； （2）鉴别和确定最优决策方案； （3）敏锐洞察决策所处环境和条件； （4）客观、公正地预测和评价决策实施后果				
	宏观思维（5 分）	面试中心、评价中心	（1）有大局观，能认识事物本质及趋势； （2）从公司利益的全局出发，善于进行战略思维； （3）有独立的分析判断力，能灵活变通，不盲目跟随				
	执行能力（5 分）	面试中心、评价中心	（1）贯彻公司战略意图，完成预定目标的操作能力； （2）完善和优化企业管理制度，形成制度化管理； （3）监督、控制方案实施过程和结果，形成反馈机制				

本章小结

（1）胜任素质，又称为能力素质，是在组织管理中驱动员工做出卓越绩效的一系列综合素质，是员工以不同方式表现出来的知识、技能、能力、职业素养、自我认知、特质和动机等的素质集合。胜任素质的内涵可以概括为 3 个方面：①胜任素质是个体深层次的特征；②胜任素质能够引起或预测优劣绩效的因果关联；③胜任素质作为参照效标而存在。

（2）胜任素质模型中包含的胜任素质一般是对取得良好工作绩效最为关键的要素。通过胜任素质模型可以找到导致员工绩效好坏的关键因素，这也为人员素质测评和选拔提供了一个更加科学合理的标准。典型的胜任素质模型有麦克利兰的冰山模型、斯潘塞的冰山模型以及洋葱模型等。

（3）建立胜任素质模型的一般步骤为：确定绩效标准、选取标准样本、收集数据信息、分析数据信息、建立胜任力模型、验证胜任力模型。胜任素质模型在招聘录用、员工培训需求分析、建立绩效考核体系以及员工职业生涯规划等方面都得到了广泛的应用。

（4）在以上的基础上，本章分析了如何将岗位胜任素质模型转换为人员测评的指标体系，包括转换的原则和步骤等。

复习与思考

（1）胜任素质的特征有哪些？
（2）胜任素质模型的概念是什么？
（3）胜任素质的经典模型有哪些？
（4）胜任素质模型的应用是什么？
（5）如何将胜任素质模型应用于人员素质测评？
（6）岗位的胜任素质模型如何转换为岗位的素质测评指标？

拓展阅读

胜任素质的其他模型

1. 梯形模型

胜任素质的梯形模型（echelon competency model）（见图 2-9）把胜任素质按照梯形分为 4 个层次：第一层，行为层；第二层，知识—技能—态度层；第三层，思考方式—思维定式层；第四层，自我意识—内驱力—社会动机层。行为层主要指个体在具体职位上的工作绩效表现。其他层次共同决定了个体在工作中的绩效行为，并且越往下，它们在个体的行为上起着越稳定的决定作用。[①]

① 国际人力资源管理研究院编委会.人力资源经理胜任素质模型[M]. 北京：机械工业出版社，2005: 130.

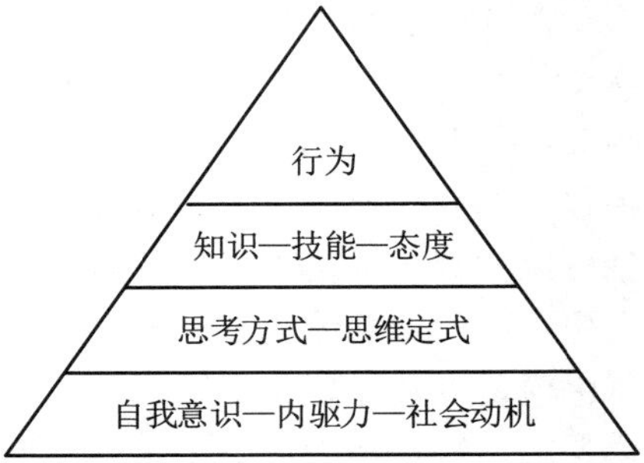

图 2-9　梯形模型

2. 金字塔模型

还有一种与梯形模型相似的金字塔模型（competency pyramid）（见图 2-10）。该模型主要分为 3 个层次：顶部是先天具备的和后天开发的才能的具体行为表现；中间部分是可以通过学习、工作锻炼等途径开发的知识和技能；底部是难以开发的态度和人格特征。①

图 2-10　金字塔模型

3. 矩阵表格模式②

该素质模型（见表 2-11）主要是通过矩阵形式把不同职级与职能的人员的素质模型在统一的表格中表现出来，便于对比与分析。该模型能够区分基本素质与专业素质、共同素质与不同的职能职级的特定素质。

表 2-11　党政机关办公室人员素质模型

	高级领导人才	中级管理人员	基层管理人员
正职领导职务	领导才能与个人魅力突出；掌控全局与决策能力明显；管理知识精深；政治坚定；强烈的责任心与使命感及服务意识；改革精神与创新才能突出	较好的组织指挥能力与领导才能；精通业务知识；政治坚定；具有高尚的职业道德与公仆服务意识；沟通表达能力较强	协调解决能力突出；基本的业务知识过硬；政治坚定；服从命令并善于沟通；能够独立做出本部门的基本决策；具备服务意识

① LUCIA A D, LEPSINGER R. The Art and Science of Competency Models: Pinpointing Critical Success Factors in Organizations[M].San Francisco: Jossey-Bass/Pfeiffer, 1999, 6-7.
② 肖鸣政，李泠.机关党政干部素质结构分析与模型构建[J].第一资源,2008,(3).

（续表）

	高级领导人才	中级管理人员	基层管理人员
副职领导职务	领导与组织配合协调能力突出；管理知识过硬；辨别是非能力明显；政治坚定；较强的责任心与服务意识；具有创新意识	较好的配合协调与上传下达能力；业务知识应用熟悉；政治坚定；具备较强的服务意识与职业道德；理解与表达能力较强	上传下达的组织协调能力突出；办事能力与效率较高；政治坚定；服务意识与服从命令意识较强
一般工作人员	具备专业知识与精通技术；协调与理解表达能力突出；政治坚定；较强的责任心与服务意识；具有创新意识	业务知识与技能过硬；协调与沟通能力较强；政治坚定；具备良好的服务意识与职业道德；办事能力与效率强	基本的日常业务工作熟悉；政治坚定；具备基本的服务意识；服从命令

实训任务一

【实训目的】

正确掌握人员素质测评与胜任素质模型的关系。

【实训内容】

人力资源总监王自成，负责 B 公司的高层管理者招聘，经过一个星期的招聘和测评，这次又接到了人力资源部经理王洋的电话，王洋对这次招聘的两位高级经理的测评效果还是不太满意。关于人才测评方面的问题已经困扰王自成很久了，自从公司使用了高级经理人才胜任素质模型后，公司的招聘变得更加困难，一些看上去不错的其他公司的高级经理、总监、副总，在胜任素质模型方面总是过不了关。前几天公司高层会议，公司老总问王自成什么时候公司能招到独当一面的副总，这个问题已经折磨他太久了。现在离公司结束招聘日期还剩 3 个月，如果招不到合适的人才，高层领导会怀疑人力资源部门的招聘能力，以前改进招聘方式的努力都白费了，还不如不用胜任素质模型，直接采取审批制。

请思考：公司的人才测评问题出在哪里？你有什么解决方法吗？

【组织与评价】

（1）阅读案例，随后分组就思考题进行讨论。

（2）组内整合观点并进行阐述。

（3）任课教师就每组观点进行点评。

实训任务二

【实训目的】

理解企业中岗位胜任素质模型（知识、经验、能力、个性特质）的内涵，以及如何建立岗位的胜任素质模型。

【实训内容】

（1）以某企业为例，设计本企业的通用能力、通用素质等企业全员胜任素质模型。

（2）设计本企业人力资源类或财务类岗位的胜任素质模型。

【组织与评价】

（1）教师演示和说明企业胜任素质模型及其构建原理，以及岗位胜任素质模型及其构建原理。

（2）将学生分成 4～6 人一组，教师明确实训任务和实训内容后，学生分组完成。

（3）学生分组演示或讲演。

（4）任课教授分组对学生演示的内容进行点评和指导。

3 人员素质测评指标的设计

学习目标

（1）掌握人员素质测评体系的概念及意义；
（2）掌握人员素质测评体系的构成；
（3）掌握人员素质测评指标制定的基本原则；
（4）掌握人员素质测评指标制定的具体方法；
（5）掌握人员素质测评体系设计的程序。

引例

财务总监的招聘

A公司是中国家电行业领先者之一，产品远销30多个国家，员工人数共6万多名。由于业务发展需要，公司现诚聘财务总监1名。以下是该公司招聘简章：

招聘职位：财务总监

招聘人数：1人

职位描述：

（1）全面负责财务部门的规划及日常管理工作；
（2）负责财务管理制度及规范化管理体系建设；
（3）负责财务融资管理及进出口的管理；
（4）负责与当地政府财务部门建立并保持良好的关系。

任职资格：

（1）本科以上学历，财务专业，中级及以上职称；
（2）5年以上大中型企业财务部门管理经验；
（3）熟悉本地区企业财务管理制度与系统策划，熟悉该地区税务体制；
（4）对公司财务体系与制度能有效建设与管理，有良好的财务系统策划能力，熟悉融资管理和进出口税务；
（5）饱满的工作热情、良好的职业道德，年龄27～46岁，男女不限。

（资料来源：赵曙明. 招聘甄选与录用：理论、方法、工具、实务[M].北京：人民邮电出版社，2014：154）

案例思考题

请根据上述招聘要求，建立A公司财务总监的测评指标体系，并给出招聘工作的具体方案。

人员素质测评体系是进行人员素质测评时所依据的统一标准，如果把测评者比作法官的话，那么测评体系就是法官所依据的法律条文。它既包括了衡量与评价测评对象属性的关键指标，也包含为了减少测评过程中“人为误差因素”所使用的衡量标准。

物理测量是以物测量，其特点是客观性强，具体可行。而人员素质测评是以主观度无形，以观念评抽象，不易操作。人员素质测评体系则通过测评指标、测评标志和测评标度的形式，把测评对象物化为指标内容或条目要素，把测评标准物化为测评标志与标度，使测评对象和测评标准联结起来，进行比较与评定。

3.1 人员素质测评体系概述

1. 人员素质测评体系的概念

人员素质测评体系是由一组相互联系、相互作用的测评指标组成的，但每项测评指标又都保持了独立性。每项测评指标从不同的侧面表现人的特定素质，构成素质的不同方面。测评主体通过对测评对象进行测量与评价，推理出测评对象的综合素质和特点。

2. 构建人员素质测评体系的意义

人员素质测评是一项非常复杂的工作，测评内容广泛，测评因素众多。由于测评主体的价值观、经验、专业及测评视角的不同，在测评时难免会出现“仁者见仁、智者见智”的情况，所以不同的测评主体对同一测评对象的评定结果往往相差甚远。因此，建立人员素质测评体系，一方面，可以统一测评主体的评价标准，有效克服测评主体的主观随意性，提高人员测评的客观性和科学性；另一方面，人员素质测评体系的建立有利于测评主体深化对员工和工作的认识。无论是人还是事，都是个复杂的系统，在制定与熟悉人员素质测评体系的过程中，测评主体必须根据工作分析，按照岗位需要把测评对象各种素质和行为中的每一个可以独立出来的因素，单独加以特别认识与理解，并给予权重分析，这样才可能进一步深化对测评对象和工作岗位的认识。

3. 人员素质测评体系的构成

人员素质测评体系的构成如图3-1所示。

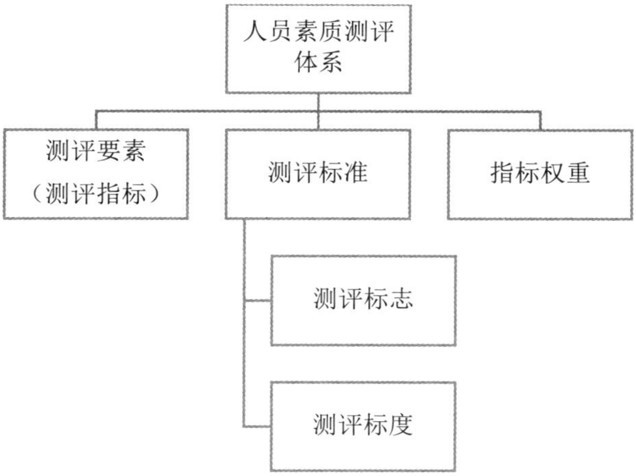

图 3-1　人员素质测评体系的构成

1）测评要素

通过对测评对象的认识与分析可以确定要测评的内容。所谓测评要素是指对测评内容的细化。将测评要素进一步分解为测评项目、测评指标，就意味着完成了指标体系的设计。指标体系具有一定的层次结构，第一层可以称为一级指标（测评要素），第二层可以称为二级指标（测评项目），第三层可以称为三级指标（测评指标），如表 3-1 所示。测评要素反映受测者各个方面的素质内容，它因岗而异，如公务员的测评要素一般采用“德、能、勤、绩”模式。分析测评对象是设计测评要素的基础，虽然要素设计的方法有很多种，但均要不同程度地依赖对测评对象的认识与分析。

表 3-1　指标体系的层次结构

一级指标（测评要素）	二级指标（测评项目）	三级指标（测评指标）
文化素质	知识素质	学历
		继续教育情况
	专业知识	专业知识
		专业培训情况

设计测评体系的第一步就是制定测评指标体系，列出测评可能涉及的素质维度，并将每一个维度细化，得到具体、可操作、全面而准确的素质条目。例如，测评内容“管理能力”可以分解为“沟通能力”“表达能力”等具体测评指标。测评指标设计的方法有很多种，这些方法都不同程度地依赖于对测评对象的认识与分析。

（1）测评要素分类。根据测评要素来源的不同，可以将测评要素分为通用型和专用型。通用型测评要素一般从组织文化中强调创新，因此在指标设计时，所有职位都要体现创新能力这一素质指标，当然，因为职位作用的不同，各职位中创新能力指标的权重可能不同；专用型测评要素则来自具体某一类或某特定职位的特征和素质要求，其反映的是某一职位对人员具体素质的要求。在设计测评要素体系的过程中，有时通用型测评要素和专用型测评要素会有重叠，测评人员应根据实际需要进行筛选。

（2）测评要素内容。在组织中，人员素质测评内容一般包括知识、技能、能力、个性等几个方面。根据测评对象的不同，这些测评内容进一步分解为测评者所需要考察的指标，形成测评要素体系。

① 知识（knowledge）。知识是指人们在生活、工作、学习等各种实践中所获得的对客观事物的认识与经验的总和。知识是个体综合素质的重要组成部分，知识水平的高低直接影响人们的学习、生活，对个体的工作绩效具有很强的预测作用。考察人们所掌握特定知识的数量、结构和水平是人员测评中的一项基础性工作。知识测评在测评活动中非常普遍，比如高考、国家公务员考试等。知识这一指标根据测评对象、测评内容、岗位要求的不同可以分解为经验知识、专业知识、基础知识等。

② 技能（skill）。技能一般是指通过练习而形成的合乎法则的活动方式。技能与知识不同，例如生活常识、物理知识、化学知识、数学知识等，可以通过语言文字等形式传授，而技能必须亲自学习，并坚持练习才能掌握其中的技巧，一旦停止练习，技能可能很快变得生疏。技能可以分为很多种，常见的有业务技能（电焊、车工、钳工、打字员等）、运动技能（骑车、乒乓球、羽毛球、足球等）、管理技能（沟通、协作统筹规划等）。

③ 能力（ability）。能力是指影响个体执行特定活动或任务的心理特征和行为模式。能力可以是天生的，也可以是后天习得的，具有一定的生理基础且在一段时间内基本保持稳定。我们认为能力这一概念具有两重内涵：一是个体已经表现出来的实际能力；二是个体潜在的、尚未表现出来的可以预测其成功可能性的心理潜能，一般称其为能力倾向（aptitude）或性向。我们日常生活所说的“能力”这一概念一般只包含了第一层含义。能力可以分为一般能力和特殊能力。一般能力是指观察、记忆、思维、想象等能力。它是人们完成一般任务活动所不可缺少的，是能力中最主要且最基础的部分。特殊能力是指人们在专业活动中表现出来的能力，如节奏感、色彩辨别能力等，它们只在特殊活动领域中发挥作用。

④ 个性（personality）。从人才测评的角度，我们一般将个性理解为“个体所具有的独特的、稳定的对待现实世界的态度及行为模式”。个性的独特性、稳定性及其行为模式对员工工作绩效产生深远影响，能有效预测个体工作绩效。从构成方式上看，个性是一个系统，由三个子系统组成：个性倾向性、个性心理特征和自我意识。个性倾向性包括需要、动机、兴趣、理想、信念和世界观。个性心理

特征包括气质、性格。自我意识是自己对所有属于自己身心状况的意识，包括自我认识、自我体验、自我调控等方面，如自尊心、自信心等。

2）测评标准

测评标准是指在实际工作过程中能够导致不同结果的行为标准，如组织能力的差异可以导致任务的计划与执行效果不同，而衡量组织能力差异的行为标准就是测评标准。测评标准能够很好地解释不同岗位在同一测评指标上的差异性，对营销经理与营销主管都有组织能力的要求，但对营销经理的要求较高，相对而言，对营销主管的要求则较低。制定测评标准能够让测评人员对测评对象的某项素质进行深入、客观的评价。对特定素质的要求并不是越高越好，而是需要与岗位工作的特点相对应。

测评标准由两部分组成：一是测评标志；二是测评标度。测评标志是指每个测评要素的关键性描述特征或界定特征，要可分辨、易操作。通常，一个测评要素要由多个测评标志来说明。测评标度是对标准的外在形式划分，常表现为对素质行为特征或表现的范围、强度和频率的规定。

（1）测评标志的形式。测评标志的表现形式多种多样，有评语短句式、设问提示式和方向指示式 3 种。评语短句式是对所测评的要素做出判断与评论的句子。例如，工作态度的测评指标之一是工作主动性，可以用以下短句来评价：工作积极主动，经常提出一些建议；工作较主动，偶尔能提出一些建议。

设问提示式是以问题形式提示测评主体来把握考评要素的特征，如表 3-2 所示。

表 3-2　设问提示式测评标志

测评要素	测评标志	测评标度				
		优	良	中	可	差
协调性	合作意识怎么样？ 见解、想法不固执吗？ 自我本位感不强吗？					

方向指示式则只规定了从哪些方面去测评，并没有具体规定测评的标志与标度，而是让测评主体自己去把握，如表 3-3 所示。

表 3-3　方向指示式测评标志

测评要素	测评标志	测评标度
业务经验	主要从应聘者所从事的业务年限、熟悉程度、有无工作成果等方面进行考评	根据具体情况把握

从测评指标的操作方式来看，有测定式和评定式两种。

测定式标志中规定的内容是利用各种测评工具或测量仪器、仪表直接测出或计量出来的，根据有关标准可以直接确定测评标度。例如，岗位测评中的体力劳动强度、有效工时利用率，人才测评中的产品数量、产值等。评定式标志是指目前无法用仪器、仪表与测量工具测出或计量出精确数据，只能根据现场观察、了解和对有关资料的分析，由主测人员根据有关标准直接评定出结果的标志。例如，岗位测评中的劳动责任、工作难度等，人才测评中的品德素质等，均属于评定式标志。

（2）测评标度的形式。从目前现实中的测评指标分析来看，测评指标的标度有等级式、数量式、数轴式、图表式、定义式和综合式等。

等级标度是用一些等级顺序明确、具有程度差异的字词、字母或数字来揭示测评标志状况的刻度形式。例如，精通、善于、一般、较差，A、B、C、D、E，1、2、3、4、5 等。

数量式标度是以分数来揭示测评标志水平变化的一种刻度。它有连续区间式与离散点标度两种，如表 3-4、表 3-5 所示。

表 3-4　连续区间式标度示例

测评要素	测评标志	测评标度
应变能力	（1）反应迅速，能很好地处理突发事件，随机应变； （2）能处理一些突发事件，有一定应变能力； （3）面对突发事件显得手足无措，不能随机应变	5~3 3~2 2~0

表 3-5　离散点标识标度示例

测评要素	测评标志	测评标度
创造力	（1）善于创新，经常有一些新点子和设想； （2）能接受新事物，偶尔有一些新想法； （3）因循守旧，缺乏创造力	10 分 5 分 0 分

定义式标度是用许多字词规定各个标度的范围与级别差异。

综合式标度一般是综合上述两种或更多的标度形式来揭示测评标志的不同状态与水平变化。

3）指标权重

任何岗位的素质都不是简单堆砌在一起的，而是有机结合而成的。结合的规律由岗位任务的特点决定。每个岗位的素质群中都有重要与次要的素质。在测评指标上的表现就是根据不同的权重关系，表现测评指标的重要程度。重要的指标权重就高；反之，权重就低。

3.2 人员素质测评指标的制定

1. 人员测评指标制定的基本原则

测评指标制定的优劣直接影响整个人员素质测评的结果。因此，在制定测评指标时，为了保证未来大规模测评的可靠性与有效性，应遵循以下原则：

1）针对性原则

针对性原则指根据人员素质目的、对象、情境的不同，设计不同结构的标准体系。由于各类人员的工作性质、特点、职务、专业技术等差异，选择的测评指标也应有所不同，应该针对某具体岗位或职位类别设计合理的测评指标体系，例如招聘销售人员和会计人员，其测评体系会有很大的差异。

2）明确性原则

明确性原则是指每个测评指标的含义和评价标准要清晰明确。首先，一个测评指标应该具有明确的定义，使用的词语不能含糊不清，避免由于模棱两可而造成测评目的和测评结果的不一致。因此，在设计体系过程中，测评指标应尽量分解为较小的单位，避免出现综合性太强的指标。例如“表达能力”这一测评指标，包含口头表述能力和书面表达能力，那么是只要求具备一种能力还是两者都要具备？其次，对于每个测评指标都要制定明确清晰的评价指标，否则在具体的测评过程中，就会由于评价标准不一致而导致最终测评结果的准确性降低。

3）可操作性原则

可操作性原则指所有被选择的测评指标都必须有工具能够进行客观的测量和评价，而且每个测评指标的评价标准（即测评标志）都应该可以通过直接观察、计算或其他的方法辨别、把握和计量。所有的测评标志都应该具有可辨性，最好能够量化。测评人员在进行测评指标设计时要充分考虑测评标志与标度的内容和形式。措辞应通俗易懂，尽量避免或少用专业术语，形式应尽量简化，突出重点。

4）完备性原则

完备性原则指处于同一标准体系中的各种标准相互配合，在总体上能够全面地反映工作岗位所需具备的素质及功能的主要特征，使整个测评对象包含在测评指标体系之中。要在能够获得被测者素质结构完备信息的基础上，以尽可能少的指标个数来充分体现测评的目的。例如，反映被测人员综合分析能力的具体指标可以多种多样，其中严密性、精确性、理解力和逻辑性 4 个指标组成的指标体系，就能满足指标设计中的完备性原则，既做到指标的个数尽可能少，又能很好地反映被测人员的综合分析能力。

5）简练性原则

简练性原则指要求测评指标的设计尽量简单，只要能达到既定目的并获得所需要的功能信息即可。换言之，就是要把一切不必要的以及不能反映素质测评特点的指标都删除。因为冗杂烦琐的要素往往相互重叠，如不筛除，不仅增加测评成本，而且会使测评结果里面包含重叠信息，降低测评的有效性。应该注意的是，在考虑简练性原则时，要兼顾完备性和明确性原则，避免漏掉某些因素或者采用综合性太强的指标。总而言之，简练性原则就是指标设计要做到少而精、少而全。

6）独立性原则

独立性原则即设立的测评标准在同一层次上应该相互独立，没有交叉。例如，企业经营管理者的评价指标体系由多个层次构成，独立性原则要求同一层级上的A指标与B指标不能存在重叠和因果关系。

7）不平等原则

不平等原则是指测评指标的重要性应有差异，也就是说，有些指标可能更为关键，其贡献更大；另一些指标虽然也重要，但其对绩效的预测力会相对小一些。在实际测评的过程中，往往通过赋予测评指标不同的权重来反映其重要性的大小。

2. 测评指标制定的具体方法

1）文献查阅法

文献查阅法主张从相关的文献资料中查询相关的测评指标，利用前人的研究成果来构建所需要的指标。可以通过文献查阅法得到销售人员初步的素质要求，例如营销岗位系列基本素质要求、国际标准职位分类中销售人员的任务与素质要求等。

2）理论推导法

理论推导法即从某些理论出发来逐步推导测评指标。理论推导法的理论来源有两个方面：一是心理学、生理学、运动学、社会学等有关学科理论，如个性心理学中的个性心理结构、个性类型论和特质论等理论。这些理论可以让我们知道从哪些维度来衡量一个或一群人。二是与岗位相关的专业理论。这些专业理论有助于我们确定与岗位相关的岗位知识和岗位能力以及职业道德等。如可以用管理学相关理论来确定一个技术管理人员应该具备哪些专业知识、实践经验和实践能力；用市场营销学的理论来确定销售人员需要的人格、岗位知识和能力；用医学的有关理论来确定一个消化内科医生应该具有哪些专业知识和实践能力等。

3）个案分析法

个案分析法是指对某一个体、群体或某一组织在较长时间里连续进行调查分析，期望从典型个案中推导普遍规律的研究方法。常见的个案分析法有典型资料分析法与典型人物分析法两大类。

由于个案分析法中的个案是现实生活中的典型，它具有真实、可信等优点，所以由此方法产生的要素既有针对性，又有较为全面的整体构思。此外，相对其他几种方法而言，个案分析法能节省一定的人力、物力。缺点是研究周期长，研究结果具有主观性，容易受研究者的经验、知识、能力等个人因素的影响。

4）问卷调查法

问卷调查法是指运用问卷量表，让被调查者根据个人的知识与经验，自行选择答案的研究方法。

调查问卷无标准化答案和回答程序，被调查者可以根据自己的真实想法回答。

5）专题访谈法

专题访谈法即研究者与被调查对象通过面对面交谈的方式直接获取有关专题信息的研究方法。例如，通过与领导者、人事干部、某职务人员等进行多人次的广泛交谈，可以询问以下问题：

（1）你认为具备什么条件的人最适合担任某职务？

（2）某职务的工作成效检验的主要指标是什么？

研究者通过分析汇总访谈所得的资料，可以获取许多极其宝贵的材料。专题访谈法可以分为群体访谈法和个别访谈法两种形式。个别访谈法是一对一的访谈，群体访谈则是一对多的访谈，多以座谈会的形式进行。例如头脑风暴法，邀请一些了解测评对象、研究测评方法的专家、学者或管理人员，集思广益，让他们毫无顾忌地提出所有可能想到的测评指标，不去干涉别人的观点，可以受他人观点的启示而提出新的测评指标。最后对众多测评指标进行综合考评，选出合理的测评指标。

3.3 人员素质测评体系设计

要构建一套有效的人员素质测评体系，需要一套规范的流程，并要通过反复的实践检验。

1. 人员素质测评体系设计的程序

一个人员素质测评体系要达到较为理想的效果，其制定的过程必须系统化，人员素质测评体系的设计流程如图 3-2 所示。

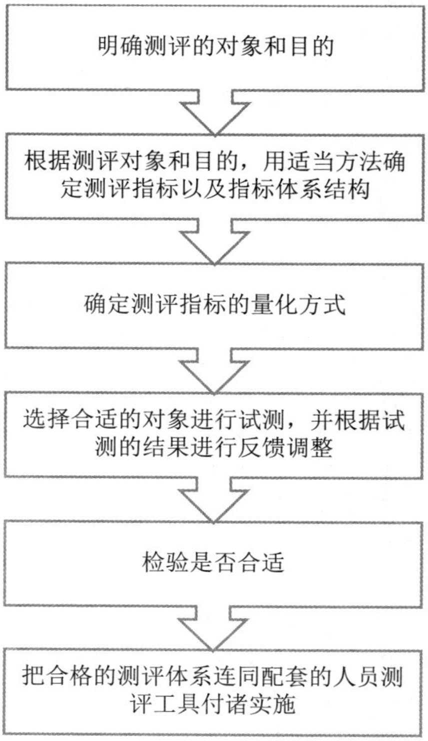

图 3-2　人员素质测评体系设计流程图

1）明确测评的对象与目的

在人员素质测评中，测评的对象即被测评的人员。测评目的包括选拔性测评、配置性测评、开发性测评、诊断性测评、考核性测评等。人员素质测评体系的制定，必须以一定的测评客体为对象，以一定的测评目的为根据。测评对象的特点不同，测评目的不同，所制定的测评体系也不相同。

素质测评对象的特点一般由行业的性质和职位的特点决定。例如，教师的测评体系显然不同于厂长、经理的测评体系。选拔性的素质测评体系显然要区别于开发性的素质测评体系。例如，对同一个人进行招聘测评和诊断开发测评所使用的测评指标就不相同。

2）明确测评指标和指标体系结构

（1）确定测评指标。测评体系的制定者首先要根据不同的测评目的、测评类型、测评对象搜集有关的内容，如已有的研究文献资料、工作分析资料、工作绩效资料、访谈资料、人事档案资料、问卷调查资料和理论基础资料等，推论出符合理论原理及工作实际需要的测评指标和体系构想。实际操作中可能还要采用一些统计方法来确定指标与指标之间的关系，如探索性因素分析、验证性因素分析和聚类分析等。

（2）筛选与表述测评指标。这一步实际上是对测评指标进行清晰、准确的表述和界定。对测评指标进行清晰、准确地界定有助于提高测评体系的可操作性。在制定测评标志和标度的过程中，要避免因测评者对标准的掌握不一所导致的误会。此外，还要分析测评体系中各指标的内涵，将内容重复的指标删除，选择精简、可测评的优良指标。

如何筛选那些优良的素质测评指标呢？一般是依据下列两个问题逐个检验：

① 这个测评指标是否具有实际价值；

② 这个测评指标是否切实可行。

如果一个测评指标虽然具有实际价值，但并不切实可行；或者虽有可行的条件但实际价值不大，都应删除。那么怎样检验一个测评指标的实用价值和可行性呢？

第一步就是要明确阐述选择该测评指标的理由与用途，说明为什么选择该测评指标以及所得结果将如何使用。做到这一点就回答了测评指标的潜在价值。

第二步就是要考察该测评指标的可行性与现实性。可以围绕下面 4 个问题进行考察：

① 保留该测评指标并进行测评，这在逻辑上是可行的吗？

② 所需要的数据结果及行为表现是否可以从该测评指标中得到，或者测评主体与测评对象双方经过合理的努力之后是否能够得到？例如，在面试中如果要测评随机应变能力这一指标应考虑其能否被测评主体清晰观察到，以及多个测评对象经过努力是否能充分展示其随机应变能力。

③ 该测评指标的施测条件是否具备？

④ 该测评指标的保留有无充分的价值，并保证有理由使用其结果？

3）确定测评指标的量化方式

前面两项工作仅仅确定了测评指标的内容。对每个指标进行了意义界定和程序表述后还需要确定测评指标的量化方式。人员素质测评的量化就是用数学形式描述素质特征的过程。量化方式主要包括两个方面：一是确定测评指标的权重，对于不同的测评对象，各个测评指标的地位与作用都不相同。因此，要根据各测评指标对测评目的的反映程度，恰当地分配、确定权重。二是要确定测评指标的计量方式，最好所有的测评指标都有一个统一的计量方法，否则测评结果会有很大差异。

（1）确定测评指标的权重。所谓权重，即测评指标在测评体系中的重要性或测评指标在总分中应占的比重，对各个指标具有权衡轻重作用的数值称为权数。

在一个测评指标体系中，各个指标所处的地位和作用是不同的，不能将每个测评指标等量齐观，简单加总。即使是同一测评指标，相对于不同的测评对象，也会有不同的地位和作用。例如，对研发人员和对销售人员的社交能力的要求显然是不同的。这种不同，可以用测评指标的权重来表示，重要的指标权重高；反之，权重就低。对测评指标权重的分配还取决于测评对象的组织文化，不同的组织文化对指标权重的要求是不一样的，不同的组织性质和组织的不同发展阶段对同一指标权重的要求也是不同的。

测评指标加权的形式一般有两种。

① 绝对权数，即分配给测评指标的分数，以绝对数量的形式表示。

② 相对权数，即依据测评指标体系中各部分指标相对总体的比重，赋予不同的百分数，以区分测评指标在总体中的重要性，通常以权重系数的形式表示。

确定权重常用的方法有主观加权法、德尔菲法、层次分析法和回归分析法等。

① 主观加权法。所谓主观加权法，即加权者依据自己的经验权衡每个测评指标的轻重加权。例如，选拔“德”“才”兼备的领导人才，若认为两者同等重要，则等额赋分，即各 50 分或 0.5 的加权系数（若测评总分为 100 分）；若强调能力，则可以“德”30 分或加权系数 0.3，“才”70 分或加权系数 0.7。运用主观加权法时要注意，加权者应该在调查研究的基础上进行定性分析，然后根据以往的经验和当前的实际来确定权数。

② 德尔菲法。德尔菲法（Delphi-method）是由美国兰德公司的赫尔默创造并首先在未来学研究中应用于直观预测的方法。它以分发征询表的形式，征求、汇集并统计个人意见或判断，以便在一些问题上使大家取得一致的意见，从而对未来作出预测。近年来，德尔菲法在社会学、管理学、心理学、教育学等领域也得到了广泛的应用。

德尔菲法与一般的民意调查或征询意见不同，有以下几个主要特点。

首先，调查的内容由该领域的专家拟定并进行充分讨论，能够保证质量。

其次，接受调查的对象为该领域的专家或权威人士，他们不仅对该问题有深入的研究，而且有高度的责任心和认真的态度。因此，他们的意见比普通人的意见更值得重视。

再次，调查往往采用书信的方式进行，可以避免受其他人的影响。由于评价者互不见面，消除了人情的影响，能够真实地发表自己的意见，也可避免由于某一权威人物或某种因素影响而产生“一边倒”的现象。

最后，将收回的调查问卷进行汇总、统计分析，然后将统计分析的结果反馈给评价者，由他们进行第二轮评价。在进行第二轮评价时，要将第一轮的统计分析情况反馈给专家，进行第二轮评价时这些评价者可能会根据第一轮的总结果对自己的判断进行一些调整，并邀请偏差较大的评价者尽量做出新的判断。如此往复，最后就会使专家们的意见趋于一致，得到较为一致的权重系数。统计的内容有两项：一是每一指标权重系数的平均估计值；二是每位专家的估计值与平均估计值的偏差。

由于德尔菲法具有以上优点，在现代人员测评中经常被用作确定测评指标权重的重要方法。它能够让专家发表自己真实的意见，最终结果得到大多数专家一致同意，可靠性和可接受性都比较高。德尔菲法的弱点是，征询周期较长，财力和人力的成本投入较高，一般只在一些重大的测评中采用。当然，也可将调查对象限定在较小的范围内，加快工作节奏，以提高效率。

③ 层次分析法。层次分析法是一种多目标决策方法。应用此法，首先必须把测评要素分解为多级指标，根据管理学家斯塔的相对重要性等级表（见表 3-6）把同一层次上的各指标进行比较估分，列出两两比较矩阵，按照式 3-1 计算出每项指标的相对权重。

$$\omega_i = \frac{1}{n}\sum_{j=1}^{n}\frac{a_{ij}}{\sum_{i=1}^{n}a_{ij}} \tag{3-1}$$

式中，ω_i 为该项指标的权重；n 为标准体系中指标的个数；i 为行号；j 为列号；a_{ij} 为相对重要性等级估分。

表 3-6　斯塔相对重要性等级表

相对重要程度	定义	说明
1	同等重要	两者对所属考核目标的贡献相等
3	略为重要	据经验，一个比另一个对考核结果略为重要一些
5	高度重要	据经验，一个比另一个对考核结果更为重要
7	确实重要	实践证明，一个比另一个对考核结果更为重要
9	绝对重要	重要程度是显而易见的，是最高的
2、4、6、8	以上两相邻程度的中间值	需要折中采用

例如，设有 A、B、C、D 四个指标，要确定它们各自的权重，根据斯塔相对重要性等级表进行指标间的两两比较，把估分写成矩阵形式，如表 3-7 所示。

表 3-7　考核指标权重计算表

指标	指标				
	A	B	C	D	ω_i
A	1	1/3	1/2	1/6	0.07
B	3	1	3	1/4	0.28

（续表）

指标	指标				
	A	B	C	D	ω_i
C	2	1/3	1	5	0.30
D	6	4	1/5	1	0.35
$\sum_{i=1}^{n} a_{ij}$	12	5.7	4.7	6.4	

在表 3-7 中，权重估值的具体方法是：当 A 与 B 比较时，若认为 B 略微比 A 重要的就在 B 行 A 列交叉处计 3，而在 A 行 B 列交叉处计 1/3；当 A 与 C 比较时，若认为 C 比 A 稍微重要，则在 C 行 A 列处计 2，在 A 行 C 列处计 1/2，依此类推，直到全部完成比较为止。第五行与第五列的计算方法是，首先按列求和，从第一列开始分别为 12、5.7、4.7、6.4，然后代入公式

$$\omega_i = \frac{1}{n}\sum_{j=1}^{n}\frac{a_{ij}}{\sum_{i=1}^{n} a_{ij}} \quad (3\text{-}2)$$

求出各指标的权重：

$$\omega_i = 1/4（1/12+0.33/5.7+0.5/4.7+0.17/6.4）=0.07$$

以同样方法求出：$\omega_2 \approx 0.28$，$\omega_3 \approx 0.30$，$\omega_3 \approx 0.35$，则

$$\sum_{j=1}^{n}\omega_i = 1 \quad (3\text{-}3)$$

层次分析法把经验认识与理性分析很好地结合起来，并且两相直接比较的过程使一些不确定因素和主观因素大大减少，因此它在权重分配计算中是一种常用的方法。

④ 回归分析法。回归分析法是将以往所有测评指标测试后获得的数据作为自变量，将相关数据作为因变量进行回归分析，获得的回归系数即为各测评指标的权重系数。这里的因变量，一是可以用同一系列职位，如研发工程师的所有测评对象的总体测评分（可以是初步加权的测评统计分，也可以是测评专家的总体印象分）；二是经过测评录用后同一系列职位，如研发工程师的绩效考核数据。回归分析法是运用多元统计分析方法获得各测评指标相对应的重要程度的方法，要求操作者有多元统计方面的知识基础。

（2）测评指标的计量。除了上面的权数，还有对各测评指标的计量问题。测评指标中的每一个指标都应有统一的计量办法，否则很容易造成测评误差。任何一个测评指标的计量都要从两个方面来实现。

① 计量等级及对应分数。为了使测评结果规范化、统一化和计分简单化，便于计算机处理，测评指标体系中的每一个指标，都可采用统一的分等计分法，即

每个测评指标都分为 1～5 等，分别对应分数 5～1 分。从 1 等到 5 等均匀而连续地递降排列，1 等是最高水平，5 等是最低水平。

② 计量的规则或标准。一般来讲，测评指标分客观性测评指标与主观性测评指标两种。

a. 客观性测评指标。有些测评指标具有客观的数据与结果，如在岗位考评指标中，打字速度、取活次数都属于客观性指标。如果客观指标有法定标准可依，则可参照标准进行计量。若没有法定标准，可以按有关的政策规定或国内外的经验数据来制定参考标准，并以参考标准为效标，根据测评对象偏离效标的实际程度进行计量。具体方法为：把测评对象在某一测评指标上实际达到的水平从低到高排列，最高分为 5 分，按比例量表折算，确定等级得分。例如，测评对象是 4 个文书，他们的打字速度分别是 120 字/分钟、100 字/分钟、87 字/分钟、70 字/分钟。速度最快的是 120 字/分钟，确定为 5 分，其余三位依次为 4.17 分、3.625 分和 2.92 分。

b. 主观性测评指标。在测评指标体系中，大部分指标是很难量化的，这就要求测评主体根据以往的经验，在充分调研的基础上，并结合当前实际，确定测评对象在该指标上的等级水平并给以相应的分数。为了保证测评结果的相对客观与准确，一般要求测评主体是一个群体，具体的计量方法是测评主体对某一测评指标按统一的等级量表进行评判，然后统计出各等级上的人数，并据此算出分数。

例如，在某一测评中，有 15 个测评者对某一测评指标进行测评，测评结果中评 5 分的 3 人，评 4 分的 5 人，评 3 分的 4 人，评 2 分的 2 人，评 1 分的 1 人。则此测评指标的得分为

$$5\times(3/15)+4\times(5/15)+3\times(4/15)+2\times(2/15)+1\times(1/15)\approx3.47\text{（分）}$$

对于主观测评指标的计量还可以采用分段赋分法，即将每个测评指标分成若干等级，然后将指派给该测评指标的分数（权重分），根据等级个数划分为相互连接的数段。此外，还有分点赋分法、连续赋分法、计分赋分法等。

4）试测并完善测评体系

测评体系在大规模地施测之前，必须在一定范围内试测，同时还要进行分析、论证、检验以及修改，进一步充实与完善，最后形成一个客观、准确、科学的测评体系，以保证大规模测评的可靠性与有效性。这个过程要注意主试与被试的选择、情景控制和对偶发情况的记录。一般而言，应该选择熟悉测评流程和指标内容的主体来实施测评，这样可以避免测评过程中发生不必要的错误。同时，要尽可能选择各种层次的有代表性的对象进行试测，人数一般不少于 30 人，试测的场景要与将来的正式场景无实质差别。

3.4 人员素质测评体系构建案例

下面以湖北美岛服装有限公司（简称美岛公司）的非计件员工为例，介绍人员素质测评体系的构建过程。

1. 背景描述

创建于1991年的美岛公司，是一家中日合资企业。公司地处湖北东部的黄石市，现有员工4 000多人，总资产达1.2亿元，是国家级的中型服装企业。严谨的管理、精良的产品质量、一流的商业信誉使美岛公司的经营业绩不断上升，并被日本《纤研新闻》称为“女装王国的万能工厂”。2001年2月9日，美尔雅临时股东大会通过关于出让美岛公司股权的议案，这次股权变动对于美岛公司来说，机遇与挑战并存，面对激烈的市场竞争，美岛公司加快了向经营型企业转变的步伐，并制定了稳住日本市场、大力拓展国内市场和欧美市场的企业发展战略。管理层从企业发展战略出发，敏锐地认识到要实现这一目标，人才是关键，为了发现人才、用好人才，并为人才的成长创造一个好的环境，美岛公司决定建立一套规范合理的绩效考核体系，并对公司所有非计件员工进行一次测评，以综合考察公司现有的人力资源状况。

美岛公司以生产高档女装为主，其业务长期以来集中在对日贸易方面，对内贸易、欧美贸易近年来也有所发展。与这种业务性质相适应，美岛公司的组织结构由人力资源部、财务部、公关部、生产技术部、外经贸部、信息部，内贸部、设备部和生产厂组成。美岛公司的非计件员工有80多人，主要分布在辅助生产部门及生产部门的管理岗位，与生产一线的计件员工不同，这些员工学历相对较高，岗位绩效无法定量，能力表现也多样化，是公司人力资源开发的重点。美岛公司管理层希望通过该次测评，达到以下几个目的：①对每个人的能力进行一次全面公正的评价，以便在实践中更好地配置人力资源；②发现一些具有发展潜力的人才，以便公司重点培养和加以重用；③员工通过测评能够更好地认识自己，以便在以后的工作中提升工作绩效。

通过背景资料，我们了解到美岛公司的基本情况及建立测评指标体系的目的。下面我们将按照上一节所讲的步骤来构建美岛公司的人员素质测评体系。

2. 测评对象和目的

1）测评对象

美岛公司的非计件员工，主要分布在辅助生产部门及生产部门的管理岗位，如人力资源部、财务部、公关部、生产技术部、外经贸部、信息部、内贸部、设备部和生产厂。

2）测评目的

（1）通过科学的人员测评，对每个人的能力进行一次全面公正的评价，以便在实践中更好地配置人力资源。

（2）发现一些具有发展潜力的人才，以便公司重点培养。

（3）员工通过测评能够更好地认识自己，以便在以后的工作中提升工作绩效。

3. 确定人员素质测评体系的结构

能力是人的体力和智力的总和，每个人的能力都是由各种素质要素耦合而成的综合体，因而衡量人与人之间的能力差异，首先要建立一个表示人员素质及其功能行为的，各个方面相互联系、相互制约的要素体系，只有在此基础上，才能通过测量个体在各个素质要素上的表现来全面衡量人的能力。一般来说，人的能力由心理素质、身体素质、文化素质和工作技能等几大方面组成，其中心理素质包括智力、人格和价值观等要素，身体素质包括健康状况与体力状况两个方面，文化素质由知识素质与专业素质构成，而工作技能包括专业技能与社会能力。美岛公司总结的初步的测评指标体系如表 3-8 所示。

表 3-8　初步的测评指标体系

测评要素	测评目标
心理素质	智力、人格和价值观
身体素质	健康状况、体力状况
文化素质	知识素质、专业素质
工作技能	专业技能、社会能力

4. 测评指标的表述及筛选

能力要素体系涵盖了个体能力表现的总和，然而，企业不可能针对每一个要素进行测量，因此，合理选择与工作绩效密切相关的要素进行测评是素质测评成功的关键。美岛公司素质测评指标体系的建立，实质上就是根据美岛公司的实际情况筛选出与绩效相关的要素并据此设计测评指标的过程。

接下来，美岛公司通过对员工的学历、工作年限、工作性质等项目的总体调查，发现参与测评的员工以事务性工作为主，较少参与体力劳动，因而剔除了身体素质要素；然后对测评对象的工作岗位进行分析，明确岗位职责及任职资格，结合与美岛公司各部门员工代表的访谈结果，确定绩效相关要素及测评指标，如表 3-9 所示。

表 3-9　美岛公司人员测评指标体系

一级指标	权数/%	二级指标	权数/%	三级指标	权数/%
心理素质	30	价值观	10	1. 事业心与进取心	10
		智力	10	2. 学习能力	5
				3. 综合分析能力	5
		人格	10	4. 积极主动性	5
				5. 自信与开拓性	5
文化素质	30	知识素质	15	6. 学历	6
				7. 继续教育情况	9
		专业素质	15	8. 专业知识	7
				9. 专业培训情况	8
工作技能	40	专业技能	15	10. 专业技能与经历	15
		社会能力	25	11. 人际交往能力	5
				12. 领导与管理能力	10
				13. 科学决策能力	10

5. 确定指标权重

测评小组使用主观加权法，并进行反复修订，得到如表 3-9 所示的各测评指标权重。

6. 测评指标的计量

由于无法客观计量非计件员工的测评指标，只能利用主观性测评指标的计量方法进行计量，即每个测评指标都分为 1～5 等，分别对应分数 5～1 分，从 1 等到 5 等递降排列，1 等是最高水平，5 等是最低水平，如表 3-10 所示。

表 3-10　美岛公司人员测评指标的计量

一级指标	权数/%	二级指标	权数/%	三级指标	评价等级及赋分					权数/%
					一等	二等	三等	四等	五等	
心理素质	30	价值观	10	1. 事业心与进取心	5	4	3	2	1	10
		智力	10	2. 学习能力	5	4	3	2	1	5
				3. 综合分析能力	5	4	3	2	1	5
		人格	10	4. 积极主动性	5	4	3	2	1	5
				5. 自信与开拓性	5	4	3	2	1	5

（续表）

一级指标	权数/%	二级指标	权数/%	三级指标	评价等级及赋分					权数/%
					一等	二等	三等	四等	五等	
文化素质	30	知识素质	15	6. 学历	5	4	3	2	1	6
				7. 继续教育情况	5	4	3	2	1	9
		专业素质	15	8. 专业知识	5	4	3	2	1	7
				9. 专业培训情况	5	4	3	2	1	8
工作技能	40	专业技能	15	10. 专业技能与经历	5	4	3	2	1	15
		社会能力	25	11. 人际交往能力	5	4	3	2	1	5
				12. 领导与管理能力	5	4	3	2	1	10
				13. 科学决策能力	5	4	3	2	1	10

7. 人员测评方法体系的设计

明确了测评指标，接下来就需要确定用什么方法进行测评才能让个体能力在各项指标上表现出差异。常用的测评方法有心理测验法、笔试法、面试法、情景模拟测验法、评价中心法和评定法等。美岛公司在此次测评中综合使用了多种方法，其测评方法体系如表 3-11 所示。

表 3-11　美岛公司人员测评方法体系

测评方法	对应的测评指标	权数/%
笔试+情景模拟测验法	7. 继续教育情况	30
	9. 专业培训情况	
	10. 专业技能与经历	
	12. 领导与管理能力	
	13. 科学决策能力	
面试法	1. 事业心与进取心	20
	3. 综合分析能力	
	5. 自信与开拓性	
	8. 专业知识	
学历、工作经历评定法	2. 学习能力	15
	6. 学历	
	7. 继续教育情况	
	8. 专业知识	
	9. 专业培训情况	
	10. 专业技能与经历	

（续表）

测评方法	对应的测评指标	权数/%
绩效考评： 1.目标考核 2.过程考核	综合评定	20
群体评议	4. 积极主动性	15
	10. 专业技能与经历	
	11. 人际交往能力	

注：这里的权重是指测评方法的使用权重。

上述测评方法体系之所以没有涉及心理测验法和评价中心法，是因为这两种方法主要用于企业招聘与甄选、人力资源开发及高层次管理人员的选拔。在此次测评中，笔试主要用于测评员工的工作技能。为了提高测评的效度，该次测评将情景模拟测验法引入笔试，让测评对象直接针对实际的或模拟的工作内容和需要解决的问题进行分析。与此同时，为了增强试卷的区分度，试题的难度也依次有所变化。试题最后一项内容为结合本职工作写一篇建议书，它综合考核了测评对象的工作能力。

学历是一个人综合智力的反映，而工作经历则是对工作经验的一个综合评价。面试法有结构化面试与非结构化面试两种，美岛公司综合考虑两种方法的优缺点，采用了以结构化面试为主、非结构化面试为辅的面谈方式。具体来说，就是事先确定面试的题目、顺序和分项评分标准，而在实际面试过程中，针对每个人的实际情况，部分地运用非结构化面谈的方式，了解必要信息。

群体评议是我国常用的人事管理工具，俗话说，“群众的眼睛是雪亮的”，谁干得好，谁干得不好，每个人心里都有一杆秤，所以，这种方法用于人员测评具有一定的可靠性，如测评员工的人际交往能力。采用案例分析试题来测评这些能力，要么不真实，要么显得比较单薄，显然，用群体评议的方法来进行测评更合理些。

8. 结论与启示

人的能力从运动形式来看包括能力的形成、能力的发挥和能力的发挥效果三个方面，学历和工作经历主要从能力的形成过程来考察人的能力大小，绩效考核则重在衡量人的能力发挥效果，这种方法比较实用，但是人的能力发挥效果常常会受到环境因素的影响，所以结合其他方法才能客观衡量人的能力水平；心理测验、情景模拟、评价中心等方法剔除了特定环境因素的影响，将所有的测评对象置于同一测试标准或模拟环境下，可以弥补绩效考核的缺陷；然而在测评实践中，这些方法常常受测评技术水平的限制而表现出不稳定性。因此，人员测评不仅仅是心理测评，更重要的是结合工作岗位的测评，美岛公司为企业基于绩效考评的人员测评提供了实例。

当然，适用于一个企业的测评方案不一定适用于其他企业，要想设计一套适合的测评方案，还需要注意以下几点：①依据测评对象，设计测评方案。基于绩效考评的测评方案只适合于在岗员工，对于新员工而言，根本就没有绩效记录，所以，这时候设计测评方案应以学历、工作经历、面试、情景模拟等方法为主。②依据测评目的，设计测评方案。对于希望对多数员工进行测评，以优化人员配置的测评目的而言，基于岗位职责的绩效考核可以提供有力的数据；然而，对于希望对少数员工进行测评，以从中选拔出一个或几个员工予以提升的测评目的而言，考核绩效就不一定有效，因为参与测评的少数员工可能都在各自岗位上表现突出，如果仅从绩效入手，很难测出他们之间的差别，这时则需要心理测验、情景模拟、评价中心等方法。③人员测评的经济性分析。实施人员测评是需要成本的，测评方法的选择也是基于成本的，因此，只有在选聘重要岗位时，才适宜采用一些高成本的测评方法。

最后，一次人员测评是否成功，还取决于如何使用测评结果。人员测评不是万能的，它只是给管理层提供一些辅助决策的信息。要用好人员测评，还需结合企业管理的实际，只有这样才能真正体现出它的作用。

（资料来源：《人才测评在企业中的实施与应用案例》，http://www.zeedy.com/zdwk/rlzy/reep/20080323/1138_2.html）

本章小结

（1）人员素质测评体系的设计是素质测评工作中的关键步骤，测评体系对测评对象的测评起“标尺”作用。设计人员素质测评体系要解决的两个重要问题是“测什么”和“如何度量”，这不仅涉及测评的内容，更涉及内容的表达和量化。因此，设计人员素质测评体系一方面要分解待测指标，另一方面要描述和规定这些指标，使其量化。

（2）人员素质测评体系由测评要素、测评标准和指标权重构成，其中，测评要素是指对测评内容的细化，将测评要素进一步分解为测评项目、测评指标，就意味着完成了测评体系的设计。测评标准由两部分组成：一是测评标志；二是测评标度。所谓权重，即测评指标在测评体系中的重要性或测评指标在总分中应占的比重；对各个指标具有权衡轻重作用的数值称为权数。

（3）要构建一套有效的测评体系，需要一套规范的流程：明确测评对象和目标，确定人员测评指标体系的结构，确定测评指标，制定测评标准，确定测评指标的权重，计量测评指标、测试并完善测评体系。

复习与思考

（1）什么是人员素质测评体系，构建人员素质测评体系的意义何在？
（2）人员素质测评体系的结构包含哪几个部分？
（3）在素质测评中有哪些常用的方法？
（4）什么叫指标权重，在人员素质测评体系中为何要设立指标权重？

拓展阅读

中国人才标准亟待重建，重学历轻能力假文凭泛滥

近年来，假文凭泛滥成灾，已成为社会公害。一些人为了获取更高的学历，不惜弄虚作假；一些人为了评上职称，熬白了头发。这些现象的出现，与不科学的人才标准有直接关系。

原人事部人事与人才研究所所长、著名人才问题专家王通讯说，许多人在评价人才时过分强调学历的作用，致使不少人急功近利，想方设法弄一张文凭，给自己贴上一张人才的标签，而非努力提高自己的能力和水平。“在现行人才标准下，人们想的不是拼成绩、比贡献，而是拼学历、比职称。”

一位成功“混”到本科文凭的基层干部的自白：“我在乡镇摸爬滚打 20 年，最后到县里当了局长，本希望继续‘往上走’，但文凭却成了最大的‘拦路虎’。因为上面有规定，县处级干部要有本科以上文凭，而我仅是高中毕业。最后我报名参加了省委党校在县里的函授班，三年后顺利拿到了本科文凭，并如愿当上了副县级干部。文凭拿到了，但自己的知识水平并没改变，改变的仅仅是履历表上的学历。”

“我们把学历等同于人才，无学历则不是人才，这就导致了钱学交易、权学交易和文凭商品化。”中国人民大学公共管理学院教授顾海兵说，“其突出表现是：少数不法分子在重点大学门前大量兜售各种假文凭，一些有真才实学的人被迫去买假文凭；一些高校大量开设研究生班，降低标准批量授予很多有一定地位的学员以硕士头衔；个别官员或企业家没有严格考试、没有撰写论文，却获得了博士学位。”

尽管有关方面对假文凭已采取一系列遏制措施，但专家认为，如果不从校正现行人才标准这把“尺子”入手，那么这些措施将只能治标，不能治本。

发达国家走出“唯学历”误区

美国在 20 世纪 60 年代提出“绩效管理”，强调业绩是人才评判的重要标准，进入 21 世纪又提出要创造一个以人力资本为基础的经济，设计了新的绩效与能力素质标准。给世人以保守印象的英国近年来在人才政策上也进行了调整，对人才的定义不再局限于获得硕士学位以上的人。一贯重学历重资历的日本，在人事改革中明确提出“能力主义”，并取消了学历统计。由于发达国家高等教育早已进入“普及化”“大众化”阶段，它们对人才标准的界定已走出了“唯学历”的误区，主要强调“两个导向”。

一是能力导向：虽然要考虑人才的学历和职称，但只有更突出其综合能力和专业水平，才能真正做到唯才是用。这是因为一个人的综合素质，很难用学历体现出来。如果一位名牌大学毕业生五年做不出成绩，就很难讲他是人才。

二是业绩导向：在竞争环境中，业绩至关重要，因为只有业绩才能把一个人同其他竞争者区别开来。学历只能是人才能力中的很小一部分，最多表明一个人的潜能。进行人才评价时，不能仅看文凭及其毕业的大学，而要看他给社会做了哪些贡献，有何业绩。发达国家的公务员队伍不追求高学历，甚至高技术企业也不追求高学历。比如，美国国务院招聘外交官的要求极为宽松，高中以上学历即可；而在美国一家大报一年刊登的 3 544 则科技类招聘广告中，2 799 则没有任何学历要求，而要求学士学位的仅 206 则，要求硕士的仅 77 则。

变“学历本位”为“能力本位”

党的十六大报告提出了“尊重劳动、尊重知识、尊重人才、尊重创造”的重要方针。尽管这一方针没有提出新的人才标准，但根据其精神，人才不仅应该包括“显现”的人才，还应该包括“潜在”的人才；不仅要涵盖有学历有职称的人才，也要涵盖没有学历和职称但有专门技能的人才。按照这一概括，我们对人才的新标准应当是：具有一定的知识或技能，能够进行创造性劳动，为物质文明、政治文明和精神文明建设做出积极贡献的人。新标准可以涉及学历和职称，也可以不涉及这些概念，但必须从以学历为本位变为以能力为本位，把人才置于社会经济发展进程中去考察，以为社会所创造的价值大小去衡量，从而形成人人讲创造、人人做贡献的“不安于现状、不相安无事”的社会氛围，推动社会不断进步。

专家看法

许多专家表示，新标准下的人才至少要包括以下三类：第一类是党政人才、企业经营管理人才和专业技术人才三支队伍；第二类是高级技能型人才；第三类是其他为社会创造价值的人才。而新的人才评判标准要以市场对人才的认可程度为依据，以能力和业绩的大小为重点，以薪酬水平的高低为重要参照。重建人才标准，当务之急是要加紧建立人才统计的指标体系。这个体系必须突破计划经济体制下单纯以学历职称界定人才的局限，体现市场经济体制下以能力为主导的人才标准。具体来讲，包括三个要素：一是知识要素，即受教育的程度；二是能力要素，即经历；三是业绩要素，即所做的贡献。

实训任务一

【实训目的】

掌握正确构建人员素质测评体系的步骤。

【实训内容】

神龙集团是一家制造汽车的中型国有企业，在我国经济体制改革初期，原企业销售人员直接转为营销人员，并未经过甄选、测评，素质参差不齐。为了适应激烈的市场竞争，提高营销队伍的工作绩效，将适合的人放在适合的岗位，对不适合岗位的人员进行培训和开发，神龙集团委托 A 测评公司对营销人员进行素质测评，希望通过测评对营销队伍进行优化配置，提升公司的销售业绩。

A 测评公司对神龙集团进行了大量的实地调查研究，收集了详细的资料，并根据此次测评目的制订出实施方案。该方案分为三个步骤，步骤一：根据营销人员的工作要求确定测评的指标要素；步骤二：将测评指标要素分为两大类，一类是管理指标，另一类是业务指标，并对测评指标分配权重，经过修订后形成胜任素质模型；步骤三：通过与测评对象进行关键行为事件访谈，与他们的上司、助理、业务相关部门的同事等进行 360 度访谈，并查阅销售人员过去的销售记录，了解他们的素质状况、专业知识、工作能力与个性特征等情况，从而完成对测评对象适应职位的可能性和发展潜力的评价。

请根据以上案例进行分组讨论：

（1）该企业的营销人员素质测评方案合理吗？

（2）该方案是否具有可行性和可操作性？

（3）一个完整的人员素质测评项目包括哪些步骤？

【组织与评价】

（1）阅读案例，随后分组进行讨论。

（2）组内整合观点并进行阐述。

（3）任课教师就每组观点进行点评。

实训任务二

【实训目的】

学会设计素质测评指标体系。

【实训内容一】

你是一家贸易进出口公司的招聘专员，随着业务扩展，公司贸易发展部门需要招聘一名精通西班牙语的外贸业务员，来帮助部门经理拓展海外市场。为了招聘到合适的人员，你向贸易发展部征求了意见，了解了该业务员的岗位职责，确定了如下招聘要求。

（1）西班牙语专业，或第二外语为西班牙语的英语专业毕业生。

（2）有两年以上外贸业务经验。

（3）具备良好的沟通表达能力、谈判能力。

（4）有良好的团队合作能力。

（5）富有激情，具有较强的执行能力。

（6）诚信正直，具有较强的进取心。

（7）认可本公司，对公司的产品有兴趣。

了解到这些信息后，请你确定一下本次招聘的测评指标、测评标准及指标权重，并试着制定一个人员测评指标体系。

【实训内容二】

以小组为单位，选择一个岗位，根据所学方法以及以下示例为其设计测评指标体系。

示例：打字员招聘指标体系设计

招聘打字员的传统做法是逐个操作考试，看每小时打字的速度，然而打字速度不单纯是个技术问题，它会受到打印材料内容、文字、图表、符号等的影响。缺乏外文知识的打字员打外文特别吃力，但他的中文可能打得特别快；缺乏数理知识的打字员，可能打一般文字材料很快，但打数字表格等内容就慢。由此可见，传统的测评方法效果不是很好，而且效率也低。

现在，有一家外企要招聘 100 名打字员，要求一天内完成招聘录用工作，但报名的有 200 人，如果按照老办法每人试一小时或半小时，显然不可能在一天内完成录用工作。怎么办呢？

这时我们就可以引入素质测评，具体步骤如下：

第一步：对打字员的素质要求进行分析。经分析发现，影响打字效率的因素一般有知识广度、知觉广度、手指灵活性以及反应快慢。其中，知识因素又具体划分为语文、算术与一般常识等。

第二步：针对每个因素编制一个分测验。

第三步：测试并建立参照量表。

（1）选择有代表性的老打字员，参加测验测试；

（2）将每个分测验所得分数求和，便有了老打字员的测验总分；

（3）以（2）所得的测验总分为自变量，以打字速度为因变量，建立回归方程式：

$Y=A+B\times X$（Y 为每小时打字字数，X 为测验分数）

现有老打字员甲、乙两人，甲的测试分数是 19 分，打字速度为 1 538 字/小时，乙的测试分数是 20 分，打字速度为 1 553 字/小时。据此可换算回归方程式中的 A、B 值，其中 A 为 1 245，B 为 15。由此所得的回归方程式是：

$$Y=1\ 245+15X$$

（4）让每个应聘打字员参加测验，并把测验分数代入上述回归方程式，就可知其打字速度，决定能否录用。

假设某人测验分数是 18，则他打字的速度可能是：$Y=1\ 245+15\times 18=1\ 515$（字/小时）。如果录用标准为 1 500 字/小时，则该人可以录用。

【组织与评价】

（1）将学生分成 4～6 人一组，每组根据人员测评体系的三个维度，设计一个测评指标体系，要求体系完整，指标客观。

（2）学生分组演示或讲演。

（3）学生互评，随后任课教师对学生演示的内容进行点评和指导。

实训任务三

【实训目的】

掌握人员素质测评体系的内涵，并能将人员素质测评体系应用到实际案例分析中去。

【实训内容】

从人员素质测评体系的角度分析以下案例。

选谁做市场部经理

尚海是一家个人电脑销售公司总经理，该公司的总部设在北京，销售网点遍及广州、上海、武汉等地，每年的销售业务以35%以上的速度递增。就在前几天，他遇到了一个让他非常棘手的问题：市场部经理卞亚由于个人原因向公司提出辞职。虽然公司多次挽留，但卞亚仍然没有改变他的决定。现在公司急需一位市场部经理来代替卞亚，但是尚海和公司其他部门的各位负责人讨论了几天，也没有达成一致的意见。

尚海认为现任市场部副经理韩少不错，可以接替卞亚的职位，但这个想法遭到其他人的强烈反对。人事部经理刘杰最先反对："韩少有很强的分析能力，能够很快适应环境变化，但我认为他太强势，甚至有点刚愎自用，很少听取别人的意见。如果由他当市场部经理，下面会怨声载道，而且他只有高中文化程度，下面的人多数都是大学毕业生，让一个没有什么学历的人来担当经理，他们会服气吗？"

销售部负责人也说道："韩少干得的确不错，但是过分热心和乐观令人感到有点不安，这有可能导致他无法进行正确而实际的市场调查和研究工作。"

尚海又想到了市场部另一位副经理肖凌。与韩少不同，肖凌做事不张扬，为人非常随和，最善于团结下属，办起事来也很有韧性，在工作上肖凌的表现总是很出色。但尚海还是犹豫不决。因为肖凌有时心太软，他手下有几位表现很差的销售员，按理说应该辞掉，可肖凌却不忍心这样做。

这两天，有人透露给尚海一个信息："某公司市场部经理李纹最近与老板闹翻了，正要辞职。我们何不趁此机会把她挖过来呢？她的能力我们都清楚，绝对没有问题。"尚海听后，觉得也是一个办法。但考虑后，又觉得不太妥当。李纹虽然是一位难得的人才，但她能否很快熟悉本公司的业务、理顺各种关系、有效地开展工作呢？外来的和尚不一定就会念经。再说，这样做很可能会挫伤本公司市场部门人员的积极性。

面对这些候选人，尚海陷入了沉思：到底该选谁担此重任？

（资料来源：冯立平．人才测评方法与应用[M]. 上海：立信会计出版社，2006：40）

【组织与评价】

（1）阅读案例。

（2）如果你是尚海，你会怎样做？请说明理由，并给出具体的方案。

（3）对不同方案进行比较，任课教师就不同观点进行点评。

实训任务四

【实训目的】

掌握人员素质测评体系中权重的计算方法。

【实训内容】

A 公司是一家房地产企业，由于公司业务拓展，为了发展的需要决定招聘两名房地产开发项目经理，通过专家调查与分析，得到房地产开发项目经理的 9 项胜任能力要素得分，分别为语言表达能力 10 分，领导能力 10 分，组织能力 10 分，判断与决策能力 10 分，人际交往能力 10 分，沟通协调能力 10 分，计划与执行能力 15 分，影响力 10 分，成就动机 10 分。请完成表格中房地产开发项目经理 9 项胜任素质权重的计算。如果你是公司人力资源部的工作人员，请设计一个面试项目。

胜任能力要素	调查得分	权重
语言表达能力		
领导能力		
组织能力		
判断与决策能力		
人际交往能力		
沟通协调能力		
计划与执行能力		
影响力		
成就动机		
总分		

【组织与评价】

（1）计算权重。

（2）根据表格设计面试题目。

（3）教师根据表格填写情况以及面试题目，对测评体系中权重的理解程度酌情计分。

4

笔 试 测 评

学习目标

（1）掌握笔试的概念；
（2）掌握笔试的方法；
（3）掌握笔试的优、缺点；
（4）掌握笔试的实施流程；
（5）掌握笔试类型；
（6）掌握笔试试题的设计与编制；
（7）掌握笔试的组织；
（8）掌握笔试实测和评卷。

引例

某银行柜员笔试测评方案

某大型股份制银行某省分行近年来业务得到迅猛发展，越来越多的客户选择到该行办理业务。人力资源部门感到人员招聘的压力越来越大，到各支行进行访谈，分支行负责人强烈要求人力资源部门加大人员招聘的力度。在各类岗位中，前台柜员的需求最大，一是因为本身从事该岗位的人员就多，二是该岗位人员流动性比其他岗位大。

为了提高银行柜员的招聘效率，及时满足用人单位的需求，提高招聘人员的素质水平，建立规范、优化的用人机制，该省分行人力资源部报请总行领导批准，委托某测评公司协助进行柜员的招聘工作。

以前柜员招聘需求不大的时候，对柜员的招聘选拔往往采用“专业知识考试+面试”的方式，笔试采用闭卷考试的形式，考试科目共有3门，分为语文、计算机、金融基础知识。笔试的内容和难度则是：语文考试大体属于中专水平；计算机考试内容以计算机基础知识为主，大体相当于国家计算机一级水平；金融基础知识以国家统一的助理经济师考试内容为主。根据笔试成绩，按照招聘人数与面试人数1:2的比例确定面试人员。

测评公司经过分析之后，对原有的测评方案进行了以下改进。

（1）笔试采用下列3项能力测验：数字推理测验（30分钟），考察候选人以数字为介质进行逻辑推理的能力；图形推理测验（30 分钟），考察候选人以图形为介质进行逻辑推理的能力；言语推理测验（30 分钟），考察候选人以言语为介质进行逻辑推理的能力。

（2）把 3 项能力测验分别与同龄常规的数据进行比较，计算出各项测验的标准分，转换成百分制，得到每个人的分数和相应的名次。

（3）按照 1:2 的比例确定进入面试的人员。

经过前期简历筛选，分行人力资源部最终确定 521 人参加笔试，实施过程如下所示。

1. 测验工具的准备

测评公司专门针对银行柜员的岗位开发了 3 项测验，并在试测的基础上对每一道测验题目进行分析，确认每道测验题目的区分度和难度，保证每道测验题目的质量，为了做好题目的保密工作，测评公司提前把题目印制好，并装订密封，直到候选人现场开始答题时才拆封。

2. 测评场地

分行人力资源部联系 1 所条件较好的高校，借用 4 个能够容纳一百多人的教室作为考场，在前一天与校方沟通，落实考试场地要求，并派人把每一位候选人的考号贴在相应的座位上，方便候选人找到自己的位置。

3. 测评考官

每一个考场均派出测评公司的一名测评顾问作为主考官，按照心理测量学的标准统一指导，确保每个候选人在公平的环境中进行测评。同时分行人力资源部派出相应的工作人员协助测评顾问主持测评考试，保证考试的秩序。

4. 测评成绩处理

考试均采用标准化的程序，答案涂在答题卡上，测评公司收回答题卡后，通过光电阅读机读入答案，根据测评分数统计模板进行处理，按照客户需求在各二级分行内进行排名，最终将能力测试成绩提供给该分行人力资源部。

（资料来源：王淑红. 人员素质测评[M]. 北京：北京大学出版社，2012：241.）

案例思考题

（1）新方案中为什么改变笔试的测评内容？

（2）正式考试前，测评公司做了哪些准备工作？

笔试测评是人员素质测评的重要组成部分，笔试测评的方法在中国由来已久。由于笔试测评具有较高的公平性及简便性，仍然是不可替代的人员测评手段。本章将在概述的基础上，探讨笔试试卷的结构设计与试题编制等问题。

4.1 笔 试 概 述

1. 笔试的概念及作用

1）笔试的概念

笔试是指测评者按统一测评标准测验被测者所掌握的知识数量、知识结构与知识程度的一种方法。笔试需要被测者在统一时间和统一地点，按照测评者或测评组织的统一要求，通过纸笔测验的形式完成测试题目。

测试题目一般是根据被测者将要从事的工作的性质、工作条件和岗位职责所必备的理论知识等测评要素来设计的。通过笔试可以测量被测者的专业知识、基本知识、外语知识、文字表达能力、逻辑分析能力等素质能力的差异。由于笔试对被测者来说是相对公平的一种测试方式，且易于组织实施，现已被很多用人单位所采用。

1956 年，教育心理学家本杰明·布鲁姆（Benjamin Bloom）提出了一个新的学问分类法，该分类法把学问分为知识（知道）、理解（领会）、应用、分析、综合、评价 6 个类别，这种分类法在笔试测评中同样适用，如表 4-1 所示。

表 4-1　布鲁姆学问分类系统

类别	说明	示例	关键词
知识（知道）	对具体知识的记忆，被测者是否已经记牢，能否进行识别、鉴别	对“什么是人力资源管理”的记忆、识别、列表等	记忆，识别，列表，定义，陈述，呈现等
理解（领会）	对事物目的或意义的理解	你能描述发生了什么事情吗	描述，解释，区别，归纳，比较、推断等
应用	运用所学的概念、法则或原理去解决问题，去理解事物的本质	工作中如果遇到某问题，你将怎么处理	应用，论证，操作，实践，分类，解决等
分析	对知识进行分解，并理解各部分之间联系，解释其因果关系	工作中为什么会遇到这样的问题	分析，检查，实验，组织，比较，辨别等
综合	以分析为基础，将各个部分或元素组合成一个整体，以便创造性地解决问题	工作中怎么样才能避免这样的问题出现	组成/建立，设计，计划，支持，系统化等
评价	综合内部与外部的资料和信息，做出符合客观事实的推断	公司的规章制度能否帮助我们避免这样的问题	评论，鉴定，辩护，证明，预测，支持等

2）笔试的作用

（1）笔试测评有助于用人单位了解被测者的专业知识、文字表达能力和书写态度等综合能力。由于笔试测评是通过纸笔测验的形式进行的，所以被测者的回答必须落实到笔头上，这就可以对被测者的表达能力和书写能力进行考察。测评者甚至可以运用笔迹学方面的知识在一定程度上推测被测者的人格特质。

（2）笔试测评可以避免测试过程中的不正之风，也可以作为被测者能力的留档记录。由于被测者在笔试过程中与测评人员不会正面接触，能在最大程度上减少徇私舞弊的可能性。

（3）笔试测评得分比较可靠，对被测者比较公平。笔试测评的题目可以大量采样，对知识和能力的考察信度和效度较高。评分标准较为客观也是笔试测评的特点之一，这些能保证测评的客观性和公平性。

（4）笔试测评结果可以作为用人单位测试被测者能力的主要依据。通常笔试主要限于一些对专业技术或人员素质要求很高的单位，如事业单位、著名企业等。

2. 笔试的方法与考核内容

1）笔试的方法

从笔试的实施者以及笔试的组织形式来看，笔试的方法有多种。

就实施者而言，随着现代计算机技术的发展，为节省成本，很多企业也采取机试的形式进行测试。

就笔试的组织形式而言，笔试有开卷考试和闭卷考试之分。

开卷考试是指被测者可以携带参考资料参加考试。考生自行查看资料、课本等，但是相互之间不可以商量答案。与闭卷考试比，开卷考试的试题更具开放性和灵活性，有利于被测者充分发表自己的见解，展现自己的能力。

闭卷考试是指被测者只可以独立完成试题，不能看课本和参考资料，不可以与其他被测者商量答案、传递答案等。

2）笔试考核的内容

笔试考核的内容很多，归纳起来主要有基础知识考试、专业知识考试、相关知识考试、性格测试和智商测试等。

（1）基础知识考试。基础知识考试又称为广度考试或综合考试。它的内容比较广泛，包括自然常识、社会常识、数理化、文艺、体育、外语等。它的主要目的是了解被测者知识掌握的广度。

（2）专业知识考试。专业知识考试主要是测评与被测者职位有直接关系的专业知识，是对被测者专业知识深度的测量。如被测者的职位是室内装修方面的工程师，专业知识考试的内容可以包括室内设计 AutoCAD 制图、污染学、工程力学、光学、人体工程学、色彩配置学、基础土建工程学等方面的知识。

（3）相关知识考试。相关知识考试主要考察被测者对与工作内容相关的知识的了解程度，如求职者的职位是人事专员，相关知识考试的内容可以有心理学、管理学、公共关系学等各方面的知识。

（4）性格测试和智商测试。测评者通过性格和智商方面的试题，测评被测者的性格特征和智商水平。

3. 笔试的优缺点及适用领域

1）笔试的优缺点

在招聘活动中，通常采用笔试的形式来测试求职者的知识水平，与其他测评方法比较，它的优点如图 4-1 所示。

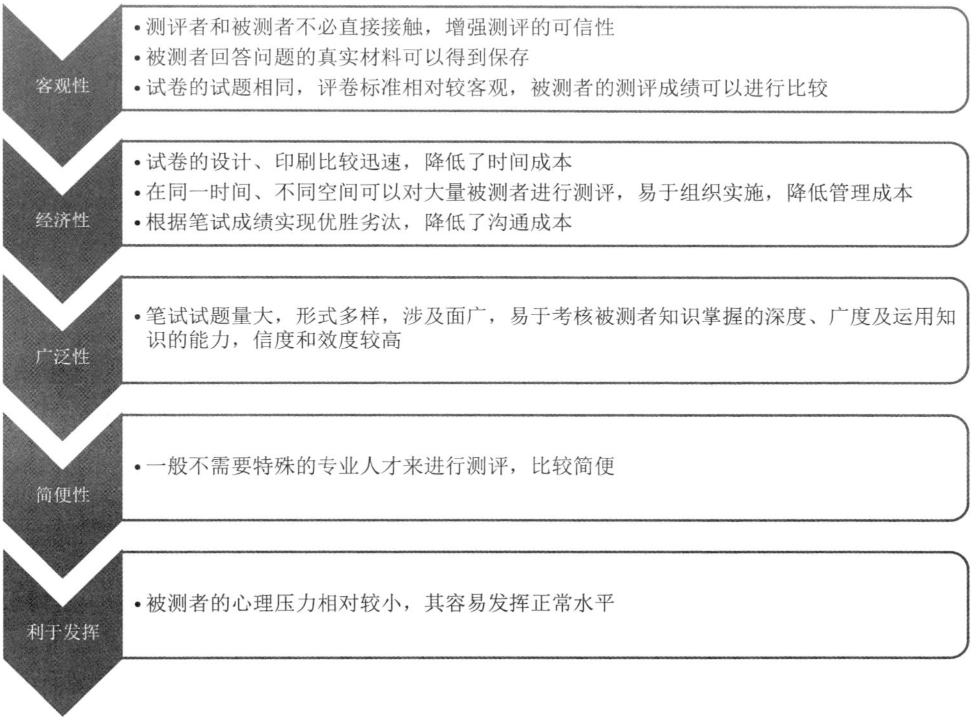

图 4-1　笔试的优点

虽然笔试具有以上 5 个方面的优点，但是由于试题本身具有主观性，造成笔试具有以下 3 个方面的缺点（见图 4-2）。

难以全面考察被测者的能力	试题可能出现不够科学的现象	阅卷标准的不统一性
•笔试偏重机械记忆，不能反映个人的创造力和推理能力，难以考察被测者的实际操作能力 •试卷是针对某一项或几项内容而设计的，如果进行两次考试，其结果是没有可比性的	•如果试卷中出现一些怪题或无意义的题目，无疑影响测评的准确性	•阅卷人员素质不同导致在阅卷时会出现偏差 •在评阅主观性试题时，阅卷人的价值取向不同，会影响测评结果的准确性

图 4-2　笔试的缺点

2）笔试的适用领域

笔试的适用范围非常广泛，凡是接受过教育的人都有过笔试的经历。具体来讲，笔试的实用领域可以从“民、官、学”3 个角度进行划分。

（1）笔试在企业中的应用。按照企业性质来分，笔试适用于各技术型和非技术型企业，为保证企业人力资源管理活动的效用，各企业都可以通过笔试测评的形式对人力资源进行鉴别。按照功能划分，笔试适用于企业人力资源的选拔、岗位调整、员工培训、职位晋升、绩效考核等方面。

（2）笔试在政府机构及类似组织管理机构中的应用。笔试在政府中的应用最主要体现在国家公务员考试、各级地方公务员考试、事业编制考试、银行录用选拔考试等。一般来说，政府在进行内部人员职位调整时，也会用到笔试。

（3）笔试在学校教育中的应用。其实，只要提到笔试，人们的第一反应就是学校考试，包括中考、高考、研究生考试、期中考试、期末考试、日常模拟考试等大大小小、各种类型的考试。显然，笔试已经成为学校教育的重要手段。

4. 笔试的实施流程

笔试由人力资源部负责组织实施，各用人部门给予协助。具体可分为 3 个过程：笔试实施前的准备、笔试正式实施和阅卷与评分；9 个步骤：组建笔试团队、收集资料、编制笔试题目、组织试题试测、确定笔试地点、通知笔试人员、准备笔试用具、实施笔试、审阅评估试卷。

1）组建笔试团队

笔试团队，又称笔试小组，负责整个笔试工作的实施，如试题的设计、编制、监考，阅卷、费用的预算等，可由人力资源部招聘人员、用人部门负责人和专业人员组成。小组成员的质量和数量对整个考评工作起着举足轻重的作用，合理的人数和人员搭配能使考评的指标体系和参照标准体系发挥出预计的效用，最终达到考评目的。

笔试小组组长一般由人力资源部经理担任，全面负责笔试小组的管理工作。为保证笔试的质量，笔试小组成员一般需具备以下素质。

（1）坚持原则，公平公正，不偏不倚。

（2）有主见，善于独立思考。

（3）有考评方面的工作经验。

（4）具有一定的文化水平。

（5）有事业心，不怕得罪人。

（6）作风正派，办事公道。

（7）了解拟招聘岗位的情况。

如果小组成员的知识和素质水平参差不齐，而各种考评方法又都具有技巧性和微妙性，就必须对小组成员进行培训，使之了解、熟悉并掌握各种方法和相关知识，还必须排除个人感情因素对考评工作的干扰。

对笔试团队进行的培训，主要包含以下四个方面。

（1）确定培训内容及方法。增强笔试团队成员在组织招聘过程中对笔试的责任感和使命感，并就笔试题目开发、评分标准等工作实施培训。

（2）确定参加培训人员名单。对笔试团队进行培训，参训人员一般包括团队所有成员，针对笔试团队的培训其实也是一次针对整个项目工作的动员大会。

（3）确定培训时间及地点。人力资源部是负责培训笔试团队的部门，其负责根据团队成员的时间，协商安排培训时间及地点。

（4）其他培训安排事项，包括在培训前、培训中及培训后需要协调或跟进的具体事务等，如培训团队成员用餐安排等。

在笔试管理工作中，笔试团队的分工和准备工作同样对笔试的顺利进行起着举足轻重的作用。合理地分工，一方面可以达到人尽其用的目的，另一方面可以最大限度地提高工作效率，实现整体效益最大化。

2）收集资料

收集资料是为编制试题做准备，主要收集有关的岗位信息、胜任素质信息以及有关试题的其他信息。

3）编制笔试题目

通过收集与笔试有关的岗位信息、胜任素质信息以及其他信息，根据招聘岗位的特点、企业的需要以及笔试要考察的要素，确定试题的类型、内容、难易度、题量、试题答案等，笔试题目编制包括 5 个方面的具体内容。

（1）题目选择。选择测评题目主要依据题目自身的性质及其与测评目标的一致性程度。要选择适当数量的试题，也要考虑试题的难易、重要程度以及试题的类型。

（2）题目编制。试题编制有如下 3 种思路：一是将题型相同的题目编排在一起；二是按题目的难度不同，按由易到难的顺序编排；三是按题目所测评的内容编排，即把测评同一内容的各个题目编排在一起。在试题的实际编制过程中，通常是将上述方法组合使用。为防止相邻座位的被测者互通信息、相互抄袭，可采用编制 AB 卷的方式。两卷的题目不变，只是将试题顺序交错排列，或将选项变换位置。目前，越来越多的笔试都采用了 AB 卷形式，并取得了积极的效果。

一般来说，笔试测试分为业务知识与能力（含外语）测试、综合知识测试、综合能力测试 3 个方面。组织内部各部门的专长不同，其在测试题目拟制过程中承担的分工也不同。

① 业务知识与能力测试（含外语），根据岗位任职资格要求确定，由用人部门编制。

② 综合知识测试，包括公司的历史、业务、现状的通用知识，由人力资源部负责编制。

③ 综合能力测试，是指对被测者的分析能力、思维能力、领导能力等进行测试，由人力资源部负责编制。

外部专家负责为笔试试题的设计提供指导性意见和建议，并提供多方面的智力支持。各测试题目的拟制负责人在笔试进行之前，要确保题目拟制并试测完毕，保证题目质量。

（3）编制试卷副本。因为有时需要在不同情况下多次使用同一测评，或者在不同时间对同一类型被测者进行测评，或者为了防止泄密以及可能出现的作弊行为，在组织试卷正本的同时，需要编制试卷副本。所谓副本，就是两套或者两套以上等值的测评试卷。

（4）试卷的检验。检验试卷主要指对整个试卷的文字、指导语、格式、答案进行审查。检验是对试卷的题目是不是较好地反映了测评指标，副本是不是等值，试卷的难度是否恰当等进行审查。可以对试卷逐项进行审查，也可做必要的试测。

（5）编写答案及评分标准。答案的编制主要是针对客观题的标准答案和主观题的参考答案这两大类。编制参考答案，主要是给出试题涉及的相关关键知识点，然后为每一个知识点分配计分权重。而标准答案的编制，则需要确保答案的标准性、唯一性、无可争议性及对应性。

评分标准的编制主要是指确定测试的总分值以及每道试题的分值和计分标准的过程。要做好这项工作，必须先确定测验的总分值，然后根据权重，对每一种题型进行赋分，最后再制定得分标准。

4）组织试题试测

在条件允许的情况下，试题编制好以后，首先选择一部分相关人员（如用人部门的人员、相关专家等）进行试测，以检验试题的质量。试测的实施过程与环境条件应与将来的正式测评相似。然后，根据试测的反馈结果对试题做出进一步的完善，以提高试题的信度和效度。

试题试测结束后，工作人员要收集测试结果及反馈信息，并对其进行分析，如表 4-2 所示。通过对试题的进一步修改和完善，达到优化试题、提高笔试试题效度的目的。

表 4-2　试题试测的反馈

测试的反馈	内容
被测者的反馈	被测者的反馈是试题修改和完善的重要依据。被测者的反馈包括试题是不是很难理解，是不是觉得有话可说，能不能引起足够的争论，以及其他的一些感受，被测者也可以发表修改意见等。这些意见一般可以从侧面反映一些问题，可以直接应用于试题的修正
评分者的反馈	评分者的意见可以用来完善评分表和评分要素。评分者直接对被测者进行观察及评价，他们所提出的建议应作为修改的依据，重点考虑
统计分析结果的反馈	统计分析主要是分析信度和效度，如果达到了设计的要求，就可以考虑成稿；如果未达到设计的要求，则要做出修改，也可以考虑其他笔试方法

5）确定笔试地点

人力资源部负责安排笔试地点，笔试地点应尽量选择在安静、整洁、采光好的房间。

6）通知笔试人员

人力资源部确定笔试时间，并及时通知参加笔试的被测者。

7）准备笔试用具

人力资源部准备好笔试所需的试卷、备用文具等材料。

8）实施笔试

在前期的准备工作都已完备的情况下，人力资源部门就可以组织被测者的考试工作，包括人员组织、考场管理、试卷的保管等内容。

9）审阅评估试卷

（1）笔试的阅卷过程。笔试试卷的评阅也是整个考试流程中十分重要的环节。只有公正、客观的评阅，才能保证考试的有效性和可靠性。笔试阅卷需要专业性强的人员参加，并且注重保密性。

笔试阅卷流程可分为评分环节和结果处理环节。

① 评分环节包括试评、明确阅卷方法与正式阅卷等。

试评是为了完善标准答案和制定评分细则。评分之前，阅卷组应首先抽样试评，再结合试评情况仔细审核标准答案，并在此基础上制定评分细则。

目前较常见的阅卷方法主要有两种。一种是由一个人评阅整个问卷，另一种是由多人采取流水线的方式一起评阅问卷。

阅卷应在一定的保密措施下进行，也应实行严格的程序管理。

② 结果处理环节包括登分与核分、数据处理等。

试卷每个小题、大题及全卷分数的登记、核分与核查是非常重要的环节，稍有不慎，就可能因人为差错而改变被测者的考试结果。为此，登分与核分必须实行分段隔离管理，即分别由不同的人员在不同时段进行，确保数据的准确性。

对被测者的笔试成绩，包括各科目的笔试成绩及其不同测评要素的得分情况，分别予以统计和分析。

（2）计分。

① 客观题计分。客观题的答案具有唯一性，阅卷计分只与答案有关而与阅卷者无关，如填空题、选择题、判断题、匹配题等都属于客观性试题，可采取机器阅卷。机器阅卷可以避免人为阅卷造成的误差。同时，机器阅卷的经济成本也较低。

② 主观题计分。主观题能够有效地考察被测者的实际能力和水平，其主要缺点是评分不够客观，计分过程中经常受阅卷者的情感、态度的影响。扎实、有效的岗前培训是确保阅卷工作平稳顺利进行的根本保证，应从源头抓起，切实做好阅卷员的 4 项培训：①

上岗培训，主要包括思想政治教育、保密条例教育、工作责任感教育、荣誉感教育、阅卷纪律教育、业务知识培训等。

试评培训，主要包括评分细则的讨论和制定、阅卷系统的操作、试评卷和测试卷的评阅等。

质量控制培训，主要包括试卷复评、抽查、退回、修改、问题卷处理等。

心理压力和情绪调节培训，主要包括放松训练、腹式呼吸训练、肌肉放松训练、渐进式放松训练等。

（3）笔试阅卷的质量控制。笔试阅卷质量控制包括确立实施方案、组建阅卷队伍、准备各种工具、创设特定环境等内容。这些既是笔试阅卷质量控制的方法手段，更是笔试阅卷质量控制的条件和保证。

客观公正是笔试阅卷的基本原则。为确保笔试结果的公正有效，可采取以下措施控制笔试阅卷质量。

① 建立监督制度。从试评开始，试卷的领取、评阅、保管等环节都必须处于严密监控之下。试卷袋的分发要随机、限时；领取试卷时不仅要签名，还要注明领取时间；回收试卷时要检查，确认无数量差错，无破损、拆封现象；试卷及各

---

① 刘建华，马睿，郜国民，刘华民. 主观题网上阅卷员队伍建设与误差控制研究[J]. 中国考试，2012, 9:32-39.

大题和小题的评分、登分、核分、统计应由不同的人员担任，严防串通舞弊。阅卷期间，任何无关人员不得进入阅卷地点。除监督人员在场外，阅卷员不得与外界发生任何方式的接触联系。

② 正式阅卷前进行试评。阅卷前，应组织专家随机抽取一定样本的考卷进行试评，根据试评情况对原命题人员拟订的试题答案和评分标准进行修订。

③ 采用复评办法。复评办法包含两种阅卷方式：一是以第一位阅卷员的评分结果为依据，第二位阅卷员对其结果进行复评，主要目的是核查核实；二是对于主观性试题或分值比较大的试题，采取二评或三评的方式，以减少、降低不同阅卷员对试题的评阅误差。

④ 加强对阅卷过程的监控。在阅卷过程中，可以给阅卷员反馈各种质量监控指标，如均分、分数分布情况，标准差、评分误差等。必要的时候，可以将专家给定分数的标杆发给阅卷员，考察其对阅卷标准的把握是否准确；还可以将阅卷员自己阅过的试卷再返给他，看其两次阅卷间的分差有多大。随着网络阅卷的发展，阅卷过程监控已经非常容易实现。

4.2 笔 试 类 型

1. 笔试试题类型

通常根据试题评分标准是否客观，可以将试题分为“客观性试题”与“主观性试题”两大类。

客观性试题答案唯一，评分客观、可靠、误差小，题量大、涵盖广，测评信度高，适合测评知识识记、理解等目标层次的能力，包括选择题、是非题、搭配题、填空题、简答题。客观性试题分值小、题量大，命题者工作量大并且要掌握较高的命题技巧。

主观性试题综合性能强，能够测评被测者运用知识综合分析问题、实际解决问题的能力，效度高，包括论述题、计算题、案例分析题、作文题等。主观性试题分值大、题量少，对所需测评内容可直接命题，命题较简便。但是，主观性试题的正确解答可用多种方式表述，阅卷员凭主观经验给分，不可避免评分误差；另外，题量小、覆盖面小、内容狭窄的特点也影响信度。

2. 笔试常见题型

1）选择题

选择题是运用最广泛的一种客观性试题，它由题干（直接问句或不完整陈述句）和若干选项（对题干问题的回答或补充）组成。选项有正确和错误之分，正确的选项称为“正答”，错误的选项称为“诱答”。按正确选项的个数，选择题可以分为单项选择题和多项选择题。单项选择题只有一个正确或最佳答案，多项选择题有两个或两个以上的正确答案。编制选择题时应该注意以下几点：

（1）题干应能提供足够的信息作为选择的基础或根据，措辞简洁明了、便于理解。

（2）选项的设置要具有迷惑性，正答和诱答的形式、结构、长度要大体一致，语法结构、逻辑关系也都与题干保持协调一致，选项中的相同部分应放入题干使题意更明确，选项间应平行独立，题与题之间也要互相独立。

2）填空题

填空题是指要求将一个不完全的句子补充完整的题型，主要适用于测评知识识记（术语、原理、特定事实等的记忆）和知识理解（数学运算等）。它的编制应注意以下几点：

（1）答案应简洁、明确、唯一。

（2）答案应为体现知识点的关键词，并且不应留空过多以致题意难以确定。

（3）若所填答案是有单位的数字时，应给定答案的单位。

3）是非题

是非题就是对一个命题做真伪判断，是非题受猜测因素的影响大，胡乱猜测也有 50%对的可能。针对这一缺点，现行的考试把是非判断与改错、分析、说明理由等相结合。编制时应注意：

（1）命题的内容可以是易发生混淆、易产生错误理解的知识点。

（2）试题表述应明确，避免语义含糊或歧义，避免使用复合句或双重判断句。

（3）避免使用易表明命题可能是错误的“总是”“一切”“都”等限定词以及易表明命题是正确的“有时”“一般”“通常”等限定词。

4）搭配题

搭配题由答题指导语、题干、选项组成。题干由一组标有数字（或字母）的问题或不完整的句子、短语、图形等组成；选项由一组标有字母（或数字）的句子、短语、图形等组成。题干与选项相对排列。

搭配题适合测评对一组相关概念的识记理解，如名词与定义、人名与事件、作者与著作等，编制搭配题应注意：

（1）答题指导语应说明搭配根据以及选项可被选择的次数等。

（2）题干和选项的设置要有迷惑性，题干与选项应为具有相同意义的同一类事物，并在语法、形式、长度、结构上保持一致。

（3）题干数目和选项数目最好不要相等，以提高测评的区分力。

5）简答题

简答题要求对一个简洁明了的问题做简明扼要的回答。简答题不提供选项，而是要求考生写出答案，避免了猜答，比选择题等客观题的难度大。简答题的编制应注意：

（1）常用“简述……”“简要分析……”等形式构成直接问句。

（2）由于分值较高，命题的内容应选择要考察的重点知识。

6）论述题

论述题常用“试分析……”等句式构成问句，测评对概念、原理的综合运用，具有较高的区分力，编制时应注意：

（1）提出的问题或论题应有一定的深度，不能从课本资料中直接找到答案，而是要进行综合分析。

（2）题目的任务说明要清楚而且明确，以便考生理解。

（3）在编制论述题时应编写一个理想的答案，并做出相应的规定和说明，以便客观而统一地评分。

（4）由于不同的题目有不同的难度，并且被测者会选择熟悉的试题做答，为提高区分力不要设置任选题。

7）案例分析题

案例分析题要求被测者依据一定的理论知识，围绕背景材料所提出的问题，或给予评价、或做出决策、或提出解决问题的方法，适合考察被测者灵活运用知识的能力以及综合分析、解决问题的能力。案例分析的背景材料应该具有实际意义，可以是实际发生的事件，也可以是虚构的事件。编制时应注意：

（1）背景材料的表述既要简明扼要，又要提供足够的信息。

（2）背景材料是真实事件的，其中涉及的人名、地名、单位名称等应该用“A B C”等符号代替；涉及的数据可以按一定的比例进行扩大或缩小。

（3）提问要明确清楚，并制定具体的评分标准。

8）作文题

作文题属于考察被测者的逻辑思维、创造性思维、书面表达等多种能力的综合性试题。在评作文题时，阅卷员要对卷面、立意、意境、结构、层次、语言及文字等做出判断。其题干一般如下所示：

结合×××，以“×××”为题，联系实际，写一篇文章。

要求：

（1）中心明确，联系实际恰当，内容充分。

（2）语言通顺，条理清楚，结构完整。

（3）不少于 800 字。

4.3 笔试试题的设计与编制

1. 笔试设计原则

在设计笔试题目时，应当遵循以下 5 个原则。

1）信度高、效度高

以测评目标为指导，笔试试题应具有较高的信度和效度，应具有必要的区分度和适当的难度，这是对笔试试卷质量的要求。

2）实用性强

通过笔试的方法来筛选被测者，必须从企业的实际出发，根据企业的实际条件和招聘工作的需要来安排人力、物力、时间及费用等事宜，以最少的人力和费用支出来达到较为满意的效果。同时还应注意阅卷工作、数据工作等的顺利实施。

3）客观、严谨

笔试试题要客观、严谨，就是要保证试题题目及答案的准确性，试题结构设计合理，各种类型题目占比适当。

4）试题难度要与测评目标相统一

一般情况下，笔试试题的整体难度要适中。在招聘选拔中，如果题目太难，只有少数应聘者通过，会对以后的招聘筛选工作产生影响。在晋升性测评中，可以使题目相对难一点，这样有利于选拔优秀的人员。

5）差异原则

笔试所编制的题目应具有差异性，能够准确地测试出被测者在德、智、体等素质上的差异，合理拉开档次，体现出好、中、差不同层次等级，以利于择优录取。差异原则要求尽量提高难度的精密度。题目的难度越精密，区分度越高。一般情况下，编制的题目难度应以正态分布为最佳。

2. 笔试试卷结构设计

试卷结构是指一份试卷的组成成分及各种组成成分相互联系的方式，它由两维相交的两个向度构成。通常情况下，一种向度反映试卷的内容、题型、难度、分数、时限等组合成分；另一种向度反映试卷的组成成分及各组成成分的比例与相互关系。这些结构要素及其比例互为条件、相互制约，其中任何一种要素设置不当、比例失调或排列组合方式改变，都会影响试卷整体测试效果。双向细目表是试卷结构的具体表现形式，它能够将测评内容、测评目标、试卷题型、试卷复杂程度数量化。它可以使笔试命题工作具有计划性，避免盲目性；使命题者明确测验目标，易于把握题型的比例，提高命题的效率和质量。同时，它对于试题的审查效度也有重要指导意义。

双向细目表是包括两个维度（双向）的表格，较常见的双向细目表有 4 种。

（1）反映测评内容与测评目标之间关系的双向细目表，如表 4-3 所示。

表 4-3 测评内容与测评目标之间关系的双向细目表示例

测评内容	测评目标						
	知识	理解	应用	分析	综合	评价	合计
……							
合计							

（2）反映测评内容与测评目标、题型之间关系的双向细目表，此类型的表是上一个表的改进，增加了试卷的题型，如表 4-4 所示。

表 4-4 测评内容、测评目标与题型之间关系的双向细目表示例

测评内容	选择题	简答题	证明题	应用题	分析题	合计
	识记、理解	识记	分析、综合	应用	分析、综合、创造	
……						
合计						

（3）反映题型与难度、测评内容之间关系的双向细目表。此类型的表可以体现题型、题量、难易度以及测验内容的分配问题。该表可以使试题取样代表性高，并适当控制试题的难易程度，表中的数据比较容易分配，但它没有反映出测评目标，如表 4-5 所示。

表 4-5 反映题型与难度、测评内容之间关系的双向细目表示例

题型		题量	分数分布		难易程度			覆盖面			合计
客观题	主观题		每小题分数	每大题总分	易	中	难	第一章	第二章	……	
选择题											
填空题											
	论述题										
	……										
合计：			合计：								

（4）反映题型、难度与测评目标之间关系的双向细目表，如表 4-6 所示。

表 4-6 反映题型、难度与测评目标之间关系的双向细目表示例

题型	填空题	选择题	判断题	解答题	论述题	……	合计
题数							
分数							
难易程度	A						
	B						
	C						
	D						
认知度	1						
	2						
	3						
	4						
合计							

难易度解释：A. 较易，B. 中等，C. 较难，D. 难度较大；

认知度解释：1. 识记，2. 理解，3. 简单应用，4. 综合运用。

双向细目表的制作遵循以下几个流程。

（1）列出测评大纲的细目表。测评大纲应包括要求被测者掌握哪些内容，不同内容在该测评中的相对重要性，以及不同内容所应实现的测评目标。这些都是测评设计中需要解决的问题。在编制双向细目表时应先列出测评大纲的细目表。

（2）列出各部分内容的权重。应根据测评目的确定各测评内容在整个测评中的相对重要性，并分配相应的权重。

（3）列出各种测评目标的权重。测评题目要涵盖所确定的测评目标，即识记、理解、应用、分析、综合、评价 6 级。应根据测评的特点，对不同目标进行合理的权重分配。

（4）确定实际分值。在测评内容和其应达到的测评目标所对应的表格内，分配题型及得分，再根据相应权重计算实际分值。如第三大题第 4 题 2 分，用“三、4（2 分）”表示。

（5）审查权重分配是否合理。应重点审查各测评目标的权重分配是否合理，各测评内容的权重分配是否合理。

通过以上的步骤，从表格中就可以看出测评内容分布、测评难度分布和测评目标分布的情况。这样可以避免由于主观随意性而产生的知识覆盖面狭窄、偏题，试题过难或过易的情况。

3. 笔试试卷结构确定的流程

确定笔试试卷结构需要很强的专业知识，主要遵循以下几个步骤。

1）明确测评目的

首先应明确测评是注重于选拔、晋升、诊断还是考核等，根据所要达到的测评目的组织笔试内容。试题主题要鲜明、观点要明确、理论要清晰、重点要突出，使考察目标有层次性和相关性。

2）确定内容结构

试卷的内容结构，是指一份试卷的组成部分，以及不同部分所占的比重与相互关系。试卷的内容结构应当根据测评的目的确定。可将选择题、判断题、填空题及论述题结合使用，也可以只选择其中一种或两种；试卷的各个组成部分应当存在内在联系，能反映出测评内容的重点。

3）确定题型结构

试卷的题型结构是指一份试卷所用试题的种类、各类试题在全卷中的比重，以及同类型试题间的内在关系。不同的题型在测试具体能力方面具有各自的优缺点，因此，可根据所需测试的能力的比重设计题型结构。同时需要考虑到施测的时间以及被测者的能力等因素。

4）确定难度结构

试卷的难度结构是指试卷中不同难度层次的试题的数量、分布状态及其比例关系。全卷总体难度必须与被测群体的现实水平相适应，过难或过于简单都会影响试题的鉴别力，有碍选拔目的的实现。全卷不同难度试题的分布应尽量符合被测者的心理特点。

5）确定分数结构

每种题型的分数以及每小题的分数都需要认真确定。但是每种题型内部每道小题并不一定要分值相同，因为每道题的解题难度、复杂程度均存在差异。

6）确定时限结构

试卷的时限结构是指考试施测限定的时间和各类试题的作答时间，以及试题作答时间在整个施测时间中的比例关系。试卷的时限结构必须符合考试的特点、目的和要求，必须符合试卷的长度、难度，必须以试题的呈现形式和方式、解题要求以及被测群体的年龄特征为依据，防止因时限而导致的试题既定难度的升降。

4. 笔试试题的编制方法

笔试试题在编制方法上主要有选题、改题和编题 3 种类型。

1）选题

选题一般是选用某些现成的题目作为试题。这种方法一般适用于规模较小的自测性或课堂检验。对于正规的大型考试，若采用此种方法，必须有一个庞大的试题库，确保试题选择的精准性和避免重复性。

（1）选题的原则。选题的首要原则是选择的题目要具有代表性、普遍性。其次，题目形式要完美，各种类型题目的比例要合适。最后，取材应当以普遍使用的和具有公信力的教材为主。

（2）选题的作用。通过选题编制笔试试题，测试者可以引导被测者重视第一手资料，如教材、E-learning 培训中教师讲授的内容等。

（3）选题的注意事项。选题并不是原封不动地把题目搬过来，而是可以根据需要对题目进行适当改动。例如，改变题目的描述方式、改变其中的数字、改变题型等。但是，应当保持基本难度和风格不变，否则，就变成“改题”。

（4）选题后的检查。对于选择的题目应当主要从 6 个方面进行检查，具体如图 4-3 所示。

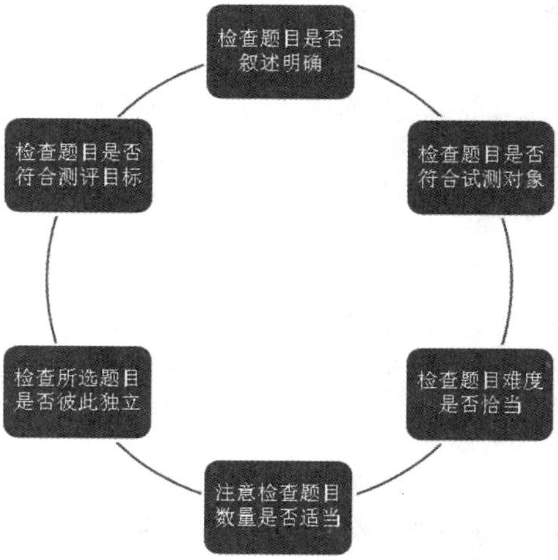

图 4-3　对选择的题目进行检查的方法

2）改题

改题是指以一个现成的题目为基础，进行修改，使之成为一个适用的题目。改题的方法主要有以下 4 种。

（1）改变题目中的条件或结构。如原题目是“以下哪几个选项中所表述的内容能够增强培训效果”，可以将其变为“如果采取以下选项中哪几种措施，培训效果必然会降低”。

（2）对题目进行外包装。对题目进行外包装主要是指通过改变语言表述的方式改变原有题目的外在表现形式。

（3）改变题型或者提问方式。改变题型是指将之前客观性的题目变为主观性的题目，如探索型或开放型的题目。也可以由选择题变为判断题或者填空题。改变提问方式是指将直叙性的题目变为提问式的。

（4）对若干题目进行组合。如可以将各种选择题、判断题变换为案例解答题或者阅读理解题。在使用改题方法时，一定要注意改变后的题目是否仍旧符合考察目的，所涉及的知识点是否全面，难度是否适中。

3）编题

编题是根据测评对象、测评目的等编制新颖的试题，是试题编制的主要手段。首先，应当了解测评目标，这是编制试题的基础；然后，根据目标确定题型；最后，对编制好的试题进行检查。

5. 笔试试题的编制

笔试试题的编制按照试题内容分为专业知识笔试试题编制、综合笔试试题编制、语言笔试试题编制，也可以根据各个测评岗位分别进行编制。

1）专业知识笔试试题编制

专业知识笔试试题的编制主要有以下 3 个特点。

（1）范围广。专业知识笔试试卷往往会体现出许多与该专业有关的知识，例如，化学类工程师专业知识的笔试题目可以包括普通化学、有机化学、物理化学等。

（2）与时俱进。笔试试题不仅包括本专业的基础知识，还会涉及该专业或该领域目前发展的最新动向。

（3）针对性强。专业知识考试以选拔本单位所需要的专业人才为目的，因此更注重对专业知识的运用，而非对其概念、理论的简单再现。如在招聘市场部经理时可能会要求被测者就某一产品做出营销策划和推广方案。

小专栏 4-1

招聘专员笔试题示例

1. 选择题（每题 2 分，共计 20 分；其中 1～8 题为单选题，9、10 题为多选题）

（1）下列选项中不属于内部招聘方法的是（　　）。

A. 员工推荐　　B. 人才招聘会

C. 发布职位公告　　D. 人力资源技能清单

（2）招聘的基本程序是（　　）。

①招聘准备 ②招聘评估 ③招聘信息的发布 ④人员选拔 ⑤录用决策

A. ①②③④⑤

B. ③①④⑤②

C. ①③④⑤②

D. ③①⑤④②

（3）人员招聘的直接目的是（　　）。

A. 为企业做宣传

B. 招聘最优秀的人才

C. 为企业做人才储备

D. 招聘到企业所需要的人才

（4）工作分析法不包括（　　）。

A. 工作日志法　　B. 问卷调查法　　C. 观察法　　D. 职业倾向法

（5）人才招聘会较适合于招聘（　　）类型的人才。

A. 高层管理者　　B. 专业人　　C. 热门人才　　D. 无工作经验

（6）在应聘人数众多时，为达到筛选人员的目的，一般采用（　　）方法。

A. 笔试　　B. 面试　　C. 评价中心　　D. 心理测验

（7）影响招聘效果的外部原因之一是（　　）。

A. 企业的知名度　　B. 企业文化

C. 外部劳动力市场供求状况　　D. 企业的发展阶段

（8）《中华人民共和国劳动法》中规定：劳动合同期限在一年以上两年以下时，试用期不得超过（　　）。

A. 15 日　　B. 30 日　　C. 60 日　　D. 6 个月

（9）根据人员来源渠道不同，招聘分为（　　）。

A. 内部招聘　　B. 员工推荐　　C. 外部招聘　　D. 猎头公司

（10）招聘的基本原则有（　　）。

A. 能级对应　　B. 因岗择人　　C.公平公正　　D.协调互补

2. 名词解释（每题 5 分，共计 25 分）

（1）结构化面试；

（2）人力资源成本；

（3）工作分析；

（4）信度和效度；

（5）评价中心。

3. 简答题（每题 10 分，共计 50 分）

（1）招聘的主要渠道及各自的优缺点。

（2）简述招聘的流程。

（3）请列举招聘中常见的几种误区以及如何规避。

（4）简述人才测评在人力资源工作中的应用。

（5）简述无领导小组讨论的定义及优缺点。

4. 应用题（每题 15 分，共计 15 分）

某电子公司，因业务发展的需要，需要招聘销售经理 1 名、文秘 1 名，请您为该公司设计一个招聘方案。

2）综合知识笔试试题编制

综合知识笔试试题的涉及面比较广泛，不同组织、不同部门、不同岗位可以有不同的侧重点。综合知识笔试会涉及时事政治、公共关系、社交礼仪、人际技巧、环保知识、法律常识等方面的内容。

小专栏 4-2

综合知识笔试试题示例

1.辛亥革命发生于（　　）。

A. 1910 年　　B. 1919 年　　C. 1911 年　　D. 1909 年

2. （　　）的思想是由邓小平提出的。

A. 三个代表　　B. 三个有利于

C. 三讲　　D. 三大纪律，八项注意

3. 财务行政是指有关（　　）的处理与调整。

A. 国家收支　　B. 国家预算　　C. 政府税收　　D. 政府支出

4. 行政组织是国家为履行（　　）而依法建立的机构实体。

A. 社会职能　　B. 国家职能　　C. 行政职能　　D. 经济职能

5. 我国现在实行的政党制是（　　）。

A. 一党制　　B. 多党合作制

C. 多党制　　D. 共产党领导的多党合作制

6. 我国人民代表大会的核心内容和实质是（　　）。

A. 少数服从多数　　B. 集体行使权力

C. 国家的一切权力属于人民　　D. 平等原则

3）语言知识笔试试题编制

语言知识考试主要是测试被测者对文字、词汇、语法、段落等知识的理解、分析、运用能力，一般情况下教师、客服、公务员、秘书、编辑等职位需要针对语言知识设计笔试试题。

小专栏 4-3

语言知识笔试试题示例

1. 下列词语中没有错别字的一项是（　　）。

A. 矫健　葱笼　园满成功　难以置信
B. 憔悴　藉贯　重峦叠嶂　谈笑风声
C. 晒笑　殉职　杳无消息　莫忠一是
D. 门楣　执拗　痛心疾首　顾名思义

2. 下面古诗句描写的景色不同的一项是（　　）。

A. 诗家清景在新春，绿柳才黄半未匀。若待上林花似锦，出门俱是看花人
B. 杨柳阴阴细雨晴，残花落尽见流莺。春风一夜吹乡梦，又逐春风到洛城
C. 山明水净夜来霜，数树深红出浅黄。试上高楼清入骨，岂如春色嗾人狂
D. 清明时节雨纷纷，路上行人欲断魂。借问酒家何处有，牧童遥指杏花村

3. 下列句子没有语病的一项是（　　）。

A. 通过收看专题片，使我们认识到人类要与动物和谐相处
B. 2003 年 10 月 16 日，这是中国人永远值得纪念和骄傲的日子。我们靠自己力量完成了我国首次载人航天飞行
C. 我们要确保安全生产，防止万无一失
D. 近段时期以来，小王计算机水平有了明显的增强

4）各岗位笔试试题的编制

企业对不同岗位的任职者的素质、能力要求不同，笔试试题的内容、考察的侧重点等都会存在差异，下面分别列举研发岗位、财务岗位及营销岗位的笔试试题。

（1）研发岗位。研发岗位一般对智力要求较高，笔试试题侧重于数量型题目。

小专栏 4- 4

研发岗位笔试试题示例

1. 一本书的价格降低了 50%。现在，如果按原价出售，提高了百分之几？（　　）

A. 25%　　B. 50%　　C. 75%　　D. 100%　　E. 200%

2. 火车守车（车尾）长 64 米。机车的长度等于守车的长加上半节车厢的长。车厢长度等于守车长加上机车长，火车的机车、车厢、守车共长多少米？（　　）

A. 25.6 米　　B. 36 米　　C. 51.2 米　　D. 64.4 米　　E. 76.2 米

3. 小明有 12 枚硬币，共 3 角 6 分钱，其中有 5 枚硬币是一样的，那么这 5

枚是（　　）。

A. 1 分的　　B. 2 分的　　C. 5 分的

（2）财务岗位。财务岗位的笔试试题如以下示例。

小专栏 4-5

财务岗位笔试试题示例

1. 在学业上或者生活上，为了达到目的，你习惯于面对困难和解决困难吗？
2. 你能否尽可能避免个人的偏见和与他人发生冲突？
3. 你会承认错误并从中吸取教训吗？
4. 你能面对问题并且努力去解决它，而不让它继续困扰你吗？
5. 有私人问题时，你仍然能够集中精力学习吗？
6. 有紧急事件发生时，你能不惊不慌、平心静气地解决吗？

（3）营销岗位。对于营销岗位的素质要求包括人际沟通能力、谈判能力、自我控制能力等。

小专栏 4-6

营销岗位笔试试题示例

1. 你花很多时间用于说话和聆听吗？
2. 当你陈述问题时，别人能正确地理解你的意思吗？
3. 当你表达很重要的事情时，你能够清楚地表达你的重点吗？
4. 你能够让同事听懂如何完成交付给他的任务吗？
5. 从已得到的“反馈”中，你能确认听者确实理解你所说的内容吗？
6. 当你听别人说话时，你能够集中精力吗？

5）管理能力笔试试题编制

管理能力是管理者准确地把握时势，并且提升组织效率的关键。管理能力主要体现在计划、组织、领导、控制等方面，具体如表 4-7 所示。

表 4-7　管理能力的要求

项目	要点
计划能力	预测能力、构思能力、系统的分析能力、逻辑思维能力、前瞻性、创造能力等
组织能力	沟通能力、人际交往能力、组织协调能力、适应能力、谈判能力等

（续表）

项目	要点
领导能力	决策能力、学习能力、教导能力、应变能力、激励能力、冲突管理能力、说服能力等
控制能力	规划能力、自我管理能力、信息反馈能力等
……	

小专栏 4-7

管理能力笔试试题示例

1. 请问您在求学经历中参加过哪些社团组织或参加过哪些公益活动，您在其中扮演什么角色？

2. 课堂上您对老师的讲解有所疑惑，您是采取何种方式去消除这种疑惑的？

3. 您来面试的过程中有没有想过整个过程？说说您先前是如何打算应对这场面试的，包括各个阶段。

4. 举例说明您曾经做过的一个成功计划及实施过程。

5. 您在逛超市时，碰到了一件十分符合您审美标准的物品，尽管这件物品目前对您来说没有多大的实用价值，您此时会有什么行动？

6. 假如您现在的月收入是 3 000 元人民币，您在商场看上了一件非常符合您审美标准的西装，价格为 2800 元人民币，您倾向于怎么做？

7. 假如您是部门领导，在每半月一次的部门会议中您会如何去部署？（可提示回答方向：直奔主题，还是先给部属打气）

8. 您跟您部下在一个月里私下沟通的频率是多少？您目前有几个部下？（待回答完后，问）简单说说他们各自的优缺点。

4.4 笔试的组织

根据命题计划编制好试题后，要对试题内容的准确性，测评目标的合理性，命题的技术性，试题的难度、区分度以及试题总体的适合性、有效性进行全面审查，再将试题按题型类别，以先易后难、先基本概念后方法原理的顺序编排成试卷。最后将编制好的试卷在能代表将来被测者的样本中进行试测，根据试测的数据分析，进一步修正完善试卷，做好试卷时限测定与调整工作，并给出参考答案和评分标准。值得注意的是，试测要做好保密工作。

4.5 实测和评卷

实测阶段要做好考点考场的安排布置、考场规则与监考规则的制定、监考及考务人员的培训、被测者的组织引导、试卷的保密管理、被测者违纪处置等事务性工作。在评卷阶段，客观性试题评判要充分利用计算机技术以控制评卷误差；主观性试题的评分要统一评分标准，可以采用双评的阅卷方法。双评阅卷是指两名评阅者背对背进行试卷评分，如果两人的评分差值在允许的误差范围内，那么该考生的最终得分为两名评阅者评分的算术平均值；如果评分差值超过允许的误差范围，则该考生的试卷将交给专门的评议小组做出最终裁决。

本章小结

（1）笔试是指测评者按统一标准测验被测者所掌握知识的数量、结构与程度的一种方法。笔试需要安排被测者在统一时间和统一地点，按照测评者或测评组织的统一要求，通过纸笔测验的形式完成测试题目。通常包括选择题、填空题、是非题、搭配题、简答题、论述题、案例分析题和作文题。

（2）笔试测试的内容包括：基础知识测试、专业知识测试、相关知识测试以及性格测试和智商测试。

（3）在招聘活动中，笔试具有客观性、经济性、广泛性、简便性以及利于发挥等一系列的优点，并且笔试也常常会应用到企业、政府机构及类似组织管理机构以及学校教育领域。

（4）笔试试题的设计与编制非常重要。在编写试题之前，应该制定命题计划。命题双向细目表是最常用的分析设计工具。命题双向细目表是包括两个维度（双向）的表格，可以用于反映测评内容、测评目标、题型、题量、难度、分值分配等维度中两两之间或三者之间的关系。双向细目表的维度不同，考察的方面就不同，在实际应用时可根据实际情况设计一个表格，也可以将多个细目表相互配合使用。双向细目表可以提高试卷的恰当性和合理性，同时为审题、统题、组卷提供检查标准，大大提高了试卷的内容效度。

复习与思考

（1）笔试测评的优、缺点是什么？

（2）笔试的方法有哪些？

（3）描述笔试方法的使用情境。

（4）笔试试题的编制方法是什么？
（5）笔试中的题型有哪些？
（6）什么是双向细目表，常见的几种类型是什么？
（7）笔试实施的流程是什么？
（8）阅卷者培训的内容是什么？
（9）描述笔试质量控制的方法。

拓展阅读

行政职业能力测验（笔试题）

个人的职业能力倾向将影响一个人未来在这方面的发展。职业能力倾向对于职业选择和人员招聘具有非常重要的意义。在国外，比较著名的职业能力倾向测验有美国大学生入学考试用的SAT、研究生入学考试用的GRE、美国就业服务中心编制的《一般能力倾向测验》（GATB）等。在国内，著名的职业能力倾向测验有国家人事部编制并运用于公务员录用考试中的《行政职业能力测验》。

行政职业能力测验（administrative aptitude test，简称AAT）是对从事行政工作的国家机关工作人员是否具备行政工作能力的一种测验，是公务员录用考试中一个重要的笔试科目。与单纯考察公共基础知识或具体专业技能的测验不同，行政职业能力测验实质上是对被测者潜在能力的考试，考察其对知识的综合运用；也不同于一般的智力测验，它主要是通过考试考察一系列心理潜能，预测考生在行政职业领域内多种职位上取得成功的可能性。

行政工作要求有知觉速度与准确性、言语理解与表达、数量关系理解与运算、推理判断、常识判断等基础层次的能力。只有当这些基础层次的能力达到了一定程度并得到一定知识经验的支持之后，才能形成综合判断能力、组织与人际协调能力以及资料分析能力等较高层次的职业能力。在这些较高层次的职业能力中，除了部分判断能力和资料分析能力外，大部分通常都很难通过客观性的纸笔测验来进行考察。为了保证行政职业能力测验的信度和效度，行政职业能力测验通常同其他考试和测评手段一起配合使用，相互补充。基于上述认识，专家们选择了上述能力要素中最基本、最主要和便于实际测查的方面作为行政职业能力测验的内容，这些测验的内容就是行政职业能力测验中的5大测试部分：言语理解与表达、数量关系、判断推理、常识判断和资料分析。

行政职业能力测验各部分的特点如下：

1. 言语理解与表达

言语理解与表达包括选词填空和片段阅读两类题型，主要考察被测者运用语言文字进行交流和思考、迅速而又准确地理解文字材料内涵的能力。它包括根据材料查找主要信息及重要细节；正确理解阅读材料中指定词语、语句的准确含义；

概括归纳阅读材料的中心、主旨；判断新组成的语句与阅读材料原义是否一致；根据上下文合理推断阅读材料中的隐含信息；判断作者的态度、意图、倾向、目的；准确、得体地遣词造句等。

例 1：说话、写文章，第一要简明扼要，做到_________；第二要朴素、自然，防止_________。

A. 言之成理　矫揉造作

B. 言简意赅　矫揉造作

C. 有的放矢　言不由衷

D. 言之成理　拖泥带水

例 2：道德属于社会意识形态的范畴，道德一词源于古希腊语，当时指的是习俗风尚，“道”是指事物运动变化必须遵循的普遍规律、法则，“德”指道德、美德、品德。我国首先把“道德”两字连用成一词的是战国时荀况的《劝学》篇。他说：“故学至乎礼而止矣，夫是之谓道法之极。”他认为人们学了“礼”，按“礼”的要求去处理人与人的关系，也就达到了最高的道德境界。

这段文字阐述的主旨意思是（　　）。

A. 道德的内涵　　B. 道德的起源

C. 道德的境界　　D. 道德的范畴

2. 数量关系

数量关系的题型包括数字推理和数学运算两类，主要测查被测者理解、把握事物间量化关系和解决数量关系问题的技能，主要涉及数字和数据关系的分析、推理、判断、运算等。

例 1：仔细观察给出数字的排列规律，然后在 4 个选项中选择出最符合的答案，使之符合该组数字的排列规律。

4，11，6，13，8，（　　），10

A. 15　　B. 16　　C. 17　　D. 18

例 2：某公司要买 100 本便笺纸和 100 支胶棒，附近有两家超市。A 超市的便笺纸 0.8 元一本，胶棒 2 元一支且买 2 送 1。B 超市的便笺纸 1 元一本且买 3 送 1，胶棒 1.5 元一支。如果公司采购员要在这两家超市买这些物品，则他至少要花（　　）元。

A. 208.5　　B. 183.5　　C. 225　　D. 230

3. 判断推理

判断推理包括图形推理、定义判断、类比推理和逻辑判断四类题型，主要考察被测者对各种事物关系的分析推理能力，涉及对图形、语词概念、事物关系和文字材料的理解、比较、组合、演绎和归纳等。

例 1：强迫症：以强迫观念和强迫动作为主要表现的一种神经症。以有意识的自我强迫和有意识的自我反强迫同时存在为特征，患者明知强迫症状的持续存在毫无意义且不合理，却不能克制地反复出现，愈是企图努力抵制，愈感到紧张和痛苦。

根据以上定义，下列不属于强迫症的是（　　）。

A. 孙某想到“幸福”就会想到“苦难”，说到“好人”就会想到“坏蛋”，他思考问题或说话时经常会因为两种对立的词句反复在脑中出现而感到苦恼和紧张

B. 张某驾车在路口转弯时不小心撞伤了一个路人，此后张某驾车路过这个路口总是仔细观察路况，小心行车

C. 李某出门后总是疑虑门窗是否已经锁好，经常反复检查，否则会感到焦虑不安

D. 赵某每次路过银行，总会产生冲进银行、进行抢劫的想法，因此赵某见到银行总要绕道而行

例 2：针对作弊屡禁不止的现象，某学院某班承诺，只要全班同学都在承诺书上签字，那么，如果全班有一人作弊，全班同学的考试成绩都记为不及格。校方接受并实施了该班的这一承诺。结果班上还是有人作弊，但班长的考试成绩是优秀。

从上述判断逻辑得出的结论是（　　）。

A. 班长采取不正当的手段使校方没有严格实施承诺

B. 全班多数人没有作弊

C. 全班没有人在承诺书上签字

D. 全班有人没在承诺书上签字

4. 常识判断

常识判断考察的内容涵盖法律、政治、经济、管理、历史、自然、科技等方面。

例 1：在新民主主义革命和社会主义建设的重要关头，中国共产党成功地完成了三次重大转变：武装反抗国民党反动派；工作重心由农村转向城市、由战争转向生产建设；拨乱反正，开辟中国特色社会主义道路。

以下四项中哪一次会议与这些转变无关？（　　）

A. 八七会议　　B. 十一届三中全会　　C. 七届二中全会　　D. 遵义会议

例 2：联合国开发计划署把新能源分为（　　）。

A. 传统能源之外的各种能源形式

B. 水能、太阳能、风能、地热能

C. 大中型水电、新可再生能源、传统生物质能

D. 小水电、太阳能、风能、现代生物质能、地热能

5. 资料分析

资料分析一般有文字资料、统计表资料和统计图资料三类试题，主要考察被

测者对各种形式的文字、图形、表格等资料的综合理解与分析加工能力，这部分内容通常由数据性、统计性的图、表、数字及文字材料构成。

例：根据以下资料回答问题。

各级别轿车历年销售份额（%）

年份	A00 级轿车（微型）	A0 级轿车（小型）	A 级轿车（紧凑型）	B 级轿车（中大型）	C 级轿车（大型）
2001	5.1	28.6	41.5	21.1	3.7
2002	7.5	29.8	39.9	19.8	3.0
2003	8.5	29.4	34.9	24.5	2.7
2004	8.6	30.6	39.2	19.4	2.2
2005	10.7	27.3	39.9	19.6	2.5
2006	8.8	24.7	42.9	20.2	3.4
2007	6.9	21.9	47.1	20.4	3.7
2008	7.1	20.3	48.9	20.2	3.5
2009	7.3	20.4	52.4	17.4	2.5
2010	7.3	19.8	53.6	16.7	2.6

(1)A0 级型车比 A00 级型车在过去的五年中每年平均销售份额约高出(　　)。

A. 14 个百分点　　B. 15 个百分点

C. 16 个百分点　　D. 17 个百分点

(2) 相对于 2001 年，10 年中销售份额增长率最大的车型是（　　）。

A. B 级型车　　B. A 级型车

C. A0 级型车　　D. A00 级型车

(3) 2001—2010 年各级别轿车销售份额的变化趋势是（　　）。

A. B 级型车销售份额逐年减小

B. 近十年来，C 级型车销售份额最平稳

C. A00 级型车的销售份额始终是 C 级型车销售份额的 2 倍以上

D. 2010 年 A0 级型车的销售量相比于 2001 年减少

(4) 因 1.6 升购置税调整，A 级型车市场从 2008 年到 2009 年的上升率相对于 B 级型车同比下降率的比值约为（　　）。

A. 0.3　　B. 0.4　　C. 0.5　　D. 0.6

(5)比值最大的年份与比值最小的年份B级型车与C级型车两者相差(　　)。

A. 2.84　　B. 2.64　　C. 3.56　　D. 2.44

实训任务一

【实训目的】

掌握笔试试题的设计与编制过程。

【实训内容】

A 公司现在需要编制一套针对人力资源管理专业应届本科毕业生的笔试题。主要测试应聘者的专业知识，题型包括单选、多选、名词解释、简答、案例分析。总分设置 100 分，少于 60 分的应聘者为不合格。请用 1 周的时间完成。

人力资源专业笔试题

考生姓名：　　　专业：　　　应聘日期：　　　成绩：

一、单选题

二、多选题

三、名词解释

四、简答题

五、案例分析题

【组织与评价】

（1）学生就试题编制进行解释说明。

（2）学生互评，随后任课教师就试题及说明内容进行点评和指导。

实训任务二

【实训目的】

掌握笔试的实施流程。

【实训内容】

每 5 个同学一组，假如你们是 B 公司的负责招聘的小组，请讨论出一个方案，明确每名同学的职责，包括谁负责通知、谁负责接待、谁负责出笔试题、谁负责考场安排、谁判阅试卷等，请对即将在 4 天后来应聘的笔试人员做出妥善安排。

笔试安排表

团队成员	职责安排	注意事项
安排情况总结：		

【组织与评价】

（1）学生分组就方案进行讲演。

（2）学生分别就“存在的问题”“问题产生的原因”“有哪些解决方案”等进行回答。

（3）任课教师进行点评和指导。

5

面试测评

学习目标

（1）掌握面试的含义及特点；
（2）掌握面试的分类；
（3）掌握面试的优势与不足；
（4）掌握面试题目的编制；
（5）掌握面试题目的类型；
（6）掌握面试的组织与实施；
（7）了解面试中常见的误区。

引例

求职者在面试中的座位选择

小刘是某高校市场营销专业的大四学生，快要毕业了，得知一家环保设备公司在招营销人员，小刘针对这家公司的产品特点认真准备了简历之后来到了面试现场。面试是在一间很大的教室里进行，来了很多求职的同学，但同学们进教室后都选择离讲台较远一些的座位坐下，大多数同学坐下来后就开始和身边的同学闲聊起来。

当时，整个教室靠前面的几排位子空荡荡的，小刘平常上课时就喜欢坐在第一排，虽然在这种场合下坐到第一排需要勇气，但她还是决定坐到第一排去。她心里想："坐到前排，面试老师提出了什么问题，我能听得很清楚。另外，既然是要干营销这行，连这点心理障碍都无法克服还怎么去面对客户？"此时的教室第一排只坐了小刘一个人，后面直到第五排才开始有同学坐并且也没坐满。

正当大家都在窃窃私语，等待面试开始时，面试官说话了："第一排这位同学，你被录取了。"这让大家都感到非常意外。之后面试官告诉现场的同学：积极性和胆量非常重要，尤其是从事营销岗位的人，更应该主动接近我们的目标客户，在面试现场，面试考官就是求职者的目标客户。就这样，小刘顺利地被这家公司录用了。

5.1 面试概述

1. 面试的含义

面试是经过精心设计，在特定场景下以面对面的交谈与观察为主要手段，由表及里测评被测者个性特征、能力状况以及求职动机等有关方面情况的一种人员测评技术。面试是人力资源管理领域中应用最普遍的一种测评方法。

“精心设计”是指，它与一般性的面谈、交谈、谈话不同，后者强调的只是面对面的直接接触形式与情感沟通的效果，并非经过精心设计。

“在特定场景下”是指，它与日常的观察、考察测评方式不同，后者只是在自然情景下进行的。

“以面对面交谈与观察为主要手段，由表及里”，不但突出了面试中“问”“察”“析”“判”的综合性特色，而且使面试与一般的口试、笔试、操作演示、情景模拟、访问调查等人员素质测评形式区别开来。口试强调的只是对语言的测评，而面试还包括对非口头语言行为的综合分析、推理与直觉判断。

“有关方面情况”说明了面试并非万能的，在一次面试中，不要面面俱到、包罗万象地去测评人的一切能力，要有选择地针对其中一些能力进行测评。

2. 面试的特点

与其他测评形式相比，面试具有的相对独特之处表现在以下几个方面：

1）内容灵活，针对性强

面试内容因个人背景以及工作岗位的不同而不同。面试官根据被测者的实际情况和面试具体要求灵活掌握面试内容，所提问题可多可少，可深可浅。

2）面试是双向沟通的过程

面试是面试官与被测者之间的一种双向沟通，被测者的回答及行为表现与面试官的评判直接相关。面试官可以通过观察和谈话来评价被测者，被测者也可以通过面试官的行为来判断其价值标准、态度偏好、对自己面试的满意程度等，来调节自己在面试中的行为表现。因此，面试不仅是面试官对被测者能力的考察，也是面试官和被测者之间的一种沟通、交流。

3）对象的单一性

面试有单独面试和集体面试两大类。在单独面试中，面试是一对一地进行；在集体面试中，虽然多位被测者同时位于考场中，但面试官逐个提问，逐个评价并记录，即使多个被测者以辩论的方式进行面试时，面试官也是逐个观察被测者表现。面试的内容主要侧重于个别特征，因人而异。

4）信息的复合性

面试官通过面对面的观察，综合现场情况对被测者做出即时评价。面试官既收集被测者语言形式信息，又收集非语言形式的信息，包括手势、身势、面部表情、人际空间位置等一系列能够揭示内在能力的动作。

5）判断的直觉性

面试的判断带有一种直觉性，不仅仅依赖于面试官的逻辑推理与辩证思维，往往包括很大的印象性、情感性与直觉判断特点，容易受主观因素的影响。

3. 面试的分类

从面试所达到的效果来看，可分为初步面试和诊断面试。

（1）初步面试。初步面试是组织与被测者相互了解的过程，在这个过程中被测者对其书面材料进行补充（如对技能、经历等进行说明），并向被测者介绍组织情况。初步面试类似于面谈，它比较简单、随意。通常，初步面试由人力资源部门中负责招聘的人员主持，不合适的人员或对组织不感兴趣的被测者将被筛除掉。

（2）诊断面试。诊断面试则是对初步面试筛选合格的被测者进行实际能力与潜力的测试，它的目的在于组织与被测者双方补充深层次的信息，如被测者的表达能力、交际能力、应变能力、思维能力、个人工作兴趣与期望等，以及组织的发展前景、个人的发展机遇和培训机遇。这种面试由用人部门负责，人力资源部门参与，它更像正规的考试。对于高级管理人员的招聘，组织的高层领导也将参加。这种面试对组织的录用决策与被测者是否加入组织的决策至关重要。

从参与面试过程的人员来看，可分为个别面试、小组面试和成组面试。

（1）个别面试。个别面试是一个面试官与一个被测者面对面地交谈，这种面试方式有利于双方建立亲密的关系，深入地相互了解，但这种面试的结果易受面试官的主观因素干扰。

（2）小组面试。小组面试是由两三个人组成的面试小组对各个被测者分别进行面试，面试小组由用人部门与人力资源部门的人员共同组成，从多种角度对被测者进行考察，与个别面试相比这种面试方式可提高面试结果的准确性，克服个人偏见。

（3）成组面试。成组面试，也称集体面试，它是由面试小组对若干被测者同时进行的面试。在集体面试过程中，通常由面试主考官提出一个或几个问题，引导被测者进行讨论，从中发现、比较被测者的表达能力、思维能力、组织领导能力、解决问题能力、交际能力等。集体面试的效率比较高，但对面试主考官的要求较高，主考官在面试前要对每个被测者都有大致了解，在面试时要善于观察，善于控制局面。

从面试的组织形式来看，可分为结构型面试、非结构型面试、混合型面试。

（1）结构型面试。结构型面试是在面试之前，已有一个固定的框架（或问题清单），主考官根据框架控制整个面试，给每个被测者做相同的提问。这种面试的优点在于，所有面试均按同一标准进行，可以提供结构与形式相同的信息，便于分析、比较，同时减少了主观性，且对考官的要求较低。研究表明，结构型面试的信度与效度较好。但缺点是过于僵化，难以随机应变，所收集的信息的范围受到限制。

在进行结构型面试时，应注意以下方面：一是工作技能需求分析。在面试之前，主考官应弄清招聘的职位所需的技能，并区分各个技能的重要程度，这有助于寻找到合适的人选。二是面试问题的准备。面试的问题应当围绕着所需了解的信息，重点是对能力与潜力的了解，问题要简单扼要，应有一定的诱导性，尽量给被测者以更多的发挥机会。三是对面试过程的引导与控制。由于这种面试更接近于考试，主考官应注意不要给被测者较大的精神压力，注意引导面试的氛围。四是对面试结果的评价。主考官对应试人员的评价应建立在公正平等的基础之上，将被测者的实际表现与技能需求做对比分析，然后比较各个被测者的优劣。

（2）非结构型面试。这种面试无固定的模式，事先无须做太多的准备，主考官只要掌握组织、职位的基本情况即可，在面试中往往提一些开放式的问题，如“谈谈你对某件事情的看法”，“你有何兴趣与爱好”等。这种面试的主要目的在于给被测者充分发挥自己能力与潜力的机会。由于这种面试有很大的随意性，主考官所提问题的真实目的往往带有很大的隐蔽性，要求被测者有很好的理解能力与应变能力。

例如，某独资企业欲招聘若干管理人员，通知所有应聘者在某月某日某时整在某某大厦公司总部统一面试。结果等到面试那天，公司派人提前在该大厦大厅内接待前来应聘的人员，并请大家在大厅内等候，等到所有应聘人员到齐后，接待人员告诉大家一个不幸的消息：电梯坏了，大家需要由接待人员带领，爬几十层楼梯到公司的办公室参加面试。有些人听后立即就走了，有些人爬到一半后也放弃了，只有少数几个人坚持到最后。结果就是这些坚持到最后的应聘者被录用了，这是一个典型的非结构型面试，事实上，电梯根本就没有坏，主考官就是想考验应聘者的吃苦耐劳和坚韧不拔的意志，然而，许多人失去了机会。

由于非结构型面试灵活自由，可因人而异、深入浅出，可以得到较深入的信息。但是这种方法缺乏统一标准，易带来偏差，且对主考官要求较高，主考官需要有丰富的经验与很高的素质。

（3）混合型面试。将结构型面试和非结构型面试结合起来，即为混合型面试。如主考官可采用部分结构化问题，也可根据面试情况随机提问，这种方法取二者之长，避二者之短，是最常用的一种面试方法。

从面试的内容来看，可分为职位能力面试、情境化面试、行为描述面试和压力面试。

（1）职位能力面试。此种面试侧重关注与职位相关的信息，如职位所要求的基本知识与技能、被测者在相关岗位的工作经验等。针对应届毕业生，主要考察其对本专业的了解程度、实践技能及潜力等；针对社会人才，主要考察其工作经历、之前所承担的任务及责任等。这种面试方法侧重于考察被测者的学历和工作经历的考察，以了解其是否具有相应的岗位胜任力。

（2）情境化面试。情境化面试是指给被测者一个特定情境，考察其在此情境下的表现。情境化面试的题目一般是工作场所中可能出现的情境，通过考察被测者在特定情境中的表现，判断被测者是否能够胜任某项工作。在面试之前，面试官会给情境面试的题目确定一个最佳答案，然后根据被测者的回答来对其进行评分。比如，一个系统工程师可能会被问及：在休假期间公司计算机系统出现严重故障，你会如何应对？是立即赶回公司处理系统故障、以休假为由拒绝处理，还是找人代为处理？采用某种做法的理由是什么？所有这些答案均会影响到面试官对被测者的评价。

（3）行为描述面试。此种面试与情境化面试相似，都是考察被测者在特定情境下的行为表现，但行为描述面试的不同之处在于这种场景是实际发生过的。其基本原理是：未来行为或绩效的最好预测指标是过去的行为或绩效。例如，某企业招聘一位培训专员时会问：你以前负责或参与了哪些培训项目？你在其中扮演什么角色？项目遇到问题时你是怎么处理的，这样处理的原因是什么？结果如何？等等，这种面试模式一般按照 STAR 模型进行。

小专栏 5-1

用 STAR 模型主持行为描述面试示例

STAR 是 4 个英文单词的缩写，分别代表行为描述面试提问的 4 个方向，即当时的情境是什么，任务是什么，针对这个任务你采取的行动是什么，结果如何。

下面是一个销售经理行为描述面试的例子：

题目：请描述你努力说服他人接受你的观点的一次经历。

回答：有一次，我说服一位客户购买了公司生产的保健产品……

追问(S):这件事大概是你工作几年的时候发生的？那时你在哪个单位工作？

追问（T）：你与客户沟通时想要完成哪些具体任务？

追问（A）：为了完成任务，当时你具体说了些什么？做了些什么？

追问（R）：最后的结果怎么样？在多大程度上完成了你的任务？

（4）压力面试。压力面试主要是指面试官对被测者提出一系列不礼貌的、容易使人感到难堪的问题，使被测者感到不舒服，然后在交流中不断寻找被测者回答中的漏洞并进行追问，刺激被测者，以此来观察被测者在压力下的行为表现。如果在压力面试下被测者能够应付自如，为自己的观点找出充分的证据，那么就会被认为是能够承受压力的人。反之，如果被测者表现得惊慌失措，语无伦次，丧失信心，甚至对面试官怒目而向、采取过激行为，则被认为抗压能力较差。这种面试方法主要用于招聘责任重、任务多、压力大的岗位候选人。这种面试方法的优点是能够准确了解被测者的心理素质和抗压能力，潜在的风险在于难以对面试过程进行控制，需要面试官拥有很高的面试技巧及控制能力，否则容易造成面试的失败。

小专栏 5-2

压力面试题目示例

题目 1：针对这次申报的职位，请总结出你有所欠缺的五个方面。

题目 2：从总结的不足之处来看，你确实不适合职位的要求。如果我们不录用你，你接下来会做些什么？

题目 3：根据刚才的陈述，你连普通的客户都应付不了，面对刁难的客户，你怎么能够应付得来？

题目 4：依照我们的判断，你并不能够应对将来的工作。你怎么证明自己能够胜任这份工作？

题目 5：从经历来看，你根本不能长期在一家公司工作。而我们是一家对忠诚度要求很高的公司。因此，我们很怀疑你的求职意愿。

4. 面试的优势与不足

面试作为应用最为广泛的测评工具之一，具有很多独特的优势，但也存在一些不足之处。

1）优势

面试的优势在于交流直接、双向沟通以及灵活性。

（1）交流直接。观察和谈话是测评被测者的气质、人格和能力的有效方法，是一种直接的信息交流过程，这种过程保证了信息的真实性，通过观察被测者表现出来的语言和行为方面的外部特征，可以预测其隐藏在外部特征下的气质、人格和能力等。一个人言辞的内在逻辑性、感染力、影响力，以及仪表、风度等都是面试官观察的重要方面，这些都是被测者潜意识中流露出来的特征，很难掩饰。通过观察这些方面，面试官能够对被测者有更为深入的了解。

（2）双向沟通。不同于纸笔测验，面试是一个双向沟通、直接交流的过程，被测者在面试过程中能够得到及时的反馈。一方面，面试官按照工作胜任特征的要求对被测者进行观察并提问，对被测者的容貌仪表、工作态度、工作经验、价值观念等有较为深刻的了解，从中获得笔试难以获得的各种信息；另一方面，被测者也可以根据面试官的反应判断自己的行为表现，从而及时进行调整。此外，被测者也可以通过面试更加直观、深入地了解自己所应聘职位及组织的基本情况，更好地做出求职决定。

（3）灵活性。面试在实际操作中具有很大的灵活性，具体表现在以下 3 个方面。

① 可以根据被测者个人情况进行相应调整。在实际招聘过程中，被测者的个人情况是不同的，包括学历、经历、背景、职位等都有所差异。举例来说，两个人应聘同一个程序开发员的职位，一人为国内名牌大学计算机系的应届毕业生，另一人无光鲜的学历但在编程领域从业多年。那么在面试中，针对前者肯定是着重考察其专业知识的掌握情况以及在校表现，针对后者则着重考察其实践经验。

② 可以根据工作岗位的要求进行相应调整。不同岗位对胜任素质的要求是不同的，所以在面试之前需要进行职位分析，并在面试过程中，根据特定岗位对应的胜任素质模型来进行考察与提问。

③ 可以根据被测者在面试过程中的表现进行相应调整。虽然很多面试题目都是提前准备好的，但这不意味着面试程序是一成不变的，在面试的过程中，需要根据被测者的表现，决定下一题问什么。在很多情况下，面试官不会拘泥于事先拟定的题目，而是会根据具体情况进行深度追问。

2）不足

面试作为一种测评手段有很多优势，但也存在不足之处。面试最大的问题就在于受面试官主观因素的影响，尤其当面试是非结构化时，面试官的主观因素将极大影响面试的结果。此外，面试官在面试过程中会受到一些心理效应的影响，比如首因效应、近因效应、对比效应、刻板印象等，从而影响面试的有效性。这些问题将在本章随后的内容中详细介绍。

5.2 面试题目的类型与编制

在编制面试题目时应该遵循面试题目的特点，灵活地选择面试题目的类型，以达到灵活考察被测者各方面的素质、有效地避免高分低能者被录用的目的。

1. 面试题目的编制原则

1）针对性原则

面试题目应根据面试的目的，围绕岗位需求、被测者的状况及面试本身的特点来进行设计。

（1）面试是针对岗位进行的，所以题目设计要紧密围绕岗位胜任素质，应充分体现不同部门、不同岗位工作要求的特点，突出岗位需求中经常性、稳定性、经典性的内容。

（2）面试题目要考虑到被测者群体的状况，包括被测者群体的教育经历、专业背景、工作经历等，以达到有针对性选拔的目的。

（3）与笔试相比，面试一般不会设计太多纯知识性的问题，而是更侧重考察拟招聘职位所需的能力、潜力、个性特征等。

2）鉴别性原则

鉴别性是指面试题目应在某一方面具有一定代表性，既要有一定的难度，又要有一定的鉴别力，能够将同一测评要素上处于不同水平的被测者划分开，以达到准确测试某一特定素质的目的。

3）思想性原则

面试题目应选取现实生活中富有意义的热点或社会问题，应具有一定的思想性。

4）延伸性原则

面试题目的形式及内容应具有一定的灵活性，应给被测者留有创新的空间，调动其积极性，营造融洽的氛围。此外，各面试题目之间要相互联系、相互印证，形成有机整体。

2. 面试题目的类型

面试的题目包括背景性问题、知识性问题、智能性问题、情境性问题、行为性问题和意愿性问题几个类别。

1）背景性问题

被测者在进入面试房间后，一般都会有不同程度的紧张情绪，影响自身的发挥。背景性问题的主要目的就是为面试营造良好的沟通氛围，缓解被测者的紧张情绪。此外，通过背景性问题还可以对被测者有一个基本的了解，为进一步交流提供有价值的话题。因此，典型的面试一般都会从背景性问题开始。

小专栏 5-3

背景性问题示例及注意事项

题目示例 1：怎么来到这里的？我们公司还好找吧？

题目示例 2：简单向我们介绍一下自己。学习经历情况怎样？工作经历情况怎样？

注意事项 1：时间不容易控制，可能会过多占用宝贵的面试时间。

注意事项 2：被测者可能侃侃而谈，而使面试官不容易抓住想要考察的重点。

2）知识性问题

面试官一般偏好对特定岗位比较了解的员工，这样的员工可以尽快投入到实际工作中。知识性问题主要询问被测者对特定岗位相关知识的了解和掌握情况，所以这类问题对于那些对专业知识要求较强的工作岗位来说尤为重要。

小专栏 5-4

知识性问题示例及注意事项

题目示例 1：什么是质量管理？

题目示例 2：什么是财务预算？

注意事项 1：保证知识性问题具有代表性、典型性、全面性等。

注意事项 2：在整个面试过程中所占时间过多会影响对被测者基本素质的考察。

3）智能性问题

智能性问题是指一些会引起思考和争论的现实问题，而不是简单的智力问题。智能性问题一般都是比较自由的问题。对于这类问题，往往是仁者见仁，智者见智，因此并无标准答案，借此考察被测者的综合分析能力、逻辑思维能力和语言表达能力。面试官在对这类问题进行评判时，不能以自己的看法为标准，而应该把考察的重点放在被测者是否能够条理清晰地表达自己的观点、分析是否有广度和深度、表达是否有逻辑性和可信服性。

小专栏 5-5

智能性问题示例及注意事项

题目示例 1：春节前夕，我国政府 3 天 45 小时内组织 8 架飞机赴埃及接回总计 1 800 人回国。谈谈你对此事的看法。

题目示例 2：为落实安居工程、做出合理的预算安排，某市住房建设局成立专项调查组，计划在全市范围内开展一次危房调查，了解全市居住危房的真实情况。有人建议设计一张调查问卷，以报纸为载体让居民填写，然后回收与汇总数据以获取信息。请对这一方法作出评价。你有没有更好的调查方法？

注意事项 1：人们对问题的判断容易受到现有理论的影响。

注意事项 2：人的分析能力并不代表问题解决能力，更不代表他们是否愿意去解决问题，所以智能性问题考察的方面有限。

注意事项 3：问题易流于宽泛。

4）情境性问题

情境性问题是给被测者一个假定的工作情境，要求被测者回答如何应对。情境性问题本质上属于语言模拟类问题，考察的能力包括决策能力、思维敏捷性、随机应变能力等。

小专栏 5-6

情境性问题示例及注意事项

题目示例 1：假设领导安排你和小张一起负责某活动的推进。在推进过程中，小张提出了一个很有新意的策划方案，但你觉得很不现实。多次沟通后，他仍然坚持己见，此时，工作进度已经拖后了不少。面临这种情况，你会怎么做？

题目示例 2：你和同学一同进入新单位，你勤奋、成绩突出，但领导对你印象不佳，总是为难你，同学却受到信任。你怎么做？

注意事项 1：情境的设置比较费时、费力，且难以逼真。

注意事项 2：被测者的回答更多偏于理论化，而且不见得在遇到实际问题时就会这么做，实际行为还会受个人能力、动机等因素的影响。

注意事项 3：对情境性问题的回答更多依赖被测者的经验，而不仅仅是素质。

5）行为性问题

行为性问题通过让被测者叙述过去的真实经历，考察其表现出来的能力、素质。问题的追问应遵循 STAR 法则。

小专栏 5-7

行为性问题示例及注意事项

题目示例 1：请向我们讲述一个你亲身经历的类似事例：你接手了一项新工作，该项工作对专业性要求较强，但之前你并不了解该专业领域，对工作程序也不清楚。当时你是如何处理的？

题目示例 2：你有没有遇到过类似的情况：你接手了一项工作任务，这项任务需要其他部门或其他人的协作才能完成，但是他们却为你设置种种障碍，导致任务无法推动。之后你是怎么处理的？

注意事项 1：行为性问题对追问的要求比较高，对面试官的要求也比较高。

注意事项 2：人的行为是有变化的，需要推论被测者过去行为和将来行为之间的一致性。

注意事项 3：被测者可能会隐瞒自己真实的行为经历。

6）意愿性问题

意愿性问题主要考察被测者的价值取向、报考动机、与职位要求的匹配性以及生活态度等个性倾向。

小专栏 5-8

意愿性问题示例及注意事项

题目示例 1：请告诉我们在大学期间，你将大部分时间都用在了哪些方面？你是怎么考虑的？

题目示例 2：你在原单位最不开心的一段经历是什么？你为什么选择离开原来的单位来应聘这个职位？你对个人未来五年职业发展的考虑是什么？你是怎么打算的？

注意事项 1：被测者的回答会受到社会期望以及价值观念的影响。

注意事项 2：要想了解被测者的真实想法，需要对意愿性问题进行组合。

注意事项 3：被测者本人可能不了解自己的求职意愿。

3. 面试题目编制

1）设定面试题目的基本要求

（1）内容要具体、明确。不明确、不具体的面试题目会影响被测者能力的发挥，使选拔产生误差，所以要依据岗位特征、面试评价目标来编制题目。

（2）必须体现重点。拟招聘岗位是特定的，那么面试题目必须是针对岗位胜任素质设定考察重点。否则，面试时就会出现主考官毫无方向地提问、被测者不得要领地应答的局面。

（3）具备科学性和实用性。面试题目不仅需要具有科学性和合理性，而且应该具有实用性和有效性。一些笔试中的具有科学性的逻辑类问题是不适宜用在面试之中的，因为在面试压力下，有时用逻辑类的问题来测评被测者的思维能力往往不能得到较好的效果。在面试中可以请被测者就某一社会热点现象发表自己的看法，这利于其在自然表述中体现逻辑思维能力。

（4）既要有共性又要有个性。个性问题主要是针对被测者的教育经历、工作经历和岗位要求提出的，共性问题主要是围绕岗位所需专业知识提出的，在编制面试题目时要将两者结合起来。

（5）要有一定的穿透性和张力。面试题目不能编制得太直白，要能够拓展被测者的素质，该类题目的目的主要是考察被测者思考问题的广度与深度，思路是否清晰，综合概括能力是否到位，语言表达是否得体等。例如，“食品安全问题是现今社会普遍关注的问题之一，‘地沟油流向餐桌’‘蔬菜水果农药超标’等问题屡见不鲜，请结合您周围出现的食品安全现象谈一谈您对食品安全监管的看法。”

（6）要注重形式。除了内容，面试题目在形式上也要达到一定的要求。

① 题目的范围大小和字数长短要适度，可采取“大题化小、成套组合”的方法。

② 语言表述要明确，语意不可模棱两可，否则会给被测者带来思考障碍，影响被测者的正常发挥。

③ 题目的编制要符合政策法规的要求，应尽可能避免涉及被测者个人隐私等敏感性问题，不能涉及侵犯被测者人权的问题。

2）编制面试题目的步骤

编制面试题目包括岗位分析、制定岗位题目编制计划、编制面试题目卡、试测分析、题目组合 5 个环节。

（1）岗位分析。面试时的测评要素要反映岗位的任职条件，在设计面试测评前，首先要弄清楚拟录用岗位的工作要求，任职者需具备的素质条件。所以，岗位分析是面试题目设计的基础。

（2）制订面试题目编制计划。对整个题目的编制工作进行总体设计，确定最基本的框架，为面试工作提供依据。制订面试题目编制计划时应明确的问题如表 5-1 所示。

表 5-1 制订面试题目编制计划需明确的问题

项目	内容
测评目的	明确为何进行测评及测评结果的用途
测评要素	根据岗位分析结果，进一步明确对哪些素质进行测评以及测评结果的质量要求
取材范围	根据测评要素的需要，明确选用哪些素材
题型	依据测评信度和效度的要求，明确采用哪些试题题型
其他	明确对命题工作的质量与数量的要求，明确工作程序与工作进度节点

（3）编制面试题目卡。规范化的面试需要编制“面试题目卡”，卡面内容包括题目、答案、用途（测评要素、预期效果等）、测评标准等。

（4）试测分析。面试题目编制好以后，选择一些被测者对题目的可行性、鉴别力、难度等进行测试，以确保题目的质量。通过试测查找、反馈题目中可能存在的质量问题，对题目进行完善。

（5）题目组合。在面试的实施中还需要根据测评目的、测评要素、测评群体等对题目进行组合，测评人员也可以针对被测者的作答情况进行相关问题的追问。

3）面试题目示例

表 5-2 为人力资源专员岗位的面试题目示例。

表 5-2 人力资源专员岗位面试题目

岗位职责	面试问题	面试形式
对应聘者进行面试，并将适合的候选人推荐给相应部门	（1）请举例说明你是如何招到一名研发人员的。 （2）请说明在录用人员时，如果你的意见与用人部门有分歧，你是如何处理的？	行为面试
对将要录用的人员进行背景调查	（1）举例说明，如何对候选人进行背景调查？具体应当询问哪些问题？ （2）如果在背景调查中发现，候选人的信息与候选人自己给出的信息不一致，如何处理？	行为面试 情境面试
新员工入职手续办理	（1）请讲述一下在上一家公司，你是如何办理新员工入职手续的？ （2）关于劳动合同的签署，需要注意什么问题？	行为面试
新员工入职培训	（1）你是如何组织新员工进行培训的？ （2）你在培训过程中遇到过什么样的突发问题？是如何处理的？	行为面试
协助经理编写人力资源管理制度	你编写过人力资源管理方面的制度吗？具体是如何操作的？	现场操作
社保的办理	（1）社保办理的流程是怎样的？ （2）目前社保的缴纳基数和缴纳比例是如何规定的？	专业测评

5.3　面试的组织与实施

通常来说面试的组织和实施主要包括 3 个阶段：准备阶段、实施阶段和评估阶段。

1. 面试的准备阶段

面试的准备阶段包含一系列比较复杂的工作：首先是面试题目的编制，其次是面试评分标准的确定，然后是面试官的选择与培训，接下来是面试场地的布置，最后是关于被测者的安排。

下面主要介绍面试评分标准的确定、面试场地的布置与被测者的安排。

1）确定面试的评分标准

编制完面试的题目后，面试官需要运用头脑风暴的方法，把可能的回答尽量列出来，并根据这些回答与职位胜任素质特征的吻合程度，进行分类和排序，制定相应的评分标准，最终形成面试评分表，尽量避免出现面试官分歧严重的情况。

在面试过程中，每位面试官需要将对被测者的评价填入面试评分表。面试评分表主要由 3 部分组成：第一部分是被测者的基本信息，即被测者的姓名、性别、应聘职位等；第二部分是测评要素及评价等级，测评要素一般包括个人修养、求职动机、语言表达能力、应变能力、社交能力、自我认识能力、个性特征、健康状况、进取心、相关专业知识以及总体评价，而评价等级一般分为差、较差、一般、较好、好 5 种；第三部分是对被测者的录用意见，一般有建议录用、有条件录用、建议不录用 3 种，并且要附上用人部门、人力资源部门及公司领导的具体意见和签名。表 5-3 是一张面试评分表样表。

表 5-3　面试评分表样表

<table>
<tr><td>姓名</td><td></td><td>性别</td><td></td><td>年龄</td><td></td><td>编号</td><td></td></tr>
<tr><td>应聘岗位</td><td colspan="3"></td><td>所属部门</td><td colspan="3"></td></tr>
<tr><td colspan="3" rowspan="2">测评要素</td><td colspan="5">评价等级</td></tr>
<tr><td>1（差）</td><td>2（较差）</td><td>3（一般）</td><td>4（较好）</td><td>5（好）</td></tr>
<tr><td colspan="3">个人修养</td><td></td><td></td><td></td><td></td><td></td></tr>
<tr><td colspan="3">求职动机</td><td></td><td></td><td></td><td></td><td></td></tr>
<tr><td colspan="3">语言表达能力</td><td></td><td></td><td></td><td></td><td></td></tr>
<tr><td colspan="3">应变能力</td><td></td><td></td><td></td><td></td><td></td></tr>
<tr><td colspan="3">社交能力</td><td></td><td></td><td></td><td></td><td></td></tr>
</table>

（续表）

测评要素	评价等级				
	1（差）	2（较差）	3（一般）	4（较好）	5（好）
自我认识能力					
个性特征					
健康状况					
进取心					
相关专业知识					
总体评价					
录用意见	建议录用		有条件录用	建议不录用	
用人部门意见： 签名：	人力资源部门意见： 签名：			公司领导意见： 签名：	

（资料来源：王丽娟. 招聘与录用[M].北京：中国人民大学出版社，2012:268.）

面试评分表编制完成后，接下来的工作是检验评分表的信度和效度。用人单位应该就此表进行充分讨论，以查漏补缺；有条件的公司要请咨询公司或人力资源专家对此表进行检验，以获得专业意见，提升表格的科学性；此外，还可以展开模拟面试，观察其信度和效度。一张成熟的面试评分表往往要经过多方检验。只有通过这些检验，才能使面试评分表真正具有较高的信度和效度，才能提升面试的科学性，才能为组织挑选出优秀人才。

2）布置面试场地

（1）面试场地的布置原则。好的场地将有利于面试的顺利进行，一般来说面试场地的布置要遵循以下 3 个原则。

① 因地制宜。这一原则要求组织在选取面试场地时，要考虑招聘岗位的不同、招聘职位的高低、应聘人数的多少、是否需要听众以及听众人数等客观条件。一般来说，较高职位的面试一般选取较小的场地，因为在较小的场地中更容易进行深入交谈，这与被测者平时的工作环境也比较相似，有利于其缓解压力；前来面试的人数越多，挑选的场地就应该越大。不同的岗位，面试的场地也会有所不同：某些需要展示技能的面试，需要在能提供相应设备的场地中进行；如果需要听众，则可根据听众人数的多少选择相应规模的场地。

② 平等尊重。面试是被测者和组织双向选择的过程，组织和被测者之间应该是平等的。这就要求组织在布置面试场地时，尽量使面试官和被测者席位的规格和档次保持一致，否则会大大影响组织的形象，也会给被测者带来较大的压力。

③ 气氛适宜。场地的整体风格会影响被测者的心理状态，对一般的面试来说，场地要尽量宽敞、富有亲切感，这样最有利于被测者舒缓紧张情绪，发挥出最好水平；但是如果要进行压力面试，则需把场地布置得严肃庄重，同时应选择较为

狭小的场地，因为这样会给被测者以心理上的压迫感，以考验其抗压能力。

（2）面试场地的具体布置。面试场地的布置主要分为以下 3 种：

① 圆桌式。面试官和被测者坐在同一张圆桌旁，这样可以最大限度地减少面试官与被测者的距离，使被测者感觉轻松自在，有利于被测者的发挥。

② 近距离相对而坐式。面试官与被测者在相隔不远的桌子两端相对而坐，此种方式使面试官与被测者保持一定的距离，既照顾了被测者的情绪，又使面试显得较为正式、专业，是大多数面试所采用的方法。

③ 远距离相对而坐式。面试官与被测者在相隔较远的桌子两端相对而坐，这种方式会增加面试的庄重性与严肃性，但是由于相隔较远，会影响面试官与被测者的交流。

在面试场地布置中还需要注意：第一，场记席应安排在面试官席旁边；第二，面试官与被测者的桌面布置应基本相同；第三，要在离面试场地不远处设置休息处；第四，要对面试官席、场记席、被测者席有明确标示；第五，应有共同的计时时钟。

3）对被测者进行安排

这一阶段的主要任务是通知被测者进行面试并准备好接待工作。工作人员需要通过网络、电话、短信等手段及时通知被测者面试的时间和地点，并且安排好面试接待人员，在休息处放置饮用水等必备用品，尽量为被测者创造舒适、宽松的环境。此外，还要合理安排面试时间和顺序，避免出现某些被测者等待时间过长的情况。

2. 面试的实施阶段

做好面试的准备后，就要开始正式进行面试，面试的实施一般分为四个阶段。

1）关系建立阶段

此阶段主要是面试官与被测者进行简单的沟通，聊一些比较轻松的话题，如天气、家乡、文化等。通过这种简单的寒暄可以迅速拉近面试官与被测者之间的距离，缓解被测者的紧张情绪，使得面试顺利进行。

此阶段可以提这样的问题：“你是湖南人？那很能吃辣吧？”“今天下雨了，你带伞了吗？”等等。

2）导入阶段

此阶段是从关系建立阶段到正题阶段的过渡。在此阶段，面试官会问一些被测者熟悉的、有准备的题目，如“能谈谈你在学校的学习和实践经历吗？”“能谈谈你对过去工作的看法吗？”“你认为自己最大的优点和最大的缺点分别是什么？”等。这一阶段主要是为了创造一个宽松的氛围，让被测者意识到考察已经开始但又不会过于紧张。

3）正题阶段

此阶段是考察被测者能力、素质最主要的阶段，面试官会就招聘岗位所需要的核心胜任素质对被测者进行询问，然后根据被测者的回答对其素质进行基本判断，作为录用与否的重要参考依据。在这一过程中，面试官应根据 STAR 法则来对被测者进行考察。

4）收尾阶段

主要问题都问完后，就进入到面试的收尾阶段。在这一阶段，面试官应检查前面所提的问题，看有无遗漏。同时，在面试的初期，被测者可能因过度紧张而表现不佳，这时需要给被测者填补漏洞的机会。此外，这一阶段也允许被测者向面试官提一些问题，被测者所提问题的好坏将直接影响其在面试官心中的印象。一般来说，好的问题应该显示出被测者的上进心和良好素质，如“我在入职后能得到哪些培训？培训的形式是怎样的？”“公司的职业晋升通道是怎样设计的？”等。当双方均无其他问题时面试结束，此时面试官应告知被测者通知面试结果的时间和方式。

3. 面试的评估阶段

面试结束后，面试官应该及时整理面试记录，对面试过程中出现的不清楚的地方互相交换意见，将自己的记录与面试前确定的评分要素进行比照，客观地打分，为录用决策提供重要参考。

5.4 面试测评的技巧和误区

1. “问、听、观、评”的技巧

1）如何“问”

面试的主要目的是通过提问了解被测者素质及能力的优势及差异，而不是去难倒被测者。因此，面试首先要坚持“问准”“问实”的原则。在此基础上，面试提问中还要使用一些必要的技巧，才能尽可能全面准确地获取被测者的信息并做出正确的评价。

（1）注意自然、亲切、渐进、聊天式的导入。在面试的导入阶段，应注意采用自然、亲切、渐进、聊天式的方式进行，特别是以被测者较为熟悉的问题开始，使被测者不至于那么紧张。比如“家住得离这儿远吗？路上堵车吗？”然后再逐步深入提问。以下是两个示例。

示例一：

“请坐，不要紧张！”

双方坐定后，面试官接着说：“好啦，我们开始面试吧，我要问的第一个问题是……”

示例二：

面试官一边给被测者指引座位，一边说：“请坐，你到这儿路上花了多少时间？路上交通还顺畅吧？”

待被测者回答完毕，接着问：“你到这里来工作有没有什么困难？”

被测者表示没有，又接着问：“你是从什么渠道知道我们的招聘信息的呢？为什么会对这个职位感兴趣？”

被测者回答后，再接着说：“那好，你能谈谈……”

比较上面两个示例，可以发现，示例二的导入更为自然、亲切，看似随意的聊天式问答，可以消除被测者的紧张心情，使被测者更快进入面试正题状态。示例一中，面试官出于好意提出的不要紧张，很可能会起到相反的作用。

（2）面试用语要通俗易懂、简明扼要。面试官的提问与谈话，要根据拟聘岗位的要求和被测者的情况进行调整，包括拟聘岗位的知识与技能要求，被测者的专业背景、经验背景等，要力求使用标准且不会给被测者带来误解的用语，避免使用过于专业或生僻的词汇或有积极或消极暗示的用语。

除压力面试等特殊要求外，一般不要提让被测者难堪的问题，也不要询问涉及被测者隐私的问题，还应注意尽量不要就某个枝节性问题（如对某个观点、学派之争）反复纠缠询问。

此外，提问还应简明扼要。问题描述时间以半分钟左右为宜，不宜超过一分半，超过这个限度，则会对面试官以及被测者造成理解上的障碍。

（3）选择适当的提问方式与技巧。

① 提问方式。面试中，常见的问题有开放性问题、封闭性问题、假设式问题、压迫式问题、总结式问题等，面试官需要有技巧地运用不同提问方式，以获得最需要的信息。

开放性问题较适合用于面试的开始阶段，这类问题能够给被测者提供足够的空间，所提的问题无法只用简单的一个词或一句话来回答，能启发被测者的思路。因而，被测者可以决定说什么，以及怎样说，回答是基于被测者较为真实的想法和感觉，能真实地展现被测者的素质水平。比如：“你在原单位工作时，一般是怎样被培训的？有些什么体会？”开放性问题的不足之处是难以界定某些想法、观点。

封闭性问题往往要求被测者在面试官表达一个特定的陈述后，做出“是”或“否”的确认性回答，刚好可以弥补开放性问题的不足，比如：“你在大学里是否经常参加学校组织的文体活动？”

假设式问题一般用于了解被测者的应变能力，比如：“有消费者投诉称本公司生产的瓶装水中有不明浑浊物并准备向媒体曝光，假如你是客户服务部经理，你将怎样处理这件事？”有时也是为了委婉表达某种意思，比如：“假如给你定的薪资标准低于你的预期，你怎么办？”

压迫式问题往往应用于压力面试中，带有某种挑战性，目的是创造压力情境，以此来考察被测者的抗压能力、应变能力与忍耐力。压迫式问题往往会以连串式提问的方式出现，比如：“从你的履历看，过去 3 年你换了 4 家公司，平均每家公司任职不到 1 年，你怎样证明你能在我们公司工作至少 3 年？”待被测者回答后，继续追问：“如果你入职后，发现实际情况和你之前的预期不一致，你还打算继续在我们公司留任吗？”

总结式问题往往出现在面试接近尾声的时候。为了防止遗漏重要的信息，且确认被测者之前的回答，面试官往往简要地概括之前的全部询问与回答情况，然后向被测者提问:“是这样的吗？”或“你确认我们刚才交流的就是这些问题吗？”如果被测者回答说“是”，表明面试双方已经就交流的内容基本上达成的共识。

此外，面试中还经常用到引导式问题，以征询被测者的某些意向、需求等；偶尔也会用到漫谈式的问题，漫谈式问题其实无特定的目的和被测评的岗位要求也无必然的联系，主要用于面试最初阶段消除被测者的紧张情绪，比如：“今天天气真好”“你吃过饭了吗？”等。

② 提问技巧。为了使被测者能尽可能真实全面地展示自身的相关素质，面试提问时应尽量先易后难、循序渐进，这有利于被测者逐渐适应面试的氛围，从而快速展开思路。

同时，面试官要注意一个问题与下一个问题之间的衔接，不必完全拘泥于事先规定的顺序，而是在被测者的回答中挖掘有追踪价值的问题，自然地转换到有关联性的下一个问题。而且，如果能敏锐地察觉出被测者的回答中有可深层挖掘的线索，还可以抓住这一关键点及时进行追踪式提问。因此，标准化与非标准化、结构化与非结构化的问题应适度结合，在内容、数量、顺序、时间上留一定的余地。

此外，当察觉被测者不太愿意回答某个问题时，可以采取声东击西的策略。例如，当被测者不太好意思谈薪酬待遇问题的时候，可以转问：“你熟悉的朋友们对这一岗位的薪资待遇一般都是怎样的要求？”被测者会认为说的不是自己的意见，而心情放松地回答类似问题，实际上许多情况下都是表达他自己的观点。

2）如何“听”

面试中面试官保持积极倾听是非常必要的，积极地听意味着在听的过程中积极思考并积极地提出适当的问题。面试中关于“听”的黄金规则是：面试官提问的时间约占总时间的 20%，听的时间为 80%。积极地“听”应注意以下几个方面。

（1）以耐心、聚焦的方式“听”。面试官应注重保持耐心，不能因对被测者的回答不满意而显得不耐烦，反而应积极介入，让被测者觉得你对他的谈话感兴趣，激发被测者尽可能自然流畅地表达自己的想法。

同时，面试官应尽量聚焦被测者的回答，从中发现所需要的特定信息。聚焦意味着面试官要将注意力汇聚于某个部分，而不是整个对象。聚焦还意味着面试官要善于通过言谈以及非语言表现来洞察被测者的内在素质，比如：说话言语急促的人一般具备较大的工作热情，但性格急躁、缺乏耐心；说话时眼神怯弱、声音细弱、双手放置拘谨的人一般较为内向且多为敏感型性格。

（2）善于发挥目光、点头的作用。面试沟通中，除观察外，面试官还要充分发挥眼睛的表达功能。面试官的目光要恰到好处，轻松自如，偶尔平视一下被测者的眼睛，但又不能盯着不放。俯视、斜视、长时间直视着被测者，会使其感到紧张和不平等。

面试官和被测者的目光距离一般为 1 米～2.5 米，面试官的目光大体应在被测者的嘴、头顶和脸颊两侧的范围内活动，同时伴以和蔼的表情及柔和的目光，使被测者感觉你对他感兴趣且在认真倾听。

在听被测者回答问题时，还应在适当的时候微微点头，示意对方你听懂了他的回答，或表示与对方有同感，适当的点头能给被测者营造轻松的气氛，同时也是对被测者的尊重。但是，不能在对方回答关键答案的时候点头，否则会被认为是对回答正确与否的暗示。

（3）善于把握与调节被测者的情绪。面试中，面试官要善于把握和调节被测者的情绪，使被测者能保持良好的状态。

当发现被测者出现紧张状态的时候，可以采用面试引入阶段的相关策略，让被测者的情绪稳定下来，待其冷静后再进入正题。具体的方法有“示弱术”“请教悦心”“亲切称呼”等技巧。

“示弱术”即强调被测者在某方面更在行，从而增强被测者的信心。例如：“你在这一行干了十多年，肯定比我这个门外汉要内行得多……”

“请教悦心”即适时以请教的语气同被测者交谈，以唤起被测者的优越感，使其放松。例如：“听说你在……方面非常有经验，我想向你请教一下关于……的问题。”

“亲切称呼”即称呼被测者“小王”“老陈”，或者直呼其名而不称姓。这种称呼比较亲切随意，有利于其放松心情。

当被测者情绪过于低落的时候，可以适当采取夸奖、鼓励、刺激等方法。比如，当被测者对上一个问题的表现不太满意而情绪低沉时，可以对其进行鼓励支持，可以说：“刚才可能是你没发挥好，我觉得你的实力应该不止于此，要争取将潜力发挥出来。”或者说：“现在的这个问题对于你来说可能有些难度，但好好思考下，应该能回答好的。”

在被测者情绪低落时切忌“不当强化”。所谓“不当强化”是指针对事件本身进行直接鼓励，比如当被测者因对某一问题明显不熟悉而表达不流畅、有点结巴的时候，对被测者说：“别紧张，想清楚了再说。”这样可能适得其反，使被测者更加紧张。

有时候，面试中的被测者对面试官怀有警戒心理，担心面试官会故意刁难或窥探自己秘密或隐私。这种情况下，面试官可采取夸奖技巧，一般情况下被测者受到夸奖后会产生一种兴奋感，随之逐渐放松下来警戒的心理。尤其是当被测者受到夸奖后会认为自己在某一方面的能力或素质名副其实，产生主动表达的欲望。

3）如何“观”

“观”的目的是为了“明察”，是面试成效的关键环节。

“观”的原则包括以下 4 点：

（1）目的性原则。目的性原则是指面试官事先要明确面试的目的、面试的内容及面试的评价标准，面试活动要紧紧围绕这些目的进行，这样才能从被测者诸多行为反应及表达中，敏锐地捕捉到符合面试目的的有价值的信息。

（2）客观性原则。客观性原则是指面试官在面试中不应掺杂任何主观意志，应根据被测者的实际表现进行客观判定。由于任何人都难免会受自己的主观感知的影响，面试中应尽量确定较为标准化的评价标准。

（3）全面性原则。全面性原则是指面试官应从多方面去把握被测者的内在素质，根据其整体行为表现系统完整地进行测评，而不能只凭局部的行为或反应就妄下断言。还应创设相关情境，观察被测者在被激发或受干扰的状态下表现出的行为反应。

（4）典型性原则。典型性原则是指要善于从被测者众多的行为反应中，抓住真正能够从本质上揭示被测者素质的关键性、典型性的行为反应。

小专栏 5-9

孔子择徒中的“观”①

相传孔子有三千弟子，七十二贤。孔子的三千弟子多是慕名而来，对于这些人，孔子坚持“有教无类”的思想，采取来者不拒、去者不止的态度。但是，孔子担心失人，对前来拜师的人都要考察其言谈举止、仪表气质等。例如宰予“辩口利辞”，孔子很高兴地收归门下，但后来发现宰予言行不一、徒有虚名。孔子

① 肖鸣政. 人员素质测评（2 版）[M].北京：高等教育出版社，2007:209-210.

见澹台子羽相貌甚恶，以为才薄，只勉强收留门下，让其“退而修行，行不由径”，即只是将其列为旁听弟子。后来澹台子羽在楚国办学成绩很大，名扬诸侯。孔子后来自我检讨说：“吾以言取人，失之宰予；以貌取人，失之子羽。”

孔子观人的经验教训说明了一个道理，面试既不能仅凭言取人，也不能仅凭貌取人，而要“听其言而观其行”，要“视其所以，观其所由，察其所安”。

4）如何“评”

面试经过“问”“听”“观”后，最后一个环节就是“评”。“评”要注意以下5个方面的问题。

（1）合理设计测评标准的等级并进行量化。针对面试内容的各维度、评价要点、与评价要点相对应的提问（即细化后的评价指标），可以按3级、5级或7级等划分评价等级，每一等级赋予一定的标准内容。例如，可将面试成绩按“优、较好、中、较差、差”划分为5个等级，每一项测评内容均可以按照这5个等级划定评分标准。

划分等级后，就需要进行量化，即对各等级予以标度。标度一般有两种基本形式：一是定量标度，也就是采用分数的形式进行标度。例如，百分制中的“100分、80分、60分、40分、20分”等，或分数的区段“90分及以上、80～90分、70～80分、60～70分、60分以下”等。二是定性标度，如“优、较好、中、较差、差”，或“甲、乙、丙、丁、戊”。大多数情况下，定量标度与定性标度实际上存在着一定的对应关系，可以按一定的标准进行相互转化。但是，一些平行或不可比的标准，就不一定存在着对应关系，比如气质测定中的多血质、黏液质、抑郁质、胆汁质等。

（2）恰当表达测评标准。常见的测评标准表达形式有以下4种：

① 评语短语式指用一组对事物优劣、好坏、是非、大小、高低、个数、程度、范围、性质等判断及评论的短语来表示不同的水平刻度。例如，仪表的评价标准可以表述为：“仪表端庄、举止得体”，“仪表端庄、举止尚可”，“仪表一般、举止一般”。

② 等级分列式指以若干等级分列来表示不同的水平刻度，比如，针对人际协调能力，从极强到极弱分设a、b、c、d、e 5个等级。

③ 操作定义是指在设定面试测评标准时，将最理想的行为描述出来，设定为满分，然后将被测者的具体表现同最理想的行为进行对比，赋予一个分值。例如，针对“应变能力”的评价标准可如表5-4所示：

表 5-4　操作定义式测评标准示例

被测者姓名：			拟聘岗位：	
面试要素	面试要素一 ……	面试要素二 应变能力	面试要素三 ……	面试要素四 ……
权重	30%	30%	25%	15%
满分值	10 分	10 分	10 分	10 分
满分定义	……	有压力状况下思维反应敏捷、情绪稳定、考虑问题周到	……	……
考官对要素的评分	……	9 分	……	……

④ 极端特征式是指在设计面试测评标准时，对最高分、最低分对应的特征给予明确的定义，然后根据被测者的实际表现和标准的比较结果确定被测者的分值，示例如表 5-5 所示。

表 5-5　极端特征式测评标准示例

被测者姓名：		拟聘岗位：	
面试要素	高分特征（满分）	低分特征（0 分）	对被测者的评分
1. 举止仪表 （满分值 10 分）	文化素养高；衣着打扮得体、穿着整齐；言行举止恰当；无多余的动作	文化素养差；打扮不得体，穿着不整齐；言行举止不恰当；多余动作较多	9 分
2. 情绪稳定性 （满分值 15 分）	情绪稳定；有耐心；承受力强	情绪易激动；易急躁；对外部压力特别敏感	12 分
……	……	……	……
……	……	……	……

（3）分项测评与综合印象测评相结合。一般而言，面试中对被测者测评的内容及反馈的信息非常多，如果拘泥于细节，就难以对被测者形成全面的整体判断；如果只凭总体直觉，又很可能忽略掉被测者的某些重要素质。因此，为了提高面试结果评价的准确性，需要将分项评判和综合印象评判相结合。在实际操作中，往往将被测者的测试结果分为若干个大的维度，每个维度都能衡量被测者某一方面的特定的素质，其评价得分作为分项评判的结果。同时，针对不同维度的权重计算一个总分，并请面试官根据对该被测者的整体感官给予一个总体评语，形成综合印象评判。

（4）注重通过比较进行评判。面试中可能存在着一些难以准确定义与把握的素质维度，采用比较的方法进行评判是克服这一问题的有效策略。比如：可在不同被测者之间进行比较，即观察不同被测者在同一测评项目上的反应差异进行比较；还可以将同一被试者在前后不同的问题的行为反应进行比较。

（5）兼顾对行为过程与结果的评判。笔试主要侧重于对测试结果的考察，而面试则既注重行为反应的结果，又注重行为反应的过程。被测者的言语表达、仪表举止、反应速度等能展现诸多有用的信息，而这些过程性的信息恰好可能是拟聘岗位所需要考察的重要素质。

2. 面试中的常见错误

在面试过程中，一些经验不够丰富的面试官经常会陷入各种各样的误区，这些误区大部分是由心理因素引起的，很难察觉，却会对面试结果产生重要影响，下面将分别介绍面试中常见的几个错误。

1）首因效应

首因效应也叫第一印象，是指面试官通常在面试开始几分钟甚至在看到简历时就对被测者有了判断，后续的面试活动通常很难改变这种判断，从而造成认知上的偏差。研究表明，第一印象在面试中占据十分重要的地位，难以给面试官留下较好第一印象的被测者，其面试成功率非常低。在面试活动中，被测者的简历和仪表是第一印象的重要组成部分，许多面试官对被测者的第一印象往往由这两个因素决定。举个简单的例子，如果一位被测者来参加面试时衣着不整洁，就会给面试官留下不礼貌、不注重细节的第一印象，这种第一印象会一直持续到面试结束。首因效应会大大影响面试的效度，降低企业选人用人的科学性，可能使企业与真正优秀的人才失之交臂。

2）晕轮效应

晕轮效应又称光环效应、联想效应，是指被测者某一方面的突出特点掩盖了其他方面的特点。晕轮效应会使面试官产生以偏概全的错误，在面试上表现为：被测者某一方面表现好，其他方面表现一般或较差，面试官却注重被测者好的那一面，从而武断地认为被测者每个方面都好，这样的判断无疑是不准确的；反之，被测者某一方面表现较差，但其他方面表现较好，面试官却只关注较差的部分，从而认为被测者整体都差，这样的做法也是受晕轮效应的影响，无疑是应该避免的。

3）近因效应

近因效应是指人们对最新发生的事情往往记忆比较深刻，在面试过程中表现为：一位被测者在前一阶段的表现比较出色，但在最后阶段的表现较差，面试官更多地记住的是被测者最后阶段的表现，这对被测者是非常不利的；反之，被测者在前一阶段的表现较差，但在最后的表现比较好，这也会造成面试官的不公平评价。

4）负面效应

这种效应是指面试官对被测者的印象容易从好变坏，而不易从坏变好。事实上，很多面试就是寻求负面信息的过程，负面信息比正面信息更能受到面试官的重视，如果被测者在面试的前期阶段表现不好，但后来表现较好，面试官也会因为负面效应的影响而难以给被测者高分。

5）对比效应

面试过程中，面试次序的差异将会在很大程度上影响面试官的评价，面试官难免会对各位被测者的表现做出对比和评价，而这种对比会影响到整场面试的效度和公平性。举个例子，如果连续出现几位表现较差的被测者之后，突然出现一个表现较为普通的被测者，则面试官可能会给这个被测者打一个相当高的分数，但继他之后连续出现的几个表现普通的被测者分数可能会比他低，事实上这个被测者并没有那么好，只是因为与前面几个被测者做对比而显得好。毫无疑问，对被测者的高估将对应聘结果产生不利影响。

6）刻板印象

刻板印象是指对某个特定的社会团体或阶层有着特定的看法，并用这个看法来评价属于这个团队或阶层的人。例如，面试官通常会认为90后比较有个性、名牌大学毕业的学生能力比较强等。刻板印象有利于面试官在众多的被测者中快速理清头绪，但是也会给面试带来很大的片面性，因为每个人都有自己的特性，刻板印象可能会使面试官判断失误，埋没真正优秀的人才。

7）类我效应

在面试过程中，面试官可能会因为被测者与自己有相似的经历或者在性格、爱好等方面存在相似之处，选择性地忽略被测者的其他缺点，给被测者打高分，这种做法就是受类我效应的影响。例如，面试官可能会对在面试过程中遇到的老乡或从同一所学校毕业的被测者产生好感。

8）非语言行为

面试过程中的非语言行为也会对面试结果产生影响。研究表明，在面试过程中经常微笑、与面试官眼神接触比较频繁的被测者所得的评价相对较高。

本章小结

（1）面试是一种经过精心设计，采用测评者与被测者面对面双向沟通的形式，通过倾听和观察被测者在面试过程中的语言与行为表现，来全方位了解其有关素质、能力及应聘动机等信息的一项人员素质测评技术。在对被测者的求职动机十分看重时或是对笔试中难以获得的信息十分看重时，会采用面试这一手段。

（2）面试的特点有：内容灵活，针对性强；面试是双向沟通的过程；对象的单一性；信息的复合性；判断的主观性。

（3）面试依据所达到的效果，分为初步面试和诊断面试；依据参与面试过程的人员，分为个别面试、小组面试和成组面试；依据面试的组织形式，分为结构型面试、非结构型面试与混合型面试；依据面试的内容，分为职位能力面试、情境化面试、行为描述面试和压力面试。

（4）面试题目的设计一般遵循以下 4 个原则：针对性原则、鉴别性原则、思想性原则、延伸性原则。

（5）面试的题目包括背景性问题、知识性问题、智能性问题、情境性问题、行为性问题和意愿性问题几个类别。

（6）面试中的行为性问题通常采用 STAR 法则提问。

（7）面试中的认知偏差有首因效应、近因效应、晕轮效应、偏见效应、刻板印象、相似效应、对比效应等。

复习与思考

（1）面试的主要类型有哪些？各有什么特点？

（2）压力面试和非压力面试分别适用于什么面试情境？

（3）简述面试试题的设计步骤。

（4）面试中，面试官有哪些“问”的技巧？

（5）面试中，面试官有哪些“听”的技巧？

（6）面试中，面试官有哪些“评”的技巧？

（7）在面试中面试官常见的错误有哪些？

课后案例

结构化面试示例

使用说明（考官必读）

一、本次面试每位被测者的面试时间为 15 分钟。面试时必须按题本排列顺序向被测者提问。

二、考官提问应尽量口语化，避免生硬念题。

三、每道题都附有评分参考。评分参考只是提出了一些原则要求，并不是标准答案。面试中考官可以此为参考，根据自己对各题的理解，对被测者的答题情况做出科学、客观、公正的评价，而不要拘泥于评分参考。

四、在主考提问前，试题签必须交给被测者。被测者答完题目后，保密员应立即收回题签，以备下位被测者使用。

五、言语表达能力和举止仪表等测评要素可能不单独设题，考官应综合考虑被测者回答问题时的实际表现，为其打分。

六、《结构化面试评分表》（供考官使用）和《结构化面试成绩汇总表》（供统计成绩使用）《结构化面试评分平衡表》《参考人员面试次序表》《面试监督情况记录表》可由组织人事部门自行印制。

七、根据保密规定，此题本属绝密材料，私人不得留存。面试结束后，题本及各类评分表格由组织人事部门负责收回，交人才评价发展中心保存。

面试题

你好，今天的面试是希望通过我们的交谈，增进对你的了解。我们会问你一些问题，要求你谈谈自己的见解，面试时间为15分钟，要回答的问题有3个。回答每个问题前，你自己可先考虑一下，不必紧张。好，现在面试开始（提示：开始计时）。

一、第一个问题

中国中铁一局集团有限公司高级技师窦铁威，初中文凭，在自己的工作岗位上苦干加苦学，三十年完成了由实干型、技能型向知识型工人的跨越，成为著名的电力专家。他的成才给人什么样的启示？

【出题思路】

考察被测者的综合分析能力。

【观测要点】

（1）透过现象把握实质的能力。

（2）对问题分析透彻，条理清晰，阐述全面，论证合理。

（3）有基本的理论素养。

【评分参考】

（1）窦铁成的成才之路给我们很多启示：成才的道路是广阔的、多种多样的。

（2）强烈的事业心和刻苦钻研精神是成才的前提和基础。

【评分标准】

好：能深刻辩证地分析问题，论证合理充分，有说服力。

中：能结合实际谈观点，论述问题较清晰，但分析不够透彻。

差：泛泛而谈，没有自己明确的见解，或持偏激的观点而没有相应的论据支持。

二、第二个问题

国家某部一行七人来我省进行考察调研，组织决定让你来承办该次接待的具体联络工作，请谈谈你的计划。

【出题思路】

情景性问题，测查被测者的计划组织协调能力。

【观测要点】

（1）方案的全面性，可行性。

（2）组织工作的条理性、灵活性，充分利用资源。

（3）有效组织活动。

【评分参考】

（1）做好接待前的准备工作，了解来我省考察调研人员的基本情况、调研目的、日程安排、接待规格、接待的礼仪及忌讳事项等。

（2）拟订接待方案，包括被接待人员的食宿安排、考察调研内容、接待场地、陪同人员安排、接待车辆及行程安排。

（3）将接待方案报领导审定以后，予以印刷。组织相关工作人员召开协调会，明确并落实参加接待人员的工作职责，做好接待场地的布置等工作。

（4）协助领导做好接待工作，及时联络各环节工作人员，做好会议记录。并根据情况，适时组织新闻媒体进行报道。

【评分标准】

好：有较周全的计划安排，能组织协调多方有效率地开展工作。

中：有计划安排，有一定的组织协调能力。

差：方案简单，缺乏可操作性，组织协调能力差。

三、第三个问题

假如有这样一种情况，你和某同事的学历、资历、年龄等条件基本相同，工作能力和业绩你还略胜一筹，结果同事升职了，而你却仍然在原职位，对此你有何想法？

【出题思路】

考察被测者的应变能力、主动协调人际关系的意识以及解决问题的能力。

【观测要点】

（1）思维敏捷、情绪稳定、反应迅速。

（2）随机应变，表情和言语自然。

（3）人际合作的主动性、处理人际关系的原则性与灵活性。

（4）人际间的适应，有效的沟通，适当的改变。

【评分参考】

（1）遇事不惊，不否认这种情况在当今社会是存在的。

（2）向同事表示祝贺，并积极配合他开展工作。

（3）剖析原因，从中汲取经验，增强沟通意识和改变工作方法，愿意为改变自身的弱点而做出努力。

【评分标准】

好：态度积极，处事稳妥，沟通顺畅。

中：有较好的沟通意识，基本掌握人际交往的意识与技巧，但方法欠妥。

差：固执己见，或者盲从，缺乏沟通。

四、言语表达能力（不单独设题）

【观测要点】

（1）口齿清晰，用词准确，比较流畅。

（2）阐述问题有条理，逻辑性强。

（3）表述要有说服力和感染力。

【评分标准】

好：善于倾听、理解，口齿清晰、流畅，阐述有条理，逻辑性强，用词准确，有说服力和感染力。

中：表达顺畅，条理基本分明，有一定的逻辑性、说服力和感染力。

差：不善于理解，表达不顺畅，阐述无条理，缺乏说服力、感染力。

五、举止仪表（不单独设题）

【观测要点】

（1）穿着打扮是否端庄得体。

（2）言行举止是否符合一般礼节。

（3）身体和精神状态。

【评分标准】

好：穿着打扮端庄得体，举止大方。

中：穿着打扮较端庄得体，举止基本自然。

差：穿着打扮过分夸张，举止不自然，过分紧张或心不在焉。

实训任务一

【实训目的】

掌握面试的实施流程，掌握作为面试官的面试技巧以及作为求职者的面试应对技巧。

【实训内容】

（1）给学生提供一个企业招聘案例作为背景材料，要求学生为该企业设计招聘方案与招聘实施流程。

（2）针对拟招聘的具体岗位，要求学生编制岗位胜任素质表，并设计面试问题。

（3）将学生分为若干小组，每个小组 6～10 人，进行角色扮演与情景模拟，每个小组内指定 1～3 名同学扮演面试官，5～7 名同学扮演求职者，进行模拟面试。

【组织与评价】

（1）教师对面试的实施流程、面试问题的设计及面试技巧进行简要讲授和说明。

（2）教师对背景材料进行讲解。

（3）将学生分成 6～10 人一组，分别指定面试官扮演者和求职者扮演者，由教师明确实训任务和实训内容后，学生分组完成。

（4）在分组实训过程中，教师轮流到各组观察，并提供即时答疑和协助。

（5）分组模拟面试完毕后，各组选派代表总结心得体会。

（6）教师对实训的内容及学生的心得体会进行点评和指导。

实训任务二

【实训目的】

掌握面试中“问”的技巧。

【实训内容】

某民营企业的总裁在面试副总职位的应聘者时问了 3 个问题。

（1）我们公司这个职位要带领十几个人的队伍，你认为你带人带得怎么样？

（2）你在团队工作中表现如何？你所应聘的这个岗位需要与人交流、沟通，你觉得你是否具备良好的团队精神？

（3）我们公司刚刚设立这个职位，工作压力很大，并且出差的时间也比较多，你觉得你能适应这种高压力的工作安排吗？

你觉得该总裁面试时的提问方式有不妥的地方吗？为什么？如果你是这位总裁，你会以什么样的方式对面试者进行提问？

【组织与评价】

（1）阅读案例，随后分组进行讨论。

（2）组内整合观点并进行阐述。

（3）任课教师就每组观点进行点评。

实训任务三

【实训目的】

掌握面试评定设计。

【实训内容】

假如你是某公司的人力资源部的工作人员，校园招聘很快就要到来，现在需要编制一份面试评分表，这份面试评分表除了包括一些基本的测评要素，如综合分析能力、言语表达能力、应变能力、计划组织协调能力等，还要能够反映面试者的创新能力、变革能力、战略管理能力等。请用一周的时间完成。

【组织与评价】

（1）学生就面试评分表的编制进行解释说明。

（2）学生互评，随后任课教师就学生编制的评分表及说明内容进行点评和指导。

6

心理测验

学习目标

（1）掌握心理测验的定义；
（2）掌握心理测验的5个构成要素；
（3）掌握心理测验的优势与不足；
（4）掌握心理测验的种类；
（5）掌握心理测验的形式；
（6）掌握心理测验的实施步骤；
（7）理解人格测验的基本理论；
（8）掌握人格测验的工具：自陈量表和投射测验；
（9）掌握能力与智力的区别；
（10）理解能力与智力的基本理论；
（11）掌握具有代表性的智力测验和能力测验。

引例

心理测验在飞行员选拔中的作用

1985年，美国联合航空公司进行的一项调查，揭示了一个令人震惊的结果：在过去二十年中，全国各地共发生过5 000起空难事件，其中，只有15起是属于机器故障。这项调查报告发表以后，立即受到各大航空公司的重视，他们着手改变过去只凭技术、资历和飞行时速对驾驶员进行测评的管理方法，开始引进心理测验。在甄别录用驾驶员智力高低、能力大小的同时，鉴定驾驶员的个性类型等，以便录用的驾驶员能组成一个最佳状态的飞行组。

1926年，在美国飞行学校的学员中，有87%的人因飞行不佳被淘汰，其原因是空中飞行心理适应性不佳，直到第二次世界大战期间及其后，随着心理测验在人员测评中不断发展、完善和普及，因飞行不佳而被淘汰的人数才开始下降。例如，美国空军的淘汰率由70%降至36%；法国空军的淘汰率则由61%降至36%。

有人在计算飞行学校选拔学员的经济效益时指出，培养一名飞行员的费用不少于70 000美元，而淘汰成绩不佳者一般是在培训进行了1/3时进行的，等于浪费了25 000美元。实施心理测验前每培养100名合格飞行员，就要对397名学员进行培训；而采用心理测验进行选拔后只需要培训 156 名预备学员就足够了，比进行心理测验前可以节省 600 万美元，这样既提高了职业部门和培训部门的经济效益，也有利于人员素质测评的进一步推广。

另有资料表明，经过心理测验选拔的货运汽车司机肇事和造成伤亡的数量，比未经过选拔的司机减少了 73%。

（资料来源：唐宁玉.人事测评理论与方法[M].大连：东北财经大学出版社，2011.）

案例思考题

（1）你觉得心理测验技术到底是什么？它为什么会发挥如此重要的作用？

（2）从案例中可以看出，未来企业的人才选拔方法会有何趋势？

面试、笔试、心理测验和评价中心，是现代人员测评常用的基本方法，其中，心理测验的应用也非常方便、常见。本章在对心理测验的内容进行概述的同时，还重点介绍心理测验中的人格测验和能力测验。

6.1 心理测验的含义

1. 心理测验的定义

心理测验是什么？不同的学者有着不同的看法。美国心理与教育测量学专家 F. G • 布朗（F. G. Brown）认为，测验是“测量一个行为样本的系统程序”，而美国著名学者 A • 安娜斯塔西（A. Anastasi）对心理测验的定义是“心理测验实质上是行为样组客观和标准化的测量”。

一般来讲，我们可以把心理测验简单地理解为：通过对一部分人某些代表性行为的研究来推断人们在全部行为活动中的心理状态和变化的一种方法。

2. 心理测验的五个构成要素

完整的心理测验包含 5 个方面的内容：行为样本、标准化、客观性、信度和效度。下面对这 5 个构成要素分别进行介绍，以便大家对心理测验有一个更加全面的了解。

1）行为样本

心理测验中对被测者心理特征的测量是间接展开的，即通过观察被测者对某一试题的行为反应来判断被测者的心理特征。行为样本是指一组能够表明人的某一心理特征水平高低的有代表性的行为。在选择行为样本时，需要注意以下几点要求。首先，行为样本要能够代表总体行为，即具有代表性。样本的代表性直接决定了一个心理测验的质量，样本的行为必须能够代表大部分群体可能出现的习惯性行为。因此，那些特立独行的反应性测验是无法对日常生活中的行为进行预测的，也是我们在人事测评的心理测验中需要避开的。其次，为了准确预测出被测者的心理活动，心理测验题目要有代表性。那些不要求被测者做出任何显示心理状态的行为的测验都不属于心理测验，如视力检查、音乐基本能力测验等。

2）标准化

心理测验的前期准备过程和实施过程、评估过程都需要实现标准化。为了能够保证测验的公平性和有效性，必须确保所有被测者面临的测验条件是相同的，即心理测验的问卷编制、施测、结果的处理和呈现都必须保持一致性，这样才能有效预测和比较个体的心理特征。测验标准化的一个重要步骤是测验的编制，需要编制者为测验提供完备详细的说明，让测评人员和被测者都能更好地理解题目。此外，编制者还需要建立常模，通过经验性的历史资料确定最后结果的评估和参照标准。

3）客观性

客观性是指心理测验的实施和结果的评估都不能掺杂任何主观因素。保证心理测验的客观性主要是保证题目编制的客观性，要通过严谨科学的选题、分析、试测等环节对测验问卷进行调整，剔除过于简单和过于困难的题目，保证题目能更好地测出大部分人的心理特征。

4）信度

信度是指心理测验的可靠性程度。如果测验是真实可靠的，那么同一组被测者使用同一测验所得到的分数应该保持一致。一致性程度越大，信度越高。信度包括重测信度、复本信度、同质性信度和评分者信度等。一般来说，学业成就测验对信度的要求最高，应在 0.90 以上；人格测验和兴趣测验一般应达到 0.70～0.80。

5）效度

效度是指测验的有效性程度，也就是测验的结果和真实结果的相关程度，是测验结果真实可靠的另一个重要衡量标准。有很多方法能够提高心理测验的效度，比如在前期的材料准备阶段要根据测验目的严格规范地编制问卷，在内容的选择和难度的设置上做到适宜。

3. 心理测验的优劣势分析

与其他测评方法相比，心理测验有很多独特的优点。首先，心理测验具有科学性。心理测验有着很深厚的心理学理论基础，一个人的心理特征能够有效预测其未来的行为表现。目前对心理测验的研究已经比较成熟，出现了很多具有较高信度和效度的心理测验技术，能够较为科学地考察个体的心理特征。其次，心理测验具有公平性。心理测验有着严格的实施规范，测验结果比较公正客观，很少受到测评人员的晕轮效应、类我效应、近因效应等主观因素的影响。最后，心理测验具有便捷高效的特点。心理测验的实施过程通常比较简单，也比较适合大规模进行，因此可以迅速了解一个人的心理状态、个性特征和能力水平，从而帮助组织迅速做出判断。

心理测验有很多优点，但它的缺点也比较明显。首先，心理测验的准备工作需要花费大量的人力、物力和财力。随着时代的发展，人的心理特征结构不断发生变化，传统的心理测验越来越不能满足实际的需求，需要对其进行修订和更新，尤其是一些用于大规模职业选拔的心理测验，更需要投入很大的精力去编制、试测和修改。其次，心理测验对测评人员的能力有很高的要求。为了保证测验过程和评估的客观性，需要选择合适的测评人员并对其进行相应的培训。最后，心理测验的结果容易受到被测者主观性的影响。被测者有可能提前准备过相应的心理测验题目，或者在实际测验过程中为了获得有利于自己的结果而隐藏真实想法，这些都会造成测验结果的失真。

4. 心理测验的种类

心理测验依据不同的标准，可以划分为不同的类型。

1）按照测验的内容分类

（1）人格测验。人格测验也称为个性测验，主要用于测量人的性格、气质、兴趣、态度、动机、需要、心理适应性、品德等方面的个性心理特征，即个性心理特征中除能力以外的部分。

（2）能力测验。能力测验可分为一般能力测验和特殊能力测验。一般能力测验指的是智力测验，测量人最基本的能力，如观察能力、想象能力、思维能力等。特殊能力测验测量的是个体在音乐、美术、文字、机械、飞行等专业领域的特殊能力。

能力测验还可以分为实际能力测验和潜在能力（能力倾向）测验。实际能力是指个体当前“所能为者”，代表个体已有的能力；潜在能力是指个体将来“可能为者”，代表个体被给予一定的学习机会时，某种行为可能达到的水平。一般情况下，我们把实际能力测验称为能力测验，潜在能力测验称为能力倾向测验，实际上，两者并不容易分开。

（3）成就测验。成就测验主要用于测量个体经过某种正式教育或训练之后对知识与技能的掌握程度。由于它所测的主要是学习成绩或学业成就，因此，人们也称这一类测验为学绩测验或成就测验。

无论是能力倾向测验还是成就测验，所测的都是个体在其先天条件下经由后天学习的结果。不过，成就测验多是测量有计划的或比较确定的情境（如学校）下学习的结果，而能力测验则偏重于测量较少受控制或不太确定的情境中所学的结果，也就是个体在其先天条件下经由经验积累的结果。

2）按照测验的要求分类

（1）最高行为测验。最高行为测验要求被测者尽可能做出最好的回答，答案有正确和错误之分，认知测验多属于最高行为测验，如智力测验、成就测验。

（2）典型行为测验。典型行为测验要求被测者按照通常的习惯方式做出反应，答案没有正确与错误之分，只是反映个体习惯的行为模式。人格测验均属于典型行为测验。

3）按照测验的对象范围分类

（1）个别测验。个别测验是每次只能测量一名被测者的测验类型，通常由一位施测者与一位被测者在面对面的情形下进行，如比奈-西蒙量表。个别测验的优点是施测者对被测者的行为反应有较多的观察和控制机会，对某些特殊的测试对象，如幼儿、文盲等，只能实施个别测验，个别测验的缺点主要是费时以及测试程序较复杂，主试需要经过严格的训练。

（2）团体测验。团体测验是在同一时间内由一位施测者同时测量许多名被测者的测验类型。团体测验的优点是能够在短时间内收集大量的材料，一般说来，团体测验的程序相对简单些，因此，施测者不必经过严格训练。团体测验的主要缺点是施测者不易观察和控制被测者的行为反应，容易产生误差。在通常情况下，团体测验可用于个别测试，但个别测验则不能以团体方式施测。

4）按照测验的方式分类

（1）纸笔测验。纸笔测验是将由文字组成的各种问题呈现给被测者，并通过分析其应答的结果来推断其相应的心理特征。纸笔测验实施方便，团体测验多采用这种方式。心理测验中自陈式量表就是典型的纸笔测验，由于该种测验中呈现的刺激和被测者的任务是明确的，因此也称之为构造性测验。

（2）投射测验。投射测验是将没有明确意义或含义比较模糊的图片或填充题等构成的测验项目作为刺激呈现给被测者，观察并分析被测者的反应特点。在投射性测验中，刺激没有明确意义，问题模糊，对被测者的反应也没有明确规定。

（3）操作测验。操作测验是用实物的或模型的工具所构成的测验项目，让被测者操作，观察其完成动作的速度、特点及准确性，从而推断其相应的心理特征。操作素材可以包括图片、实物、工具、模型等，操作测验多采用个别测验的形式。例如，在招聘机床操作工人时，大多都会让应聘者亲自操纵或模拟操纵实物，作为判断其能力的重要依据。

5）按照测验的主体分类

（1）自评测验。自评测验也称自陈式测验，即测验时让被测者评价自己的行为表现或心理的特点。在自评测验中，每个测验题目由被测者自己对自己的情况作出评价，然后综合各个试题的得分情况来分析被测者的心理特征。

（2）他评测验。他评测验则是由其他主体对被测者的行为表现或心理特点进行评价，得出相应的测评结论。

6）按照测验分数解释的参照标准分类

（1）标准参照测验。标准参照测验是指将测验的结果根据事先制定的标准加以解释的一种测验，它为人们提供了有关被测者是否达到某种行为标准水平或要求的信息。

（2）常模参照测验。常模参照测验是指将某个常模团体的测评结果作为参照标准而对测验结果加以解释的一种测验。所谓常模，指的是有代表性的被测样本测验分数或行为表现的分布情况，最常见的常模表示方法是标准分数常模和百分位数常模。

另外，根据测验的目的不同，还可以将心理测验划分为描述性、预测性、诊断咨询性、选拔性等形式；按照测验的应用领域可以分为教育测验、临床测验以及职业测验等。

5. 心理测验的形式

心理测验的形式指测验的表现形式，它由刺激和反应两个方面组成，划分标准不同，其分类也不同。

1）结构明确的问卷法、结构不明确的投射法

这是依据测验目的与意图表现的程度划分的。其中，结构明确的问卷法是指为多角度了解被测者的素质状况，设计出一系列具体明确的问题，要求被测者针对问题按实际情况作答。结构不明确的投射法是指让被测者在不受限制的情况下，对各种图形、墨迹、词语等自由地做出反应，根据反应结果来推断该测验的结果。

2）自由反应型、限制反应型

这是依据测验时被测者反应的自由度划分的。其中，投射测验就属于自由反应型，而强迫选择则属于限制反应型。投射测验法是指向被测者提供一些意义比较含糊的刺激情境，让他在不受限制的情境下，自由做出反应，测评人员分析反应的结果，便可推断他的人格结构。强迫选择法以多项选择题的形式，测评与工作绩效相关的个性特征或行为，是要求选择出最能反映或是最不能反映被测者行为表现的方法。测评人员并不知道评价结果到底是高还是低或是中等，这就避免了趋中倾向。

3）纸笔测验、操作测验、口头测验、网络测验

这是按照测验方式划分的。其中，纸笔测验的实施比较方便，团体测验一般采用此种方式进行，但纸笔测验中的文字材料易受被测者文化程度的影响。操作

测验多是通过被测者对图片、实物、工具、模型的辨认和操作来测试，但不适宜团体测验，且要花费大量的时间。口头测验的测验项目是言语材料，测评人员口头提问，被测者进行口头作答。

随着网络的不断发展，被测者通过网络进行心理测验的频率也迅速增加。网络测验更容易获得样本、操作更灵活准确、成本更低廉并能提供更优质的测评服务，但同时网络测验法在信度、效度、管理、项目安全以及对被测者保密等方面有其局限性。①

4）一般测验、情境测验和观察评定测验

这是按照测验的反应场所划分的。其中，一般测验侧重于被测者在行为样组上的反应，情境测验侧重于对被测者在模拟情境中的反应的测评，观察评定测验侧重于对被测者在日常状态下行为表现的测评。

6. 心理测验实施步骤

1）确定测试目标

根据企业的要求和部门的需求，明确心理测评的主要目的，并根据心理测评目的界定心理测评人员的类型、数量及分布。

2）测验量表的编制

根据测评对象和测评目的选择心理测评的方法和工具，编制或选择心理测评题目，并进一步修改和完善心理测评试题，确保心理测评题目的信度和效度。心理测验量表编制的方法依量表种类的不同和编制者的不同而有所差异。按照心理测量学原理，传统测验的编制策略主要有四种：①理论法，即首先确定所测内容和理论依据，然后根据某一理论建构，编制测验项目，如人格测验中的艾森克个性测验、能力测验中的 L. L • 瑟斯顿（L. L. Thurstone）编制的芝加哥基本心理能力测验（Chicago Tests of Primary Mental Abilities，PMA），该方法特别重视理论依据；②经验法，即根据实际工作经验编制项目，如明尼苏达多项人格测验（Minnesota Multiphasic Personality Inventory，MMPI）就是根据经验效标（Empiracal Criterion Keying）编制的，按此法，计分是通过比较效标组与对照组（正常人）进行；③因素分析法，即对标准样本某一人群施测过的大量项目，进行因素分析，归类并合成一个完整量表，如人格测验中的卡特尔 16 种人格因素测验（16PF）的编制方法就属于此类方法；④实际上现在大多数测验编制者都很少采用单一的方法，而是综合多种方法，先根据理论和经验法编制出大量项目，然后用因素分析等相关统计方法对项目进行筛选和编排。这样编制的测验既有理论依据，又有实

---

① 叶茂林. 网络心理测验法述评[J]. 心理科学，2005, 28（2）:423-425.

用价值。①

3）实施心理测验

首先要组织人员进行心理测评。测评人员实施心理测验时要做到公正、客观。测评人员本身不仅需要具备职业道德，而且需要具备相关的能力，能够对测评内容有比较深入的了解。测评应当是在安静、轻松的环境中进行。

4）鉴定测试结果

对心理测验的结果进行跟踪检验，并总结心理测验的经验，完善心理测验的指标。

6.2 人格测验

个体的差异会表现在人格上。在心理学中，人格是一个复杂而又重要的主题。“人格”一词代表的意义很多。有些情况下，人格代表一种个人尊严；有些人则将其理解为人类思维、情感和活动的性质、特色和遗传基础；有人把人格理解为情绪、智力和性格（如诚实、勇敢等）的混合；带有更多行为主义色彩的心理学家则认为，人格不是一种内在的东西，而是对被测者有组织的典型行为的外在观察模式。

从人员素质测评的角度来看，人格是指个体所具有的所有品质、特性和行为等个别差异的总和。这种定义强调人格是个体所具有的兴趣、态度、气质和思维、情感及其他行为差异的混合体，是用来描述个体典型的且相当恒定的行为模式。从管理的角度来看，稳定的个体人格特征可以用来预测个体在工作情境中的行为表现。比如，人格特征会极大地影响人在工作中对事物的理解，影响人待人处事的方式，影响人在工作中与他人相互沟通的模式等。对于公共部门及政府机关而言，由于人员相对稳定，运用人格测验在人员甄选与晋升等活动中识别出深层次的人格特征、选择合适的员工就显得尤为重要。

1. 人格的基本理论

人格的研究历史悠久，对于人格的研究也分为许多学派，下面我们介绍一些主要的人格理论。

1）特质理论

人格的特质理论起源于20世纪40年代的美国，其中以美国著名心理学家G. W·奥尔波特（G. W. Allport）和卡特尔的理论最为著名。特质理论的核心观点是

① 马惠霞，白学军，沈德立. 论心理测验项目编写的科学性[J]. 心理科学，2007,30（5）:1110-1112.

将人格中的某些特质作为决定个体行为的基本单位，而人格的测评也是对这些特质进行比较。

1937 年奥尔波特首次提出了人格特质理论，他将人格分为两种特质：共同特质和个人特质。顾名思义，共同特质是指处于某一环境的群体共有的特质，比如中华民族共有的“以和为贵”的特质；个人特质则是指在同一文化中，每个个体所具有的独特特质，比如有些人比较内向，有些人比较外向。根据典型性和重要性，奥尔波特又将个人特质分为 3 个层次：一是首要特质，指个体具有的最外显、最具有代表性的特质；二是中心特质，指个体具有的某几种独特的重要特质；三是次要特质，指个体不太外显或不太重要的特质。

卡特尔的贡献则在于开发了用因素分析的方法分析人格的新局面，提出了人格特质的四层次模型。模型的四个层次分别为个人特质和共同特质，表面特质和根源特质，体制特质和环境特质，动力特质、能力特质和气质特质。1949 年卡特尔根据自身的研究成果开发出了 16 种人格测验量表，也推动了人格测验领域的发展。关于具体的测验，我们之后进行更详细的介绍。

2）类型理论

类型理论产生于二十世纪三四十年代的德国，这种理论主要研究个体之间的心理差异，并将人格分为几种类型，使不同个体的人格得以有效区分。类型理论主要有三种：单一类型理论、对立类型理论、多元类型理论。

单一类型理论的代表人物是美国心理学家 F • 法利（F. Farley），他提出了 T 型人格的概念，用于判断一群人是否具有某种特定的人格。法利认为，T 型人格是指一种具有冒险主义和追求刺激的人格。根据冒险的积极性和消极性，他又将 T 型人格分为 T+人格和 T–人格两种，T+人格代表一种积极的冒险，T–人格则代表一种消极的反社会的冒险。

对立类型理论的主要观点是人格类型包含某一维度的两个相反方向。例如 A—B 型人格和内—外向人格的研究。M • 弗里德曼（M. Friedman）和 R. H • 罗森曼（R. H. Roseman）提出了 A—B 型人格的概念，他们认为 A 型人格是指急躁、积极投入、上进心强、时间紧张感强、行动力强等性格，拥有这种性格的群体生活压力往往比较大，情绪波动也比较大；而 B 型人格则是指不急躁、有耐心、安静稳重等性格，拥有这种性格的人生活节奏较慢，情绪比较稳定。瑞士心理学家 C. G • 荣格（C. G. Jung）最早提出了内—外人格类型，他将内向人格的特质总结为谨慎、疑虑、交往面窄、倾向于自我剖析，将外向人格的特质总结为活泼开朗、愿意与人交流、情感外露。

多元类型理论的主要观点是人格类型不是单方面的，而是几种不同人格特质的组合，主要代表有气质类型学说、性格类型学说。气质类型学说是由古希腊医生希波克拉底（Hippocrates）提出的，他认为人体内有 4 种液体：粘液、黄胆汁、黑胆汁和血液，不同的液体代表着不同的人格特质，在此基础上，他将人的气质分为 4 种类型：胆汁质、多血质、粘液质和抑郁质。胆汁质的人精力旺盛，勇敢热情，情绪丰富且强烈，但是做事易冲动，比较鲁莽；多血质的人情感丰富细腻，性格活泼好动，在人际交往上比较积极，但是耐性和稳定性比较差；粘液质的人比较认真，做事细致，沉默寡言，具有比较好的情绪自制力，稳定性强，但是在活力和主动性上比较弱；抑郁质的人心思细腻，踏实稳重，情感抑郁，不善于社会交往和交际，在做决定时考虑较多，优柔寡断，软弱胆小。性格类型学说则是由德国心理学家 E • 斯普兰格（E. Spranger）提出的，他认为人类的人格类型可以分为 6 种：注重实效和利润的经济型、注重审美和想象的审美型、注重探索和兴趣的理论型、注重社会和奉献的社会型、注重权力和地位的权力型、注重信仰和宗教的信仰型。

3）整合理论

特质理论和类型理论代表着看待人格的两种不同视角，整合理论则是对特质理论和类型理论的综合，以更全面地描述一个人的人格特质。整合理论的代表人物是 H. J • 艾森克（H. J. Eysenk），他提出了人格结构的四层次模型，认为要从多个层面综合分析个体的人格结构。这个模型的 4 个层次分别是：最下层的特殊反应水平是误差因子；上一层的习惯反应水平是个体在日常生活中的反应，是特殊因子；再上一层的特质水平是群体的人格性质描述，属于群因子；最上层的类型水平是一般因子。艾森克将类型理论和特质理论进行了有机的融合，使人格的理论层面更广，角度也更丰富。

2. 人格测验的工具——自陈式量表

自陈式量表是问卷式量表的一种形式。问卷式量表，简单地说就是书面的“问”和“答”。问卷式量表一般可以分为两类：一类是自我报告量表，也叫自陈式量表，是由被测者自己作答的；一类是问卷式的评定量表，是由熟悉被测者的人作答或对被试进行观察的人作答的。这里首先介绍自陈式量表。

自陈式量表是测量人格最常用的方法。所谓自陈，就是让被测者提供关于自己的人格特征报告。这些同卷是将主观式的自我报告进行客观化和标准化，使其易于评分。自陈式量表的基本假设是：只有被测者自己最了解自己，任何其他的观察者都不可能了解被测者行为的所有方面，而且，人格特征具有内隐性，有时从外部很难观察得到。但这一假设的基础其实很不坚固，因为一个人不可能对自己各方面的情况做出正确的观察和判断。实际上，被测者在报告自己的行为时，时常带有某种偏向。社会称许性是自陈式量表中经常遇到的一个问题，也是很难解决的一个问题。每个人都希望自己被评价为好的，因此，他们在答题时会刻意地表现出社会所称许的一些态度和行为方式，这将严重影响人格测验的有效性。

自陈式量表的题目一般都是关于人格特征的具体行为和态度的描述。从特征维度上看，自陈式量表的刺激是明确的，测验目的一般是非伪装的，被测者的回答是封闭的，属于言语的测验，大多数量表都经过了标准化，因而是客观和定量的测量，对结果的解释有可参照的常模资料。此外，由于其客观和经济，应用得较为广泛。自陈式量表既有单相量表，也有多相量表，它所测量的重点是个体的人格特质。

最早的自陈式量表是伍德沃斯在第一次世界大战期间设计的个人资料调查表。该调查表主要用于考察士兵对军队生活的适应情况，并用以甄别不适合服役的严重精神病人。该量表的问题涉及一些精神症状和行为偏差，如病态恐惧、强迫观念和强迫行为、睡眠障碍，以及其他的一些身心症状等。如这类问题："你经常做白日梦吗？""你尿床吗？"实际上，这是把与精神病人的谈话进行标准化并使之适用于团体施测的一种尝试。战后，有人对此量表进行修订并在学校中使用。伍德沃斯的个人调查被奉为人格自陈量表特别是情绪适应量表的蓝本，各种自陈量表就是在此基础上发展起来的。

自陈式量表还包括如下特征：

（1）自陈式量表的测量工具一般为调查表，所谓调查表就是了解被测者情况的细目表，相当于一个标准化的访谈提纲。

（2）自陈式量表题目的数量比较多。由于人格特质种类繁多，但大多数没有明确的定义，而人的行为又是由多种因素决定的，很容易受具体情境影响，所以如果题目数量太少，就不可能测出完整的人格结构和被测者的典型行为。

（3）自陈式量表通常包含几个分量表。在同一个量表中往往包含几个分量表，每个分量表测量一种人格特质。

（4）自陈式量表通常采用纸笔形式，可以进行团体施测。

（5）被测者容易不按自己的实际情况作答。在人格测试中，被测者本应按自己的实际情况作答，但有人为了给别人以好印象或把自己装扮成具有某种人格特征的人，会做出不符合实际的回答。有时，被测者还会表现出一些特殊的反应倾向，如猜测、折中、默认等。

小专栏 6-1

常见的自陈式量表题型及示例

1. 是非式

例如：我喜欢参加热闹的公共集会。（1）是　　（2）否

2. 折中是非式

例如：有时我的思想很乱。（1）是　　（2）否　　（3）不一定

3. 多重选择式

例如：我最喜欢的朋友是这样的人：___________。

（1）诚实的人　　（2）能干的人　　（3）热情的人　　（4）幽默的人

4. 迫选式

所谓迫选式就是必须从两个给定的选项中选出一个来。如果两个都喜欢，那么就选出一个相对更喜欢的；如果两个都不喜欢，那么就选择一个相对不那么讨厌的。

例如：（1）我喜欢修理一些家用电器。

（2）我喜欢在业余时间写一些抒情散文。

5. 利克特式五点或七点量表式

例如：你对自己的家庭满意吗？

（1）非常满意　（2）比较满意　（3）无所谓

（4）极不满意　（5）不大满意

再如：我一个人呆坐着思考问题。5　4　3　2　1

数字表示强度和频率。5 表示经常，4 表示多次，3 表示偶尔，2 表示很少，1 表示从不。

常见的自陈式量表有卡特尔 16 种人格测验、艾森克人格测验以及大五人格测验。

1）卡特尔 16 种人格测验（16PF）

卡特尔 16 种人格测验（16PF）是由美国伊利诺伊州立大学人格及能力研究所的卡特尔教授编制的。这种人格测验是卡特尔教授通过大量的数据收集和文献分析，借助对现实场景中各种行为的观察，采用因素分析的方法编制的。他将所得到的人格特质总结为 16 个方面，即构成人格的 16 种基本因素。这些因素相互独立，相关性很小，测验的施测时间大约为 45 分钟，适用于 16 岁以上的人群。16 种人格特质分别是：乐群性、聪颖性、稳定性、恃强性、兴奋性、有恒性、敢为性、敏感性、怀疑性、幻想性、世故性、忧虑性、实验性、独立性、自律性和紧张性。

16 种人格测验共包含 187 道题目，对于每一种人格特质，都有 10～13 道题目对其进行测量，这十几道题目的含义比较相似，通过反复询问降低被测者选择时出现的误差。题目出现的顺序是不固定的，遵循轮流出现的原则，使被测者无法通过上一题的内容猜测下一题的性质，有效降低了由被测者猜题造成的误差。另外，题目的问法比较中性，大大降低了题目的表面效度，使被测者无法通过题目的问法看出题目所要测量的人格特质，有效降低了社会称许性造成的误差。因此，卡特尔 16 种人格测验因信度、效度都比较高，目前被人事测评广泛使用。但是这套问卷也存在很大的缺点：为了保证效度，问卷对一个人格特质设置了较多相似的题目，导致总体施测时间比较长，被测者在测验过程中可能会失去耐心，从而随意填写问卷。

卡特尔 16 种人格测验在中国的应用归功于刘永和博士与梅吉瑞的合作，两位学者合作修订了中文版本，其常模是 2 000 多名港台学生；大陆地区的问卷是由戴忠恒和祝蓓里等人修订的，两位还建立了成年人和大学生等一系列常模。

小专栏 6-2

16 种人格测验示例

1. 有度假机会时，我宁愿：

A. 到一个繁华的城市去旅游

B. 介乎 A 与 C 之间

C. 到清静的山区去游览

2. 我有足够的能力应付困难：

A. 是的　　B. 不一定　　C. 不是的

3. 即使是关在铁笼内的猛兽，我见了也会惴惴不安：

A. 是的　　B. 不一定　　C. 不是的

2）艾森克人格测验

艾森克人格测验（EPQ）是由英国著名心理学家艾森克于 1975 年编制的。在了解它之前，有必要先了解艾森克的整合人格理论。艾森克收集了大量人格因素方面的特征，运用数理统计分析，得出人格的 3 个基本维度：内外倾、神经质和精神质。他认为每个人的人格都包含这 3 个维度，只是每个维度的表现程度不同，3 个维度不同表现程度的组合构成了不同个体的人格。在此基础上，艾森克开发了人格测验量表。这个量表最早形成于 1952 年，当时只有神经质这一个维度，题目数量是 40 道；1959 年艾森克对这个量表进行修订，增加了外倾性维度，并将题目增加为 48 道；1964 年艾森克又对这个量表进行了修订，首次在问卷中添加了测谎的内容，同时将题目增加到 57 道；到了 1975 年，艾森克的人格测验问卷已经比较成熟，这时问卷中已经增加了精神质维度，题目数量达到 90 道。为了使问卷更有针对性，他根据成年人和青少年的特点将问卷划分为两种类型。1985 年艾森克对量表中信度较低的部分进行了改进，将题目数量确定为 100 道，同时开发了精简版的问卷，共有 48 道题目，这有助于问卷的推广和应用。艾森克人格测验属于自陈式人格测验的范畴，即被测者本人回答问题，通过一些多选或必答的问题，展现个人的人格特质。该测验包括 4 个分量表：

（1）E 量表测量个体内外倾向性。在这个量表中得到较高的分数代表着较高的外向程度，具体表现为热爱冒险，对生活中的变化感到欣喜，热爱社会交际，情绪的稳定程度比较低等。得分较低的群体则表现为不善于交际，喜欢有规律、有计划的生活，比较安静等。

（2）N 量表测量个体神经质。在神经质方面得分高的群体其人格特质表现为性格急躁、情绪不稳定、反应较为激烈等；得分低的群体，其人格特质表现为反应较慢、情绪平和、控制力强、不容易冲动行事等。

（3）P 量表测量个体精神质。在精神质这一维度得分较高的人群，其人格特质表现为自尊心和攻击性较强、性格冷淡等，这并非指神经病，艾森克认为在这一维度上有较高得分的人富有创造力。在这一维度上，低分没有明确的现实意义，但是通过大量的实证观察，一些低分的人往往表现出抑郁、孤独等心理特征。

（4）L 量表是测谎量表，主要考察被测者是否在填写问卷的过程中说谎，被测者掩饰、自身掩蔽或朴实、幼稚的水平，也能在一定程度上反映个体的心理状态。测谎量表的分数较高意味着被测者可能比较喜欢修饰自己，分数低的人则倾向于接受自己的真实状态，心态比较单纯。测谎量表不仅可以判断其他部分的量表测量结果是否真实，也可以反映个体的社会心态。

3）大五人格测验

大五人格测验是目前人格领域中比较为人熟知的一个测验，也是运用较为广泛的一种测验。大五人格理论的历史比较久，但直到 1982 年，美国心理学家保罗·科斯塔（P. Costa）和罗伯特. R·麦克雷（Robert R. McCrae）才编制出第一份真正意义上的大五人格调查表。两位学者运用因素分析的方法将人格特质分为 5 类，分别是外倾性、责任感、开放性、亲和性和情绪稳定性。

（1）外倾性（extraversion）指一个人对与他人关系的满意程度。外倾性上得分比较高的人拥有较为舒适的人际关系，往往表现出主动、乐观、积极、热情、合群的态度；反之，外倾性上得分低的人则往往表现出沉默、谨慎、被动、退让等态度。

（2）责任感（conscientiousness）指一个人对待事务的专心、集中程度。一个人目标越少、越专心致力，则其责任意识程度越高。责任感较高的人往往表现出自律、克制、公正，能够较好地胜任工作，在工作中获得成就感；责任感较低的人则会表现出粗心、懒惰、缺乏目标和享乐等状态。

（3）开放性（openness to experience）指一个人兴趣的广泛性及其对兴趣的投入。开放性高的人具有好奇心重、充满想象力和创造力、有广泛的兴趣和爱好等特征。开放性低的人则注重传统和实际，兴趣较少。

（4）亲和性（agreeableness）指一个人对于他人的态度。亲和性较高的人的特点是人际关系较为和谐，在社会交往中比较容易相信和接受他人，态度和善谦虚，愿意奉献自己的精力和时间。亲和性较低的人则表现出相反的态度，对他人不信任，不愿意与他人合作，嫉妒心重，报复心重等。

（5）情绪稳定性（emotional stability）指一个人在不同的环境刺激下情绪的稳

定程度。情绪稳定性高的人表现出较少的情绪化，比较镇定，有较高的安全感。情绪稳定性低的人则表现出紧张、担心过多，容易焦虑和脆弱，情绪容易失控。

大五人格模型广泛应用于各种人事测评中，许多实证研究的数据也验证了其预测效度。M·巴里克（M. Barrick）和M·芒特（M. Mount）在1991年针对不同职业、不同工作性质、不同年龄的样本进行的大五人格特质和工作绩效是否有显著关系的研究中发现，责任感最能广泛应用于预测担任不同职务者的工作绩效。大五人格模型传入中国后，学者对其进行了本土化的修正，增加或修改了某些人格维度。针对中国员工的实证研究表明，人格五因素与绩效显著相关，但不同维度的预测关系各不相同，责任感和绩效的相关度相比其他人格变量最高；与工作绩效相比，情绪稳定性与关系绩效的相关性更高；与他评绩效相比，自评绩效与人格自评得分的相关性更高；不同岗位的外倾性、责任感与绩效的相关性不同。

3. 人格测验的工具——投射测验

投射技术是L. K·弗朗克（L. K. Frank）首先提倡使用的。此类方法是向被测者提供一些未经组织的刺激情境，让被测者在不受限制的情境下，自由表现出他的反应，通过分析反应的结果，就可以推断他的人格结构。在这里，刺激情境对决定被测者的反应并不重要，它的作用只是像银幕一样，让被测者把他的人格特点投射到这张银幕上来。因此，利用这种投射技术编制的测验叫作投射测验。

投射技术具有以下几个特点：①测验材料没有明确结构和固定意义，其结构和意义完全由被测者自己决定；②被测者有广泛自由的反应方式，可做多种反应，因而得到的反应资料较为丰富；③被测者不知道测验的目的；④可同时测量几个人格维度，并对结果做整体性分析。

就投射测验本身内容和形式而言，投射测验还具有以下一些显著的特点：①在测验的刺激上，投射测验使用的是模棱两可的刺激，如云迹图、墨迹图等；②测验目的多是伪装的；③被测者可以完全自由回答，因而是无组织的；④在结果分析上，以定性分析为主，有许多推论；⑤在结果解释上多是参照人格障碍标准进行衡量；⑥对人格注重整体的分析；⑦测验难以标准化，多由训练有素的专家进行施测；⑧测验的内容以潜意识为主。

1）罗夏墨迹测验

H·罗夏（H. Rorschach）是瑞士的精神医学家，他从1910年开始研究精神障碍对于知觉的影响，曾用许多画片来测查病人，以后改用墨渍图。最初先在一张纸的中央滴一堆墨汁，然后将纸对折，并用力压下，使墨汁向四面八方流动，形成两边对称但形状不定的图形。罗氏以多种此类图形，对各种精神病患者进行试验，发现不同类型的病人，对墨渍图形有不同的反应。其进一步将低能者、正常人、艺术家等的反应做比较，最后选定其中十张作为测验材料，逐步确定记分方法与解释被测者反应的原则，并于 1921 年发表了著名的《心理诊断》一书。

罗氏的 10 张墨渍图，有 5 张（1、4、5、6、7）为黑色的，3 张（8、9、10）为彩色的，另 2 张（2、3）除黑色外，还加有鲜明的红色。这 10 张图片都编有序号，施测者每次出示一张，同时问被测者："你看到这像什么？"或"这使你想到了什么？"并允许被测者转动图片从不同角度去看，然后让被测者按照自己所想象的内容做自由描述，此为自由联想阶段，没有时间限制。施测者要逐字逐句详细地记下被测者的话，并记下每张图片从出现到第一次反应所需要的总时间、被测者的情绪表现、附带的动作及其他重要行为等。接下去是询问阶段，施测者再将各图片逐一交给被测者，并询问被测者是根据墨渍的哪一部分做出反应的，以及引起反应的因素是什么，对其回答亦要做详细记录。被测者在此期间可能会进一步对先前的反应加以补充或澄清。

罗夏墨迹测验一般从 4 个方面进行记分，每一个方面都有特定的符号和意义。

（1）反应的部位即被测者对墨迹图的反应着重在什么部位？可以分为：

① W（整体反应），即被测者对墨迹的全部或几乎全部进行反应。W 分数过高可能提示被试思维有过分概括的倾向，或愿望过高。W 分数过低或没有，表示被试缺乏综合能力。

② D（明显局部反应），即被测者对墨迹图的空白、浓淡或色彩所隔开的大部分进行反应。有较多数量 D 答案的被试者，可能表示有良好的常识。

③ d（细微局部反应），即被测者对墨迹图的空白、浓淡或色彩所隔开的部分进行反应。

④ Dd（特殊局部反应），即被测者对墨迹的极小或不同一般分割的一部分进行反应。Dd 分数高的被试者，可能提示不刻板或不依习俗的思维。

⑤ S（空白部分反应），即被测者将墨迹图作为背景，将空白部分作为对象，对白色空间进行反应。

（2）反应的决定因素，即被测者进行反应的决定因素是什么，是墨迹的形状，还是颜色，是把图形看成静的还是动的。一般应注意下列 4 个因素：

① F（形状），即知觉由形状或形式决定。被测者反应与墨迹形状甚为接近，表示被测者具有现实性的思维；极差的外形相似性可能意味着被测者思维过程混乱。

② M（运动），即被测者在墨迹中看到人或动物在运动。M 多表示情感丰富，M 少可能意味着人际关系差，M 也是内向性的符号。

③ C（彩色反应），即被测者的反应由墨迹的色彩决定。C 分高表示外向情绪不稳定。

④ K（阴影反应），即被测者的反应决定于墨迹的阴影部分，可被认为是焦虑的指标。

（3）反应的内容，即被测者把墨迹看成什么。罗夏墨迹测验的反应内容及记号如表 6-1 所示。

表 6-1　罗夏墨迹测验的反应内容及记号

记号	意义	记号	意义
H	人	Pl	植物
（H）	非现实的人	Na	自然
Hd	人的部分	Obj	物体
（Hd）	非现实的人的部分	Arch	建筑物
At	人的解剖	Map	地图
Sex	性	Lds	风景
A	动物	Art	艺术
（A）	非现实的动物	Abst	抽象
Ad	动物的部分	Bl	血液
（Ad）	非现实的动物的部分	Cl	云、烟
Aobj	动物制品	Fire	火
A.At	动物解剖	Expl	爆发

（4）反应的普遍性，即被测者的反应与一般人的反应是否相同。一般分为两种：普遍反应（P），表示多数人共有的反应；独特反应（O），表示比较特殊的反应。做出特殊反应的被测者，可能基于创造性的思想，也可能是病态思想的象征。只有经验丰富的施测者才能做出正确的区分。

在罗夏之后，有许多人也使用了墨迹测验。例如，何曼兹的墨迹测验共有 90 张墨迹图，要求被测者对每张图只做一个反应。他的墨迹测验制定出了常模，可以说是罗夏墨迹测验的发展。

2）TAT 主题统觉测验

主题统觉测验是一个著名的人格投射测验。该测验最早是由 H. A • 默里（H. A. Murray）和 C. D • 摩根（C. D. Morgan）于 1938 年在美国哈佛大学创制的，其理论基础就是默里的“需要—压力”理论。全套测验包括多张内容颇为暧昧的图片（全部为黑白色），另加一张空白卡片。图片的内容多为人物，兼有部分景物。

主题统觉测验的基本假设是：个人对图画情境所编造的故事与其生活经验有密切的关系。被测者在编造故事时，不自觉地将隐藏在内心的冲突和欲望穿插在故事的情节中，借故事中的人物行为宣泄出来，把个人的心理历程投射到故事之中。

对结果的解释，默里认为应该从下面 6 个方面进行分析：

（1）主人公。分析一个故事首先要辨别被测者故事中认同的角色，如领袖、隐士、罪犯等。有时故事里的主人公不止一个。

（2）主人公的动机倾向和情感。分析时要注意主人公的行为，特别是非常行为。被测者提到的次数多，就表示动机或情感强烈。主人公身上所表现出来的需要和情绪的强度，都可以进行等级评定。

（3）主人公所处的环境力量。主人公所处的环境力量有时是图画中没有的，而是被测者自己杜撰出来的。

（4）结果，即把主人公的力量和环境的力量进行对比，经历了多少困难和挫折，结果是成功还是失败，快乐还是不快乐。

（5）主题。主人公的需要和环境压力相互作用与故事结局一起构成一个简单主题，简单主题的联合，就形成了复杂主题。施测者要从中分析出被测者最严重、最普遍的难题是来自环境压力，还是来自自身的需要。

（6）兴趣和情操，即被测者对图片中各种人物的比喻。例如，有些被测者将老年妇女经常比喻为母亲，将老年男人经常比喻为父亲等。

6.3 能力测验

在对个体进行心理测验时，个体的能力通常是我们希望最先了解的，我们常常会选择一些成熟的能力测验来提高测验效率。以下是一些针对个体能力的测验。

1. 能力与智力的区分

为了更好地研究能力测验，首先需了解一下能力和智力的含义。能力是直接影响活动效率、保证活动顺利进行的个性心理特征。一般来说，可以把能力分为一般能力和特殊能力两种。一般能力即智力，包括思维能力、想象能力、记忆力等，这部分也是通常需要测量的部分；而特殊能力主要指某个特殊领域需要的专业知识和技能，比如程序员必须具备的编程能力等。

对于智力的理解一直众说纷纭。传统的智商理论和 J • 皮亚杰（J. Piaget）的认知发展理论都认为，智力是以语言能力和数理—逻辑能力为核心的、以整合方式存在的一种能力。W. F •迪尔伯恩（W. F. Dearborn）等认为智力是学习的潜能；R •平特纳（R. Pinter）等认为智力是适应新情境的能力；L. M •推孟（L. M. Terman）等认为智力主要指抽象的思维能力；中国学者王垒认为凡是个体为了应付环境、解决问题和适应性地生存所应具有的基本的、关键的东西都应包含在智力的概念中。在此基础上，他提出了一种全新的智力概念——综合智力，既包含传统智力的认知因素，又包含个性因素、动机因素以及情绪性因素。

能力测验中的专业能力测验只适用于特定领域的专业人员，因此很少大规模地推广应用。我们一般使用能力测验中的智力测验来测量大规模群体的心理特征。智力测验是心理测验中最早产生的一种测验，也称为普通能力测验其中比奈-西蒙智力测验量表广为人知。

2. 能力与智力的基本理论

智力与能力理论的研究由来已久，随着时代的发展不断涌现出各种各样的理论，这些理论影响着人们对能力、智力本质的看法，为智力测验和能力测验的发展提供了基础和依据，也使得这些测验为人们所广泛理解和接受。下面介绍一些比较著名的智力理论。

智力理论发展的前期，学者主要研究智力的构成要素以及这些构成要素之间的关系。学者 C. E • 斯皮尔曼（C. E. Spearman）提出了智力的二因素理论，他认为智力由一般因素和特殊因素组成。1927 年斯皮尔曼证实了智力是个体的一种能力，个体可以在日常生活和工作任务中使用这种能力。但有些心理学者则认为智力包括许多成分，应该独立看待其中的各种成分。L. L • 瑟斯顿（L. L. Thurstone）提出了群因素理论，认为智力应该包含 7 种不同的心智能力，即语词理解、语言流畅、数字运算、空间想象、联想记忆、知觉速度和一般推理；E. H • 施恩（E. H. Schein）通过修订瑟斯顿的量表来测量成年晚期人的智力水平，经过大量的研究他认为智力应该包含多种分离的因素，每种因素都被人们用来完成不同的任务。

著名学者 J. P • 吉尔福特（J. P. Guilford）认为对智力的分析应该是多维度的，并将智力分为操作、内容、结果 3 个层次。卡特尔的层次智力理论将智力分为流体智力和晶体智力两个因素；J • 霍恩（J. Horn）在 1998 年证明了这两种智力成分的存在。晶体智力主要指个体已经内化到自身的能力和知识，如语言理解能力、逻辑归纳能力等；流体智力则代表个体感知、记忆以及对基本观念进行思考的一种能力，比如知觉反应能力、空间推理能力等。P. E • 弗农（P. E. Vernon）提出了智力的层次论，将智力分为 4 个层次：最高层次是智力的普通因素；第二层次是言语和教育、操作和机械方面的因素；第三层次是几个小因素；最低层次是各种特殊因素。

20 世纪 60 年代，随着计算机技术的不断发展，智力理论又出现了新的研究方向，这一阶段的智力研究主要倾向于对智力内部的探讨，使智力的相关理论走向了因素分析与信息加工整合的新方向，这种整合越发体现出人们对于自我意识和自我认知的重视。

1983 年哈佛大学教授、发展心理学家 H • 加德纳（H. Gardner）提出了多元智力理论。他认为智力是一种完成任务的能力，也是创造未来的能力，智力包含 7 个组成部分，分别是：言语—语言智力、音乐—节奏智力、逻辑—数理智力、视觉—空间智力、身体—知觉智力、自知—自省智力和交往—交流智力。此外，他认为智力与个体所处的社会和文化环境密切相关，不同文化背景下人们的价值标准不同，对智力的理解也不同。加德纳的理论引发了人们关于智力理论更深入的思考。

3. 代表性的智力测验和能力测验

了解了能力和智力的基本理论后，下面将主要介绍一些常见的智力测验和能力测验。

1）智力测验

（1）比奈系列量表。

① 比奈-西蒙智力量表。为了解决法国教育现实中出现的问题——将普通儿童和异常儿童区分开来，法国学者比奈及其助手 T·西蒙（T. Simon）于 1905 年开发了世界上第一个智力量表，用来测量儿童的记忆力、语言能力、理解能力等。该智力量表的开发开创了智力测验的先河，比奈等人后期又对这个量表进行了数次修订，将原来的 30 个项目增加到 58 个，并且调整了一些题目的顺序，从而使整体量表更有代表性。1911 年，比奈等人又针对成年人改变了一些项目内容，使其能够推广到成年人群体。

小专栏 6-3

比奈-西蒙量表测验题目示例

第一，下面五个答案中哪一个是最好的类比？

工工人人人工人人工对于 221112112 相当于工工人人工人人人工对于（　　）。

A. 221221122　　B. 22112122　　C. 22112112

D. 112212211　　E. 21221212

第二，找出与众不同的一个：

A. 铝　　B. 锡　　C. 钢　　D. 铁　　E. 铜

比奈-西蒙量表的贡献主要有 3 个方面：首先，是提出了一些测量智力的方法，如把判断、推理等高级心理活动作为智力测验的内容；以年龄为标准，使智力的比较成为可能；把智力看作由感知能力、记忆力、想象力等组成的一个整体，从整体上测量。其次，第一次开发了比较客观、量化的智力测验工具，为后人提供了借鉴。最后，第一次把智力测验应用到教育领域，使人们看到了智力测验的实际价值，推动了智力测验的发展。此外，它也存在一些问题：项目太少，尤其是测量高级心理机能的项目不多；测验的实施和计分没有标准化，导致分数的稳定性不够；有些项目的位置不当，没有按难度安排在合适的年龄水平。

② 斯坦福-比奈量表。美国斯坦福大学教授 L. M·推孟（L. M. Terman）于 1916 年对比奈-西蒙量表进行了修订，保留了原来量表中的 51 道题目，又自编了 39 道题目，最终确定的量表共有 90 道题目，可测的年龄组为儿童组（3～14 岁）、普通成人组和优秀成人组，被称为斯坦福-比奈量表。

1937 年，推孟采用复本形式对原先的量表进行了修订，修订后的量表有

129 个测验项目，并且这些项目可以替换使用，具有同样的效度。修订后的量表适用于 2 岁至成人的智力水平测量。1960 年，根据社会环境的新变化，推孟的学生 L. W • 梅里尔（L. W. Merrill）又对量表进行了修订，对题目进行了重新选择和删减，并调整了题目的顺序和难度。这个量表可以测量儿童到成人 20 个年龄组的智力水平，使用方便，应用广泛，题目主要包括记忆、算数、常识、图画、空间、理解等多个方面，可以从多方面测量一个人的智力水平。1972 年，这个量表的常模再次修订，此次修订使用的数据来源于不同文化和环境中 20 万儿童的测量结果，使量表更具科学性和代表性。

③ 中国比奈-西蒙量表。比奈-西蒙量表的出现在世界范围内引起广泛的反响，各国相继引入这种量表用于人事测评。因为比奈-西蒙量表的常模设置和题目选择都是根据西方的实际情况确定的，中国的研究者在引入量表时对其进行了修订，以更符合中国的实际需要。1924 年，我国心理学家陆志韦在 1916 年斯坦福-比奈量表的基础上，修订出了中国比奈-西蒙智力测验量表。1936 年，他和吴天敏合作发表修订版。1978 年，吴天敏主持又一次修订，于 1982 年完成，称为中国比奈测验。中国比奈测验共有 51 个题目，适用范围是 2～18 岁的未成年人，每个年龄有 3 道题目，从易到难排列，每个题目代表 4 个月智龄，用离差智商评定智商的高低。此外，吴天敏根据实际需求又从这套量表中选出 8 个项目，组成中国比奈测验简版，一般只需 20 分钟即可测完，用来快速考察儿童的智力水平。

（2）韦氏智力量表。比奈-西蒙系列量表主要适用于儿童智力的测量，虽然在之后的修订中增加了成年人的部分，但它的成人量表并不是特别完善，不能满足实际需要。因此，学者 D • 韦克斯勒（D. Wechsler）开发了针对儿童和成年人的两套量表，使测量更具有针对性。

1939 年，韦克斯勒编制了测验成年人的智力量表，即韦克斯勒-贝勒维智力量表（W-BⅠ）。1942 年，他推出第二个韦克斯勒-贝勒维智力量表（W-BⅡ），适用于 10～60 岁的个体；1955 年，韦克斯勒将 W-BⅡ修订为韦氏成人智力量表（WAIS），适用于 16～74 岁的个体，进一步扩大了测验的适用范围。1981 年，他又发表了韦氏成人智力量表修订本（WAIS-R）。1997 年，第三次修订（WAIS-Ⅲ）完成。此外，他又针对儿童这一年龄群体，先后编制了韦氏学龄前和学龄初期儿童智力量表，分别适用于学龄前的 4~6.5 岁儿童及学龄阶段的儿童和青少年。韦克斯勒的两套量表适用于大部分群体的智力测验，这使得它作为当时最先进的智力测验工具被广泛使用。

韦氏成人智力量表修订本一般包括操作量表和言语量表两个部分，每个部分都包含 7 个方面的测验内容（见表 6-2）。操作量表分为填图、图片排列、积木、拼图、数字符号、矩阵推理和符号搜索 7 个分测验。言语量表包括常识、数字广度、词汇、算术、理解、类同和字母数字排序 7 个分测验。在实际操作中，两个量表交替进行，每个分测验的原始分都不同，从 18 分到 90 分不等，最终的结果需要转化为标准分数进行比较。每个测验的平均分是 10 分，标准差为 3 分，最后通过分数的合并得到 3 个总分数——言语总分、操作总分和量表总分。最后使用常模表，查到 3 个结果——言语智商、操作智商和全量表智商，它们都是以 100 为平均数、15 为标准差的离差智商。

表 6-2　韦氏成人智力量表修订本部分测验内容

类别	测验名称	施测顺序	测验内容
言语测验（V）	常识	1	简要回答有关一般常识的问题，例如谁发现了美洲新大陆
	数字广度	3	正背或倒背主试口述过的几个数字，测量瞬间记忆能力
	词汇	5	通过视觉或听觉逐一呈现词汇，要求被测者解释每个词汇的意思，例如王子是什么
	算术	7	心算解决文字算术题，测量最基本的数理知识和数学思维能力
	理解	9	说明某种情境下最佳的活动方式和对常用成语的理解或详细回答某些有关为什么的问题
	类同	11	概括每一对词义相似的地方在哪里，测量逻辑思维能力、抽象思维能力、分析概括能力，例如冰箱和洗衣机在什么地方相似
操作测验（P）	填图	2	指出图片中缺失的部分，测量视觉敏锐性、记忆能力和细节注意能力
	图片排列	4	按适当顺序排列图片以形成完整的故事，广泛测量分析综合能力、观察因果关系能力、社会计划性、预期力等
操作测验（P）	积木	6	以给出的图案为样本排列积木，测量视知觉和分析能力、空间定向能力及视觉—运动综合协调能力
	拼图	8	将几块图形拼板，拼成完整的人或物体图形，测量思维能力、工作习惯、注意力、持久力和视觉综合能力
	数字符号	10	将数字与其所对应的符号进行匹配，测量注意力、感觉运动的持久力以及建立新联系的能力和速度

韦氏智力量表传入中国后，许多国内学者都致力于对这个量表进行修订以适合中国的国情，在这个过程中，湖南医学院龚耀先先生作出了巨大的贡献。1982 年，他主持修订并发表了韦氏成人智力量表中国版（WAIS-RC）。此次修订依据中国的具体情况，对韦氏成人智力量表的题目进行了增删，并对题目顺序进行了一些改动。为了体现农村和城市的教育差异，他还建立了两套常模，分别适合农村和城市两个群体使用。同时，林传鼎和张厚粲也对韦氏儿童智力量表进行了修订，使其能够适用于中国的儿童。

韦氏智力量表是智力测验中的重要方式，也是目前运用最为广泛的智力量表之一。经过多年的修订，韦氏智力量表的信度和效度不断提高，各个国家的量表本土化工作不断展开。但是韦氏智力量表因为测验过程烦琐、结果分析复杂、只能单个施测等特点，在应用上有较高的要求。

（3）瑞文标准推理测验。瑞文标准推理测验的原名为渐进矩阵，是由英国心理学家 J. C・瑞文（J. C. Raven）于 1938 年设计的一套非文字型智力测验。这套测验的最大特点是测验中用到了大量图形，因此多用于考察被测者的观察能力和思维能力。瑞文标准推理测验自 20 世纪 50 年代起经过数次修订，目前能够适用于各个智力层次的群体。主要包括 3 个测验：一是 1947 年编制的彩色推理测验（CPS），适用于幼儿与智力低下者；二是 1998 年推出的标准推理测验，适用于 5 岁半以上的普通儿童及成年人；三是适用于高智力水平者的高级推理测验（APM）。标准推理测验适用于大部分普通人，也是 3 项测验中应用最多的。

瑞文标准推理测验由 60 道题目组成，每道题目都由缺少一块图案的图片和若干张备选小图组成，要求被测者根据规律选出合适的图案填充进去。测验中的 60 道题目按照难度分为 A、B、C、D、E5 组，每组 12 道题，按照难易程度排列，分别考察被测者的各种智力因素。A 组考察个体的知觉辨别力、图形比较能力和图形想象力等；B 组考察类同比较能力、图形组合能力等；C 组考察比较能力、推理能力和图形组合能力等；D 组考察系列关系、图形套合能力等；E 组考察套合、互换、交错等抽象推理能力。

瑞文标准推理测验在中国的应用主要归功于北京师范大学心理系张厚粲等人，几位学者于 1986 年完成了中国版的修订，并以 1982 年的人口普查数据为依据取样 5108 人，测试了城市地区的常模，推动了这种测验形式在中国的应用。

瑞文标准推理测验有很多优点。一方面，测验的使用范围很广，既可以用于儿童群体，也可以用于成年人群体，既适用于低智力群体，也适用于中高智力群体；另一方面，这种测验的形式是非文字的，可以最大限度减少文化、语言和种族的因素对测验结果造成的影响。此外，既可以个别进行，也可以团体测验，大大提高了可用性。瑞文标准推理测验题目的示例如图 6-3 所示。

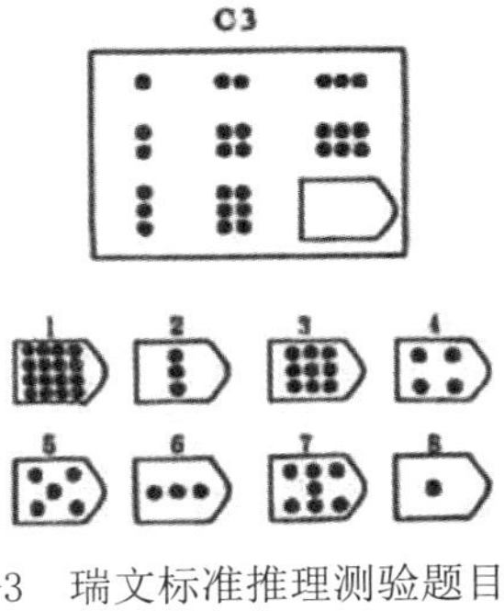

图 6-3　瑞文标准推理测验题目示例

2）能力测验

能力测验主要关注个体在某种能力上或某个领域上的潜力，即经过一些特定的训练后，个体是否可以很容易地获得某些技能或者知识，是否能在这个领域有更加深入的发展，从而取得一定的成就。许多特定的职位都对个体的能力有一定的要求，但很多新员工在入职时缺少相应的知识和技能，需要在入职后对员工进行相应的培训。在这种情况下，员工的能力倾向就变得更加重要，因此能力测验也越来越广泛地被应用于人事测评。能力测验主要包括两类：一般能力倾向测验和特殊能力倾向测验。

（1）一般能力倾向测验。一般能力倾向测验分为一般能力倾向成套测验以及区分能力倾向测验。

① 一般能力倾向成套测验（general aptitude tests battery，GATB）是 20 世纪 40 年代美国劳工部就业服务处编制的一套综合的能力倾向测验。这套测验用 15 个分测验（11 种纸笔测验，4 种操作测验），从 9 个不同方面测量了个人的能力倾向。

智能（G）：即一般学习能力倾向，由词汇、算术推理和空间关系 3 个分测验组成。

言语能力（V）：要求被测者从所列词汇中找出成对的同义词和反义词，测量个人有效使用言语的能力倾向。

数理能力（N）：包括四则运算题和应用题两种测验，测量计算和算术推理的能力倾向。

空间判断能力（S）：采用空间关系测验，要求判断备选三维图形中哪个是由指定平面图形折叠而成的，测量对立体图形以及平面图形和立体图形之间关系的理解能力。

形状知觉能力（P）：采用两个测验，一个匹配画有同样工具的图画，一个匹配同样的几何形状，测量对实物或图形细节的观察、比较和辨别的能力。

文书知觉能力（Q）：采用名称匹配（文字校对）测验，测量对词、数字等比较辨别、发现错误和校对的能力。

动作协调能力（K）：要求被测者在一系列方格中用铅笔做出特定的记号，测量正确且迅速地协调眼和手，完成任务的能力。

手指灵活度（F）：要求被测者装配和拆卸铆钉和垫圈，测量手指运动的灵活性和精确性。

手腕灵活度（M）：要求被测者在一块木板上传递和翻转木桩，测量个人快速准确移动和转动物体的能力。

这套测验是一套较为全面、有效的能力倾向测验，它可以根据测验分数绘制个人的能力剖面图，从而全面了解被测者在各种能力倾向上的水平。该测验中所测量的能力倾向与各种不同的职业类型之间有密切的关系，表 6-3 显示了各种不同职业类型所需的能力组合。

表 6-3　GATB 能力倾向与职业的关系

能力倾向的组合	职业
G—V—N	人文系统的职业
G—V—Q	特别需要言语能力的职业
G—N—S	自然科学系统的职业
G—N—Q	需要数学能力的职业
G—Q—K	处理机械事务的职业
G—Q—M	机械装置的操纵、运转以及警备、保安等职业
G—Q	需要一般性判断和注意力的职业
G—S—P	需要美术作业的职业
N—S—M	需要设计、制图作业的职业及与电气相关的职业
Q—P—F	需要制版、描图的职业
Q—P	需要检查分类作业的职业
S—P—F	需要造型、手指作业的职业
S—P—M	需要造型、手臂作业的职业
P—M	需要手臂作业的职业
K—P—M	需要看视作业、身体性作业的职业

② 区分能力倾向测验（differential aptitude test，DAT）是多重能力倾向测验的一种，目的在于得出一组能力倾向分数，描绘出个人特有的长处和短处。区分能力倾向测验经多次修订，最终有 S 型和 T 型两个副本。该测验主要用于升学指导和职业选择，在招聘选拔中也有一定的应用。

DAT 包括以下 8 个单独施测、单独计分的分测验。

言语推理：采用类比推理的测验项目，测量个人言语理解、抽象概括与作建设性思考的能力，从而预测个人是否适合从事以复杂言语关系和概念为主的职业，如科研工作。

数的能力：采用计算题，测量个人对数目关系的理解力和对数目概念的灵活性，预测个人是否适合于学习数理化、工程等学科，是否适合从事统计工作等与自然科学有关的职业。

抽象推理：采用非文字材料，测量个人的非言语推理的能力。

文书速度与准确性：要求被测者从答案纸中选出指定的符号组合，测量的只是简单直觉的速度。

机械推理：要求被测者从多种机械装置或情景中选出正确合理的一个，测量个人对熟悉情境中机械和物理原理的理解力，预测个人是否适合于从事与机械和工程有关的职业。

空间关系：测量个人在想象中操作图形等有形材料的能力，预测个人是否适合从事美术、建筑和服装设计等需要空间知觉能力的职业。

语言运用（拼写）：要求被测者从一个单词表中找出有拼写错误的单词并指正，测量的是文字水平。

语言运用（文法）：要求找出句子中有语法或修辞错误的地方，测量的是语文水平。第 7 项和第 8 项分测验测量的虽然是很基础的语言运用，但能在一定程度上预测个人是否适合于从事文秘、广告等要求较高语文水平的职业。

（2）特殊能力倾向测验。目前世界上比较著名的特殊能力倾向测验有：飞行能力测验、西霜音乐能力测验、霍恩美术能力测验、文书能力测验、机械能力测验、操作能力测验、创造力倾向测验等。下面简单介绍几种特殊能力倾向测验。

① 文书能力测验。常见的文书能力测验有明尼苏达文书测验以及一般文书测试。

明尼苏达文书测验。该测试主要用于选拔和测评办公室人员、检验员和其他要求知觉能力的专业人员。测试分两部分，即数字比较和姓名比较，要求测试对象检查 200 对数字和 200 对姓名的匹配正误。测试结果以正确题目数减去错误题目数计分，下文是其中某些试题的范例：

如果同一组的两个数或名称完全相同，则在中间的线上打“ √ ”。

66273894——66273984；

527384578——527384578；

New York World——New York World；

Cargill GrainCo——Cargilll GrainCo。

一般文书测试。一般文书测试是一种综合性文书能力测试，包括 8 个部分，按 3 种不同的能力分 3 组记分，表 6-4 列出了 3 种能力对应的分测试。

表 6-4　一般文书测试明细表

所测的能力	具体分测试	测试目的
文书速度和准确程度	校对排列测试	测试一般的文书能力
	字母排列测试	
数字能力	简单计算测试	测量测试对象的潜在的算术能力
	指出错误测试	
	算术推理测试	
言语流程能力	拼字测试	测量语言流利方面的能力
	阅读理解测试	
	字词和方法测试	

该测试的时间约为 50 分钟，测试结果由 3 个组的分数汇总。

② 操作能力测验。对于某些工作，尤其是某些装配线或流水线上单调而又重复的工作，有的人比较适应，而有的人则不然。为了更好地选出具有较好的适应能力并具有这方面潜力的人，心理学家编制出了操作能力测验作为选拔工具。常见的操作能力测验有珀杜插板测验以及克劳福的灵活性测验。

珀杜插板测验。该测验主要用来测量手指的灵活性以及手指、手和手臂的大幅度动作技巧，它模仿了装配线上的工作情况。测验的内容是要求被测者尽快地把栓柱插进一系列的孔中，每只手插 30 秒钟，交替进行。另外，还要求用双手把栓柱、环和垫圈装配到孔中。

克劳福的灵活性测验。该测验是一项著名的测量眼和手的配合准确性、手指灵活性的测验，可以提供被测者的灵活性指标，预测员工在诸如电子元件制造、雕版、蚀刻以及仪器、钟表、办公室机械等设备的组装调试工作中能否取得成功。目前国内也有一些电子或通信设备等企业利用这个测试选拔人员。克劳福手指灵活性测验的材料是一块木板，板上有 3 个圆槽，分别放置针、环帽及螺钉。木板上镶嵌一块金属板，金属板左边有 7 行可插针的小孔，右边有 7 行可上螺钉的螺孔，最底下的 1 行供练习用，上边 6 行供正式测验用。在金属板的下面有左右两个盒子，分别用来接放针和螺钉。镊子和小改锥（螺丝刀）各一只。克劳福手指灵活性测验分两部分：第一部分是针和环帽测验，被测者的任务是使用镊子将小针插入金属板上合适的针孔，在针的突出部分放上小环帽；第二部分是螺钉测验，要求被测者使用改锥（螺丝刀）把螺钉拧入金属板上的螺孔。尽管该测验的两部分都比较简单，但由于它与实际工作比较接近，因此，在选拔时具有很好的预测效度。

③创造力倾向测验。创造力是指个人在解决问题的过程中，个人发散型思维的流畅程度、变通程度和独创程度，是个人具备的推陈出新的能力，是个人的一种思维方式和能力类型。美国著名心理学家 J. P • 吉尔福特（J. P. Guilford）通过对高创造力人的观察和研究，认为创造力强的人具有以下特征：独立性强、不肯雷同，知识面广、逻辑性强、想象力丰富，好奇幽默；面对困难时，能轻松自如，并能专心致志地去完成自己要做的工作。

本章小结

（1）心理测验实质上是对行为样本的客观化和标准化的测量。行为样本、标准化、客观性、信度和效度构成了心理测验的五要素。根据测验的内容不同，心理测验可以划分为人格测验、能力测验。

（2）人格测验能够区分不同个体与他人相区别的、稳定的和独特的思维方式与行为风格，为企业展开人员的招聘与培训起到了极其重要的作用。

（3）根据测验方式的不同，人格测验分为自陈量表与投射测验等。常用的自陈量表有卡特尔16种人格因素测验、艾森克人格测试问卷、大五人格测验、霍兰德职业兴趣测验等。常用的投射测验有罗夏墨迹测验和主题统觉测验等。

（4）能力测验包括一般能力测验和特殊能力测验等。

（5）心理测验如同其他科学的工具一样，只有恰当地被运用才能发挥其良好的功效。相反，如使用不当，则会引起不良的后果。因而我们只有遵循一定的原则，按照相关的步骤标准实施，才能保证心理测验的质量。

复习与思考

1. 心理测验的定义是什么？
2. 心理测验的五要素是什么？
3. 心理测验的优势和不足有哪些？
4. 按内容划分，心理测验有哪些种类？
5. 心理测验的实施步骤是什么？
6. 人格测验的基本理论有哪些？
7. 常见的自陈式量表的人格测验有哪些？
8. 能力测验的定义是什么？
9. 能力倾向测验的类型有哪些？
10. 常用的智力测验有哪些？

拓展阅读

一份希特勒心理报告决定了第二次世界大战的胜负

1994年12月中旬，据美国中央情报局披露，他们在1944年2月完成的一篇有关希特勒的心理特征的分析报告，对第二次世界大战的提早结束，居然起到了不可忽视的作用。这一消息传出后，马上引起了人们浓厚的兴趣。

第二次世界大战期间，当欧洲战场上的形势转为对同盟国有利后，美、英、苏三国便商定将在欧洲登陆作战，开辟第二战场。然而，美方上层人物却对何时登陆意见不一，因而引发了一场大争论。一派主张登陆宜早，即应让纳粹德国尽快地在两个欧洲战场上作战。他们强调，登陆最迟不超过1944年5月底。另一派则认为，最好在1944年8月以后。

双方争辩焦点是5月底前登陆，希特勒心理上能否坦然承受。为此，罗斯福在1944年1月初下令情报机构在最短的时间内搞出一份有关希特勒性格分析的有说服力的报告。情报机构不敢怠慢，马上组织了最干练的间谍，特别是潜伏在德军高层的间谍参与了这次行动。由于情报人员一贯注重收集敌方首脑的“个性特征”的秘密情报，因此仅仅过了一个多月，即1944年2月下旬，一份详尽完整的《希特勒性格特征及其分析报告》就摆上了罗斯福的办公桌。

一点点加高鼻子

鲜为人知的是希特勒这位留着“卓别林式”的小胡子的“丑角”当权后，曾做了多次“鼻美容”手术。他的“理论”是，对于日耳曼人，有一个高挺的鼻子会给人以刚毅自信、勇敢无畏的感觉。

然而，他对这种手术却严加保密，绝对不愿让他的臣民们知道，他们的“至高无上的元首”居然会像一名爱漂亮的少女一样钟情于“美容”。顺便提一下，在当时，欧洲人普遍认为，整容是一种“破坏上帝赋予自己容貌”的爱虚荣的行动。希特勒深知这一点。他的“聪明才智”在于让医生一点点地加高鼻子，以便让他的“百姓们”感觉不到他们“敬爱的元首”竟然会做“整鼻手术”。

令人不可思议的是，当德军在苏德战场上节节败退时，他的鼻子加高手术仍未停止。

居然有“晕血症”

希特勒 50 岁以后看文件通常要用老花眼镜，这本无可厚非。然而，他却禁止任何人拍摄他戴眼镜的照片，以致英国情报部门接到隐藏在德国上层机关的间谍送来的有关希特勒眼睛已经老化的密报后，还怀疑它是否可靠。

他还是个严重的牙病患者。拔牙时，他会痛苦地尖声怪叫，但是另一方面，他又拒绝麻醉。他顽固地认为，麻药会让他“变傻”，这使牙医非常为难。

令人难以置信的是，这位杀人不眨眼的魔王居然患有轻度的“晕血症”，他见到血，特别是人血后常常会感到不舒服。可是，这一点他倒没有向外界隐瞒。因为戈培尔早已用如簧之巧舌，成功地把这美化为“仁慈”了。

孔雀死了他会掉泪

不过，他对动物，特别是自己饲养的动物确实关怀备至，充满仁爱。

他拥有一个庞大的鸟类养殖场，如果有一只孔雀死了他会伤心得掉泪。有时，一只昆虫死了，他甚至也会摇头叹息。然而另一方面，他却能心安理得地下令把几十万犹太人活活毒死。希特勒一生没有驾驶过汽车。可是，他的秘密爱好却是在夜深人静之际，坐上车，要司机以时速超过 100 公里的速度飞驶。在当时，这是一个不可思议的“疯狂速度”，相当危险。后来，他的司机因为过度紧张而精神失常。然而，他又严格规定他所乘的大车最高时速不准超过 37 公里。

他对别人的手指着迷。如果他不喜欢一个人的手，他会转身走开，拒绝同这个人继续交谈。

对长桌特别感兴趣

他对长桌有特别的兴趣。他召开会议时总是用很长的会议桌，因此，德国一些优秀的木匠常常被召去制造长桌。他拥有的一张最长的桌子将近 50 英尺（15.25 米）。他的肌肉原先就不发达，50 岁以后更是日趋萎缩，因此他即使在夏天也不穿短袖衫。而为他洗澡的仆人必须对他的身体外形严格保密，否则有“杀身之祸”。

有关他执政前的重要性格的情报却不多，只有下述两条比较有分析价值：他一生对女人都无好感，但年轻时曾狂热地爱上他的“嫡亲外甥女”，然而这场“刻骨铭心”的爱，却以一场悲剧——心上人的自杀而收场。此后，他一生对女人都无好感。他其实并不爱他的情妇爱娃。

他曾经画过一些色情画并出售。但在当权后，他都悄悄地指使手下人秘密地以高价全部购回销毁。

美国的心理分析专家依据这些资料得出有关希特勒心理问题的以下结论：

1. 高度压抑

对于任何人来说，“午夜飞车”都很可能是为求得心理压抑的解脱。但是，希特勒竟然到了不顾生命危险地“疯奔狂驰”的地步。这不仅有力地证明他在一整天都处于心理压抑状态，而且说明这种压抑的程度已经相当严重了。

2. 严重变态

在20世纪20年代的德国，同自己的亲外甥女恋爱是一种不正常的情恋。这场古怪恋情的失败，必然会在他心灵上留下深刻的甚至一生都难以消除的畸形阴影，它完全有可能导致心理压抑。更重要的是，这种压抑只会越来越深重，最后必然导致严重的变态。

3. 畸形虚荣

虚荣心是许多人都会有的，但变态的乃至畸形的虚荣心是罕见的。希特勒的虚荣已经到了畸形的程度。他“发明”的“鼻子渐高术”，充分证明了这一点。

4. 严重“女性化”

一般来说，女人比较注重研究别人的手，而希特勒对别人的手的兴趣已经相当反常，属于一种比较严重的女性性格。

他对动物反常的“柔情”，并不是为了博得“仁慈”，因为事实上他如要博得这种美名，是不需要这样的。毫无疑问，这种“多愁善感”也是一种女性化的心理特征。

5. 负担沉重

其实，肌肉不发达，对于一名国家领导人来说，并不是什么重要的缺陷。而希特勒对此“讳莫如深”正说明他为了掩饰自己软弱也已到了反常的地步，这正说明他心理十分虚弱，“永不露体”的衣服无疑会大大加大他与周围人、同外界的隔膜，大大增加他已经很沉重的心理负担。

6. 非常脆弱

长桌上居于主席位置的人能给别人一种威严感，同时又可同其他与会者离得远一些，对长桌的酷爱，显示他对这种形式上、表面上的“威望”的渴求；同时又表明他对下属心存疑虑，甚至表明他对任何人都有一种恐惧感。这实际上是一种心理非常脆弱的表现。

此外，以上严重的心理缺陷、矛盾、压抑和扭曲也都可以造成或归结为严重的心理障碍。

这份报告的结论是：如果盟军在西线发动强大的攻势，那么他在表面上，特别是在下属面前，仍会显出满不在乎的样子，但内心的虚弱肯定会大大增强。而且由于战火越烧越近，他将无法再在柏林“午夜飞车”，心理负担必然加重，盟军如果在 1944 年上半年发动大规模反击，希特勒将无法有效地指挥“忠于元首”的百万大军。

罗斯福仔仔细细地将这份心理报告阅读了几遍。最后，他决定同意美军在 1944 年上半年参加西线登陆战。

显然，当时如果没有美军的参与，其他盟军不可能发动这场人类史上最壮观最宏伟的登陆战。

以后的事实，完全证实了上述这份分析报告的预言。

（资料来源：东方. 曾经影响历史——一份希特勒的心理报告[J]. 领导文萃，1998（02））

实训任务一

【实训目的】

运用心理量表进行测试并对数据做出合理解释。

【实训内容】

每个同学先做一次卡特尔 16PF 量表自测，然后以小组为单位，讨论如何解释数据。

【组织与评价】

根据过程的准确性和结果解释的科学性酌情计分。

实训任务二

【实训目的】

在招聘环节中使用心理量表进行人格测试，并根据测试结果进行录用决策。

【实训内容】

假设你是公司的人力资源部门经理，准备在今年招聘应届毕业生，招聘的职位主要是管理人员和研发人员两类，通过岗位分析，已经具体确定了两大类职位所要求的能力、个性品质及职业适应性等要素，并按照岗位的基本任职资格，对应聘者已经进行了简历的初步筛选。现在需要你利用心理测验工具对应试人员进行人格测试，再根据测试结果进行录用决策，你准备如何进行？

【组织与评价】

（1）如果你是该公司人力资源部经理，你会怎样做？请说明理由，并给出详细具体的方案。

（2）对不同方案进行比较，任课教师进行点评。

实训任务三

【实训目的】

根据测评目的选择合适的心理测验；掌握心理测验的实施流程、计分以及分数合成方法；学会运用心理测验的结果描述、诊断、预测被测者的心理特征。

【实训内容】

上网收集某一具体岗位的工作分析资料，完成以下任务：

（1）结合工作分析资料，设计一个人员甄选的情境，确定此情境中需要对该岗位进行考核的心理特征指标。

（2）分析上述心理特征，选择合适的心理测验，并设计实施流程、计分及评价方案。

（3）向全班同学陈述上述方案。

【组织与评价】

（1）把教学班同学分成五个组，每组大约 10 人。

（2）每组自行分工合作，完成资料收集工作。

（3）由组长负责组织小组研讨，集中本组成员的研究结果，完成方案设计工作，并制作成文本文件，然后设计演示文件。

（4）每组推荐一人上讲台演讲，其间师生可以向该组同学提问或质疑，教师要引导学生参与研讨，鼓励学生陈述方案设计过程和结论。

（5）对各组的发言做出点评和成绩评定。

7

评价中心

学习目标

（1）掌握评价中心的概念；
（2）掌握评价中心的特点；
（3）掌握评价中心的优势与不足；
（4）掌握评价中心的操作流程；
（5）了解评价中心的新进展；
（6）掌握公文筐测试；
（7）掌握无领导小组讨论；
（8）掌握角色扮演。

引例

评价中心技术在公开选拔领导干部工作中的应用

为认真贯彻落实党中央和市委关于深化干部人事制度改革的部署要求，加大竞争性选拔干部工作力度，进一步拓宽选人用人视野，促进优秀人才脱颖而出，根据《党政领导干部选拔任用工作条例》和《公开选拔党政领导干部工作暂行规定》，北京市委决定，2011 年面向社会公开选拔 148 名局处级党政机关领导干部和国有企事业单位领导人员。公开选拔工作分为网络报名、资格初审、考试测评、组织考察、决定任用、任职谈话、岗前培训等阶段。

其中，考试测评分为笔试和面试两个环节。笔试环节包括综合素质笔试、领导特质测试两项，由北京市公开选拔领导干部工作办公室按照《党政领导干部公开选拔和竞争上岗考试大纲》的有关精神，局级职位按照“一职卷”、处级职位按照公开选拔职位类别命制试题，在统一时间内组织资格初审合格人员进行考试。笔试成绩按照综合素质笔试和领导特质测试 9：1 的比例计算。根据笔试成绩，每一职位按得分高低顺序列前 6 名的（得分并列的，全部列入，下同），到职位咨询点接受资格复审，复审合格者进入面试。进入面试的报考人员，要提交个人近三年的工作业绩报告。

副局级领导干部和市属国有企事业单位领导人员职位面试环节包括半结构化面试、无领导小组讨论、资历评价、心理健康与工作压力测试、外语水平测试等五项。部分进行专业管理能力测试的职位，不再组织无领导小组讨论。面试成绩按照半结构化面试、无领导小组讨论（或专业管理能力测试）、资历评价 5：3：2 的比例计算。处级领导干部和区县局级单位所属企事业单位领导人员职位面试环节，包括半结构化面试、资历评价、心理健康与工作压力测试、外语水平测试等项目，部分职位进行专业管理能力测试（或无领导小组讨论）。进行专业管理能力测试（或无领导小组讨论）的职位，面试成绩按照半结构化面试、专业管理能力测试（或无领导小组讨论）、资历评价 5：3：2 的比例计算；不进行专业管理能力测试（或无领导小组讨论）的职位，面试成绩按照半结构化面试、资历评价 8：2 的比例计算。心理健康与工作压力测试、外语水平测试成绩作为参考，不计入考试测评综合成绩。

根据考试测评综合成绩，参考心理健康与工作压力测试结果、外语水平测试成绩，确定每一职位前 3 名人选，到指定医院体检合格后，列为考察对象，对其进行组织考察，然后再进行“决定任用”“任职谈话”“岗前培训”等阶段，直至选拔工作完成。

历时三个多月，经过网络报名、资格初审、考试测评、组织考察、决定任用等环节，最终确定了 35 个局级和 103 个处级职位的任职人员。35 个局级职位任职人员，平均年龄 41 岁，最小的 36 岁，最大的 47 岁；女干部 3 人；非党员干部 5 人；具有研究生学历的 27 人，占 77.1%；具有博士学位的 10 人，占 28.6%，具有硕士学位的 15 人，占 42.9%；具有高级职称的 23 人，占 65.7%；后备干部 16 人，占 45.7%。103 个处级职位任职人员，平均年龄 35 岁，最小的 29 岁，最大的 45 岁；女干部 29 人；非党员干部 16 人；具有研究生学历的 68 人，占 66%；具有博士学位的 10 人，占 9.7%，具有硕士学位 56 人，占 54.4%；具有高级职称的 22 人，占 21.4%；后备干部 42 人，占 40.8%。另外，有 7 个处级职位经考察没有合适人选，职位空缺。

这次公选是北京市第 11 次公开选拔领导干部，在工作中，充分借鉴历年尤其是 2010 年公选的成功经验，积极探索，大胆实践，围绕“干什么、考什么”的要求，进一步改进考评方式和内容，不断扩大公开，取得了良好的效果。

（资料来源：北京市 148 局处级岗位公选局级职位考试“一职一卷”[EB/OL]. [2017-10-01] http：//politics.people.com.cn/GB/14562/14590721.html）

案例思考题

（1）除了案例中提到的评价中心技术，你认为还可以将哪些评价技术引入领导干部的选拔中去，为什么？

（2）结合评价中心技术实施步骤，试分析在领导干部选拔过程中应注意哪些问题？

评价中心是现代人员素质测评的一种主要形式，也是人力资源管理活动中的一种重要形式。与其他测评方法一样，它有着自己的形式、特点和操作方式，是人力资源管理与开发中较为特别的一种测评方法。

7.1 评价中心概述

1. 评价中心的概念

现代人才测评理论认为，人的行为和工作绩效都是在一定的环境中产生和形成的，对人的行为、能力、绩效等素质特征的观察与评价，不能脱离一定的环境，所以要想准确地测评一个人的素质，应将其纳入一定的环境系统中，观察、分析、评定被测者在该环境下的行为表现及工作绩效，从而考察被测者的全面素质。基于这种理论，人们逐步形成和发展了评价中心技术这种现代人才测评的新方法。

“中心”一词听起来像某个地点，但评价中心其实是一种活动，而非一种场所。评价中心（assessment center）技术是一组以测评被测者各种素质为中心的标准化的评价活动。评价中心技术是综合运用各种不同的素质测评方法的一种新型人才测评技术。它通过创设一种逼真的模拟管理系统或工作场景，将被测者纳入该环境系统中，使其完成该系统环境下对应的各种工作。在这个过程中，测评人员采用多种测评技术和方法，观察和分析被测者在模拟的各种情景压力下的心理、行为、表现及工作绩效，以测量和评价被测者的管理能力和潜能等素质。评价中心技术还纳入心理测验、笔试、面试等传统测评技术，优势互补，形成了一个综合、全面的人才测评系统。

2. 评价中心的特点

评价中心与传统测评方法不同，它不是一个单一的测评方法，而是一组测评方法的综合，它具体有以下六个方面的特点。

1）综合性

评价中心是对行为观察和心理测验法等多种测评技术的综合运用，其中行为观察法主要包括无领导小组讨论、管理游戏、角色扮演、公文筐测试等，心理测验法通常采用智力测验、能力测验、人格测验、投射测验和职业兴趣测验等。表 7-1 显示了评价中心各种测评方法的使用频率。

表 7-1 评价中心的各种测评方式的使用频率

复杂程度	评价中心形式名称	实际运用频率
依次递减	管理游戏	15%
	公文处理（公文筐测试）	81%
	角色扮演	没有调查
	有领导小组讨论	44%
	无领导小组讨论	59%
	演讲	46%
	案例分析	73%
	事实判断	38%
	模拟面谈	47%

由于评价中心综合使用多种测评技术，它能够多角度、多层次考察被测者各方面的素质特征。另外评价中心不仅有助于挑选出具有发展潜力的管理人才，还能在测评的过程中训练被测者的管理、思维、分析、团队合作等能力，如以选拔为目的的评价中心，兼具选拔与培训的功能。

2）灵活性

评价中心在测评中有针对性和选择性地灵活使用各种测评技术和测评内容。例如，在测评被测者的能力发展时，采用 360 度评估方法；测评被测者的分析思维能力时，采用案例分析的方法；测评团队合作能力时，采用管理游戏的方法。这样也增强了测评结果的公正性和客观性。

3）标准化

评价中心中的测评技术多种多样、测评活动较多且形式多样，测评持续时间从几个小时到几周不等，但是每项测评活动都是按照测评需要进行设计的，都有统一的设计标准。另外，在测评过程中，多个测评人员按严格的程序对被测者进行集体评价，最后通过定量、定性的方法整合测评结果来达成一致意见。

4）效度高

评价中心具有效度高的特点，其采用多种测评技术进行测评，使各测评结果得到相互补充和验证。测评中定性评价与定量评价相结合，减小了测评中的误差。评价中心采用情景模拟性测评，测评的内容与真实的工作情境十分相似，测评人员能够直接观察和测评被测者解决问题的实际能力。评价中心效度高的特点，是为人们所公认的，即使是最严厉的批评者也不能否认这一事实。表 7-2 显示了多个学者对评价中心预测效度的研究结论。

表 7-2　测评结果（Overall Assessment Rating，OAR）预测效度的研究总结

研究者	时间	结论
Byharn	1970	OAR 能够找出那些步步高升的管理者。从测评结果来看，成功管理者的得分高于不成功的管理者。OAR 与业绩的相关系数范围为 0.27~0.64
Cohen 等	1974	OAR 与业绩的相关系数为 0.33，与潜能的相关系数为 0.63，与职业晋升的相关系数为 0.40
Thornton 和 Byharn	1982	OAR 能够预测职业晋升情况、业绩水平等
Hunter 和 Hunter	1984	统计分析的结果表明 OAR 与工作业绩的相关系数为 0.43
Schmitt 等	1984	统计分析的结果表明 OAR 与一系列才能指标的相关系数为 0.41
Gaugler 等	1987	统计分析的结果表明 OAR 与晋升、工作业绩评价等的相关系数为 0.37

从表 7-2 中，我们可以看出评价中心测评总结果（OAR）的预测效度最低为 0.27，最高为 0.64，平均为 0.41。也有一些研究表明评价中心中的结构化行为访谈预测效度为 0.35～0.45，单个情境模拟为 0.40 左右。虽然从绝对效度而言，0.41 并不算很高，但是相对于一般的心理测验、笔试等方法而言，其预测效度显然要高很多。

5）针对性

评价中心的测评指标体系设计是基于对岗位的工作分析的，其根据不同层次、类别人员的岗位要求和必备素质，设计有针对性的模拟情境，尽可能真实地模拟特定的工作条件和工作环境。这样做的结果是尽最大可能保证选拔出来的人员在今后的工作中能够同他们在测验中的表现一致。

6）成本高

评价中心是多种测试方法的集合，从时间角度计算，评价中心技术要比传统的测评技术或某一项测评技术测试的时间要长得多。不同目的的评价中心技术需要的时间不同，基于选拔的评价中心技术大概需要一天的时间，基于培训的评价中心技术需要一天半到两天的时间，以技能开发为目的的评价中心技术需要一天半到两天的时间。同时，测试结束后，测评人员需要花大量的时间进行定量与定性的综合评价。评价中心的题目也往往需要进行个性化开发，题目开发的工作量非常大，而题型的设计对评价中心的预测效度非常重要。因此，评价中心要花费的时间成本和人工成本比较高。

3. 评价中心的利弊

评价中心作为一种现代化的人才测评技术，具有以下优点。

1）突破传统测评技术的局限性

虽然早期的一些素质测评技术，如智力测验、个性测验等具有一定的效果和作用，但是评价中心综合了管理学、心理学、社会学、行为科学和人类学等多门学科的研究成果，突破了传统测评方法的局限，开创了测评技术的新局面。评价中心主要针对管理人员，注重现场研究和实践性，着重考察被测者解决实际问题的能力，使人才测评技术有了新的发展。

2）测评有效性较高

自从评价中心被运用以来，人们对它的有效性颇感兴趣。人们常运用评价中心对未来工作绩效的预测来说明其有效性。通过计算个体在评价中心中的全面结果和某种形式的绩效标准，如评价性测量、晋升/工资增长，或经理人员的主观判断间的相关系数来预测其效度。迄今为止，对各种测评方法效度的研究均表明，评价中心的效度明显高于其他测评方法。

1984 年，M • 史密斯（M. Smith）曾针对评价中心的有效性进行过一次元分析，发现评价中心和其他测评方法的效度系数如表 7-3 所示。

表 7-3　评价中心和其他测评方法的效度系数比较

方法	效度系数
评价中心	0.65
工作样本测试	0.54
认知能力测试	0.53
个性测试	0.39
背景资料	0.38
参考资料	0.23
面试	0.19

（资料来源：唐宁玉. 人事测评理论与方法[M]. 大连：东北财经大学出版社，2002：162.）

同期，N • 施密特（N. Schmitt）和 B. B • 高格勒（B. B. Gaugler）也分别做过类似的元分析，他们发现评价中心的效度分别为 0.41 和 0.37。

与其他方法一样，评价中心同样存在一些问题，在使用过程中需要格外注意。

（1）评价中心需要结合其他方法综合使用，评价中心应对被测者的能力指标、个性特征、动机与职业倾向进行测查，而对其应具有的知识与职业道德并不适宜测查。所以，对管理人员进行评定应形成以评价中心为主、笔试（知识测评）与评定委员会面试（职业道德测评）为辅的评定系统，三者形成相对固定的评定程序。

（2）评价中心、笔试与评定委员会面试三者之间的权重不易确定。能力、个性特征、动机与职业倾向、知识、职业道德五项指标都会对被测者的最终评定结果产生影响。评价中心、笔试、评定委员会面试三种形式的评定结果在对管理人员的最终评定结果中各占多少比例难以确定。

（3）评价中心的专业测评人员比较稀缺，开发成本与施测成本比较高。由于我国人才测评产业起步较晚，专业人才测评师匮乏，加之情景模拟测验的开发成本与施测成本比较高，所以评价中心的价格目前偏高。评价中心的主要成本在于人工成本，测评人员需要在分析大量访谈的基础上确定测试指标，并根据测试指标进行题目开发与试测。另外，需要测评人员根据被测者在测试过程中的表现进行记录并评价，最后还需出具测评报告。

（4）评价中心的流程相对复杂，测试时间长。由于评价中心需要对被测者进行多项测试，所以占用时间较长，如果再与笔试和评定委员会面试评估相结合，占用时间就会更长，所以可能会影响评价中心在管理人员评定中的普遍应用。测评项目、时间及测评方式如表 7-4 所示。

表 7-4　测评项目、时间及测评方式

测评项目	测评时间	测评方式
个性测验	45 分钟	全体
职业取向、动机测验	40 分钟	全体
半结构化面试	60 分钟	单独
无领导小组讨论	70 分钟	小组（5~7 人）
公文处理测验	120 分钟	全体
演讲	30 分钟	单独

4. 评价中心的操作流程

一般来说，评价中心操作流程主要包括 7 个步骤，企业可以根据实际情况加强或弱化其中的某些环节。

1）明确测评目的

开展任何类型的人才测评工作都要首先明确测评的目的，评价中心也是如此，也就是“要利用评价中心技术达到哪些目的”。企业开展人才测评有四个基本目的：人才选拔、人才培训、绩效考核和能力诊断，测评就围绕这四个目的展开。

2）确定测评维度

接下来，需要根据测评目的，确定测评的维度，即回答“测什么”的问题。在确定测评维度的工作中，可以采取工作分析的方法。通过对岗位说明书的了解以及对任职者的上级及任职者本人的访谈，了解该岗位的工作职责和任职规范。

从工作分析的结果中可以明确测评的维度。在确定测评维度后要同时对每个维度进行定义，经常采用的定义方法有典型的行为定义与采用定义，部分指标也可以采用极端特征式的定义方式。然后为各个指标分配合理的权重，用于培训开发的评价中心可以采用维度分类的方法，将所有需要测评的维度划分为核心维度与次级维度。

3）选择测评方法并进行题目开发

评价中心本质上就是多种测评方法及工具的有机组合，它主要的设计问题就是选择可行的方法及工具，对需要测评的素质进行有效的评价。这里所说的“可行的方法及工具”具体体现在三个方面：一是这些方法及工具适合用来测评相关素质，一般而言，测评的题目需要根据所测岗位的特点进行个性化设计；二是这些方法及工具要能够购买到或设计出来，因为测评题目的开发需要人才测评方面的专业人才，而目前我国这方面的人才非常缺乏；三是这些方法及工具能够被合理地使用。

4）培训并协调测评项目相关人员

（1）与所有参与人员进行沟通。评价中心的参与人员包括测评人员、被测者及一些其他的参与人员。

对于被测者，要事先向其提供一些关于评价中心技术的简介和测评指导语，包括有哪些类型的测评、所需要的时间、生活安排及对他们的纪律要求等内容。

对于参与人员，需要与其就评价中心的每一个细节进行深入交流，以便使其能够理解此次评价的目的、意义，从而很好地配合主要测评人员实施测评。

（2）培训测评人员。对测评人员培训的基本目的在于让测评人员掌握如何根据既定的标准和要求对被测者的表现做出客观的判断和评价，对测评人员培训的内容包括四个方面。

① 评价中心的各项政策和规定，包括被测的详细资料和信息的使用限制。

② 测评方法和工具的使用。测评人员应熟练掌握在每项测评的过程中所要观察的维度和典型的行为表现。

③ 所要测评的要素及具体的维度，包括测评要素与行为表现之间的关系。

④ 测评及评分的具体过程，处理、整合数据资料的各种方法与技巧。

5）测评方案设计与实施

测评方案的实施过程实际上就是解决组织与分工问题，即“怎么测”，根据测评方法的特点以及实际情况来决定测验的顺序。设计测评方案要根据“成本最低、时间最短、用人最少”的原则，精确地计算测试成本、准确地规划测试时间、合理地安排测试场地、详细地安排人员分工。做好测评人员分组分工、计算题目数量、计划测试时间等工作。表 7-5 所示为某企业的评价中心测试实施安排表。

表 7-5　评价中心测试实施安排表

日期	测评项目	时间	测评对象	评委组成	地点
×月×日	无领导小组讨论	9:00—11:00	第 1 组被测者	A 组评委：李××、张××、王××、刘××、程××	××会议室
			第 2 组被测者	B 组评委：姜××、任××、周××、韩××、耿××	××会议室
		14:00—16:00	第 3 组、第 4 组被测者	第 3 组：A 组评委 第 4 组：B 组评委	
×月×日	动机与个性心理测验	9:00—11:00	全体被测者		××室
	公文筐测试	14:00—17:00	全体被测者		××室
×月×日	半结构化面谈	9:00—9:45	1 号被测者	A 组评委：李××、张××	××室
			2 号被测者	B 组评委：王××、刘××	××室
			3 号被测者	C 组评委：姜××、任××	××室
			4 号被测者	D 组评委：周××、韩××	××室
		10:00—10:45	5—8 号被测者	依次 A、B、C、D 组评委	
		11:00—11:45	9—12 号被测者	依次 A、B、C、D 组评委	
		14:00—14:45	13—16 号被测者	依次 A、B、C、D 组评委	
		15:00—15:45	17—20 号被测者	依次 A、B、C、D 组评委	
		16:00—16:45	21—24 号被测者	依次 A、B、C、D 组评委	

6）测评结果统计与撰写报告

评价中心技术的正常运行需要专人负责监督与评估，以便及时发现问题并及时调整。在监督的过程中，需要做详尽的记录。

7）测评结果反馈

测评结果的反馈是测评的最后阶段，但绝不是最不重要的阶段。人员素质测评是为了找出自身欠缺的地方，帮助员工成长而不是为了评判一个人。测评者的角色不是法官和裁判，而是一个合作者，从被测者的角度出发，帮助其进行职业生涯的选择以及成长。有些企业运用评价中心找到了有能力的人选，也诊断出相应的培训发展需求，但是，迟迟未能付诸行动，致使测评结果根本得不到任何利用。有些企业在利用评价中心的测评结果时，无视作为被测的员工对参加评价中心所产生的某种期望与感受，引起员工的不满。

5. 评价中心的新进展

在过去的五六十年里，评价中心技术为人才的选拔和发展做出了巨大贡献。种种迹象表明，评价中心技术的应用日趋增长，例如，专业期刊上关于评价中心技术的文章不断涌现；在诸如管理学大会、产业和组织心理学大会等世界性的科学和专业人士大会上，关于评价中心技术的项目层出不穷；世界最大的几家咨询机构，包括 DDI、PDl、ESSC 等都表示，它们的测评业务近几年一直保持持续增长的势头。

随着组织结构的日益扁平化、参与管理被广泛采纳，以及雇员日益频繁地流动，评价中心技术也会发生变化，评价中心及整个测评业务都将得到蓬勃发展。由于劳动力缺乏，组织需要员工具有更多的管理技能，从而使评价中心技术更侧重于培训发展，而非以往那样侧重于甄选。随着现代通信技术的发展，评价中心将趋于非正式化，测评人员和被测者无须花 3～5 天甚至更长的时间聚在一起。由计算机和视频技术辅助测评的方式进行，测评人员可以使用计算机化的行为记录清单做行为记录，这有助于测评人员进行行为的观察、评价、打分。评价中心技术也日益突破仅针对管理人员的局限，而被应用于非管理层、新进员工等不同类型的员工。

1）发展中心

学习型组织、全面质量管理等现代管理概念的提出，意味着个体的提高与完善将永无止境，发展中心可能代表了评价中心技术最重要的发展趋势。

发展中心这一术语在 20 世纪 90 年代被提出，较传统的评价中心技术而言，其侧重点有所不同。传统的评价中心主要侧重于对外部招聘及内部招聘的对象进行挑选，而发展中心更侧重识别被试者的潜能，诊断其与工作有关的优势和劣势。所以，与评价中心技术相比，发展中心不是一个成功或失败的决策事件，它持续的时间更长，成本更高，参与者个体对资料所有权的分享，在评价过程中就予以反馈，发展从评价过程中就已经开始，聚焦于学习和自我提高，对咨询或支持要求更好，关注可发展的标准。发展中心就是运用评价中心的技术识别个体的优势和不足，以便诊断发展需要，提高工作绩效，促进职业生涯发展，帮助组织获得成功。

2）自我洞察的评价中心

20 世纪 70 年代提出的自我洞察的评价中心是一种将传统的评价中心技术与自我发展、向他人学习相结合的方法。自我洞察的评价方法包括：识别优势和发展需求，而不是事先确定与工作有关的绩效标准；形成一个发展计划以满足发展需求和建立优势；开发参与者的绩效技能；熟悉评价中心的技术和实践等种种活动。

自我洞察的评价中心和其他评价一样，要事先确定合适的标准，然后经历约5天的练习。被测者第一天要做的工作是大量练习和测试。第二天，被测者要回顾有关将要使用的行为标准。从这一阶段开始，被测者开始了解目标工作的要求，以及刚结束的模拟间的相关性。第三、第四天，被测者要处理练习的大部分，每一个被测者都要扮演测评人员对自己的表现进行全面评价，这就是自我洞察的过程，同时也要对另一同伴的表现予以评价。所有练习都分析完成后，被测者再扮演测评人员将结果反馈给其他被测者。这些反馈都是比较积极和富有建设性的。第五天，每个被测者都收集好与自己有关的信息、材料、反馈，形成一份自我发展报告。因此，自我洞察的评价中心与传统方法的显著区别在于，它没有任何评价者，相对而言节约资源。被测者的有关资料被记载或记录下来供以后分析使用，因此这种方法没有威胁，只有被测者自己拥有所有完整的绩效表现资料。另外，在自我洞察的评价中心中，被测者更了解自己的发展需求。这种方法也提高了评价、反馈技能，而且被测者对这种方法的反应更为积极。

7.2 公文筐测试

公文筐测试是评价中心中运用频率最高的一种测评形式，它被认为是有效的测评方法之一。公文筐是对实际工作中的管理人员掌握和分析资料、处理各种信息以及做出决策的工作活动能力的综合测评。它兼备了情景模拟技术和传统纸笔测试的优点，被越来越广泛地应用于领导干部和管理人员的招聘选拔中。

1. 公文筐测试概述

1）公文筐测试的含义

公文筐测试，又称公文处理，是评价中心情景模拟测评技术中使用最多也被认为最有效的一种形式。该方法将被测者置于一个特定职位的模拟情境中，由测评者提供一批该职位经常需要处理的文件，包括电话记录、请示报告、上级主管的指示、待审批的文件、各种函件、建议等形式，它们分别来自上级和下级、组织内部与外部，包括日常琐事和重要大事，但在给出时所有文件都是随机排列的。这些文件都需要在一定的时间和规定的条件下处理完毕。被测者还要以口头或书面的形式说明处理的原因。测评者根据被测处理的质量、效率、对文件轻重缓急程度判断的准确性以及对处理结果和理由的解释说明等，评价测评对象的实际工作能力和管理潜力。

公文筐测试通常用于管理人员的选拔，考察被测者资料分析、信息处理、授权、计划、组织、控制、判断等多项素质，是评价中心技术测评中、高层管理人员的重要工具。

2）公文筐测试的优缺点

（1）优点：

① 可考察的职位范围广泛。公文筐测试的内容包括背景知识、业务知识、操作经验及能力要素等，可根据不同岗位特有的工作特征编制题目，设计出不同的测验文件来评定被测者是否胜任某一岗位。基于此编制的公文筐测试具有广泛的实用性，可应用于军队军官的选拔、企业管理人才的选拔、学校校长的选拔等。

② 测评情景模拟性高。完全模拟现实中真实发生的经营、管理环境，是工作情境的浓缩，具有“高仿真性”。公文筐测试的高仿真性这一特点使测评结果更能体现被测者的真实能力水平，且被测者被置于特定工作情境中，需要扮演特定的岗位角色，与传统的能力测验相比更能充分吸引被测者答题的兴趣。

③ 测试形式灵活多样。公文筐测试仍属纸笔测验，与无领导小组讨论等其他情景模拟测验相比，它的一个显著优势是要求完成的任务均可以以书面的形式实现，且对场地的要求较低。既可以单独施测，也可进行大规模的集体施测，这样可节省施测时人力与物力的投入。

④ 测评内容综合性强。公文筐测试的材料涉及模拟的现实工作情境中的方方面面，包括日常管理、生产、人事、财务、市场、公共关系、政策法规等，被测需处理的公文具有全面性、典型性、代表性等特点，更易考察被测者对各种业务的整体处理协调能力，可以在短时间内较全面地评价被测评者。

⑤ 测评结果迁移性高。公文筐测试不仅考察被测者当前的能力，还对其将来潜力进行考察。在处理公文时，被测者必须考虑公文的轻重缓急，必须有效地解决各项公文。测验是模拟真实的工作环境设计的，测验结果在实际工作情景中有较大的迁移性，对被测者在未来工作岗位上的表现预测效果较好。

（2）缺点：

① 测验编制困难。要编制一份信效度较高且实际应用效果较好的公文筐测试较为困难。公文筐测试是对被测者实际综合能力的考察，编制时必须要考虑到测验的模拟性、系统性、全面性、重要性、针对性、随机性及标准化等原则。因此，测验编制者将在收集资料、进行工作分析、评分标准的制定方面花费大量的人力、物力与财力。

② 评分主观性大。评分的准确性直接影响到随后的人员选拔与决策，但由于测评人员的个人特征、类型、来源以及接受的培训存在差异，且被测者的答题风格也存在一定差异，测评人员在实施复杂、单调的计分程序评定被测时将不可避免地存在一定的主观性。公文筐的计分方法与过程的可靠性问题极大地限制了公文筐测试的广泛应用。

③ 施测目标群体有限。公文筐测试不适合未从事过相关领域工作的人，且不适于知识水平较低的体力劳动者与基层工作者。目前，公文筐测试的研究与应用均以中高层管理者的选拔、培训、晋升、职业咨询为主；被测者若没有相关的知识储备与工作经验，则在测评短短的 1~3 小时内对要处理的公文消化、吸收并能做到恰当处理是很困难的，即便该被测者具有一定的组织、管理与协调能力，在测验中也不会取得较好的成绩。

3）公文筐测试适合测评的维度

一般而言，公文筐测试会涵盖一套公文组合，通过将管理情景中可能遇到的各种典型问题抽取出来，以书面的形式让被测来处理，它可以考察被测者多方面的管理能力，比如分析判断、计划与组织、授权与控制、决策等能力。归纳起来，常见的测评维度主要分为两类，见表 7-6。

表 7-6　公文筐测试适合测评的维度

与事有关的能力	分析判断、洞察力、统筹规划、决策、授权与控制、计划与组织、协调能力、文字写作等能力
与人有关的能力	人际敏感性、沟通能力、组织建设

2. 公文筐测试的编制

1）确定测评要素

通过工作分析或胜任力特征分析来明确拟任岗位的要求，确定胜任该职位必须具备的知识、经验和能力。充分考虑公文筐测试的特点进行取舍，并确定各个要素应占多大的比例。通常公文筐测试法可以考察计划、授权、分析、预测、决策、组织、控制等多项能力，为了便于编制文件，通常要给出各测评要素的简要的操作性定义。下面以市场总监为例，给出几种能力的操作性定义。

（1）计划能力。计划能力指被测者在分析每一既得信息所反映的问题、问题产生的根源以及各问题间的相互关系并据此确定工作目标、工作任务、工作方法和工作实施步骤的能力。对于市场总监来讲，就是考察在特定的外部竞争环境和内部资源条件下进行产品计划、价格计划、分销计划和促销计划的能力。滚动计划法的应用情况、计划的可行性、实施所需时间/成本以及风险度是考评管理者计划能力的关键指标。

（2）组织能力。组织能力指被测者按照各项既定工作任务的重要性和紧急程度安排工作次序、调配人力、物力、财力资源、合理分工、授权并进行相应组织机构或人事调整的能力。

当某大区的商品营业额出现大幅度滑坡时，市场总监往往要增派促销人员，调拨促销用品，加大营销费用，授予大区市场经理临时特别权力，甚至调整大区市场部组织机构或管理班子来加以应对。工作次序安排、资源配置、工作分工/授权情况以及组织措施的成本和风险度是考评管理者组织能力的关键指标。

（3）预测能力。预测能力指被测者对模拟工作环境中相互关联的各类因素及总体形势与未来发展趋势进行准确判断并预先采取相应措施的能力。竞争对手在某中心城市的各大商场刚刚投放一种明显优于公司现有主导产品的新产品，而该城市正是公司下一步计划重点经营的目标市场，此时，准确的预测及有效的应对措施对市场总监来讲就显得十分关键。对工作环境中各类相关因素、总体形势与未来发展的多种可能性及其发生概率的分析论证、各种防范和应对措施的合理性是考量管理者预测能力的关键指标。

（4）决策能力。决策能力指被测者在解决实际工作问题（特别是解决重要且紧急的关键问题）时策划并选择高质量方案的能力。

公司的新产品已被消费者认同，销售额和利润正在快速增长，仿制品也开始进入市场，此时是重点开拓全新市场、建立新的分销渠道，还是在已开发市场转变广告宣传策略、降价促销呢？这就需要市场总监审时度势、全面斟酌、正确决策，决策目标的清晰程度、备选方案（一般为两到三个）的可行性、各方案的评价比较和最终确定是考评管理者决策能力的关键指标。

（5）沟通能力。沟通能力是指被测者通过书面形式准确表达个人思想和意见的能力。实际工作中，市场总监会经常以电子邮件、传真、信函或公文的形式与各大区经理进行工作交流，根据市场人员状况和市场竞争态势对大区经理进行适时的工作指导，对大区经理进行日常慰问和精神鼓励等，这就需要良好的书面沟通能力。沟通网络和沟通方式的选择、信息的准确性、思维的逻辑性、结构的层次性、文字的流畅性是考评管理者沟通能力的关键指标。

公文筐测试还是考察业务知识和技能的良好途径。一份典型的公文筐测试一般会包括以下范畴的考察内容：财务、人力资源、市场、生产、战略投资等，通过将不同的考察点设置到公文筐测验的案例中，可以考察被测者在这些方面的能力。

此外，通过现场观察，可以了解被测者的外显行为：自信/退缩、轻松/紧张、镇定/焦虑、有条理/忙乱等。

2）编制公文筐测试试题

（1）选择文件种类。公文筐测试所包含的文件按形式分有信函、报表、备忘录、批示、报告、请示、便条、建议书等；按内容分有法规性文件、指挥性文件、知会性文件、报请性文件、记录性文件等。在测验中，这些文件都要占有合适的比例。

在公文筐测试的编制中内容的全面性显得尤为重要，因为不同内容的公文会有针对性地考察出被测者的一种或几种关键能力。以政府部门的公文筐测试为例：指挥性公文是向所属机关传达、贯彻党和国家领导机关的方针政策，体现领导意图、实施行政指挥的公文，主要有命令、指示、决定批复等。如果是受文，一般无需决策，仅需组织执行，主要考察组织、内部协调能力；如果是发文则主要考察决策能力。而法规性公文是由国家权力机关、国家行政机关依据宪法规定的权限，制定的法律、法令、行政法规和规章，具有明显的强制性。一般使用命令、议案、通知的形式发布施行，受文单位无需决策，只需发送相关部门传阅并组织学习，主要用来考察组织能力。

（2）确定每种公文的内容。公文的内容包括组织的规模、假设的职位、涉及的因素和人员、文件的性质和内容、信息的周全与简略、问题的难度与范围以及一些预设的情境等。

（3）收集素材。文件的素材不能凭空杜撰，而要通过实际工作中出现的事件分析归纳得出，包括日常工作中处理的管理文件、经常出现的典型事件。例如，如果被测者是一位人力资源经理，公文筐测试中可能包括涉及人员流失、稀缺人才搜寻困难、培训师资不佳、劳动争议、薪酬福利费用超支、员工绩效表现低下、前任管理记录残缺不全、得力助手出现过失等一系列问题的文件；如果被测者是一位副总经理，他所面对的资料就可能涉及整个企业的财务、人力资源、市场销售、生产物流、信息化、技术研发等更为广阔、复杂和高端的领域。

表 7-7 根据市场总监日常管理工作中的典型事件，列出了工作中可能出现的相关素材。

表 7-7　典型事件与公文筐测试素材对应表

管理过程中的典型事件	需要收集的相关素材
签发文件	需签发的文件样本，包括财务费用支出请示报告、人事调整（招人、裁人、调岗、辞职）请示报告、选定供货商请示报告、学习进修申请报告、各类合同文本等
处理下属等提出的问题	用书面文字描述 3~5 个需要领导解决的典型问题，包括工作汇报、客户投诉等
回复各类商业函件	商业函件的文件样本
组织、主持各类工作会议	包含会议性质、主题、时间、与会人员及其数量等相关信息的文件样本
给下属分派任务	包含任务性质、要求、会遇到的障碍等相关信息的文件样本
与客户进行谈判	包含客户性质、一般谈判主题及遇到的阻力等相关信息的文件样本
协调处理不同性质的冲突和矛盾（来自组织内、外部）	包含冲突起因、经过、结果等相关信息的文件样本
参加必要的社交活动（宴会、讲座、报告会等）	包含各种活动的性质、场合、交际对象、主题等相关信息的文件样本

作为一项测试综合能力的工具，公文筐测试应该以工作中的关键事件来构成公文测试的核心部分。一位合格的管理者应该在岗位必须处理的关键事件上表现出良好的素质，才能预期在接任管理职位之后能够有较好的工作业绩。但如果仅从一些非关键事件上来推论被测的能力，可能会与实际情境中表现的能力有所偏

差，从而削弱公文筐测试情景模拟的优势，因此，在编制公文筐测试之前必须做好关键事件访谈这一重要工作，可以到相关部门收集日常公文以及工作中遇到的关键事件，即以开放式问卷调查的形式请相关人员描述工作中遇到的典型案例或关键事件。公文素材搜集访谈提纲如下。

尊敬的先生/女士：

您好！我们正在进行一项关于××职位的公文筐测试题的编制，因编制需要，我们要收集一些与××职位相关的公文素材（主要包括上级主管的指示、电话记录，请示报告、待审批的文件，各种函件、建议等）或关键事件。所以，希望能得到您的大力支持！谢谢！

姓名：　　　　　　性别：

部门：　　　　　　职务：

请您提供一些工作中处理过的典型公文或关键事件，可以是您自己亲身处理的。

（4）筛选、加工素材。在筛选时，不仅要筛掉那些难以处理和很容易处理的素材，还要筛掉那些外部应聘人员不熟悉的素材，以保证测验的公平性。

（5）编制文件。编制文件要从测评的目标即岗位所需要考察的测评指标出发，一般是先选定1～2个文件组，每个组合大概包括5～8份相关的公文，文件组中的文件是相互关联、相互牵制的，这些文件组就构成了公文筐测试的骨架。然后以这一公文组合为参照，补充其他的公文，以测查到所要测查的所有维度，并保证公文筐测试中公文结构合理、具有代表性。

在完成这一程序之后，必须先对公文的呈现顺序进行随机安排，然后再根据实际情况，把公文次序中与现实情况相悖的部分进行适当的调整。这样就使公文处理的线索隐藏起来，公文筐测试情境与实际工作情境更为相似，从而有利于准确测查各种综合管理能力。

最终编成的文件应该具有以下特点：

① 岗位关联性：多大程度上体现岗位的意义、业绩及挑战，是否涉及未来工作中最主要的活动，是否体现对多种情况的归纳与概括。

② 逻辑关系：各文件的内部结构是否合理，逻辑关系是否清晰，单个文件是否重点突出。

③ 难度：是否对不同候选人有区分度，要求不能太难或太易，从而使大家的得分都很高或者都很低而导致没有区分度。

在案例之外，还需要设计清晰、详细的指导语。指导语要说明测试的有关环境、候选人在其中的任务与有关要求等，文字应该通俗易懂，以保证每个候选人都能准确无误地理解测验要求。

（6）试测、收集答案。文件编制结束以后，为了验证编制出来的公文筐测试的有效性，可以将其试测于一些优秀的任职者和一批没有管理经验的一般人员。将两个群体作答的结果进行比较。假如两个群体的作答结果之间没有显著的差异，或者一般人员的结果比优秀管理者的结果要好，这就说明编制的公文筐测试可能存在问题，区分效度不明显，需要进一步修改。假如优秀管理者的结果明显要好于一般人员，则可以接受这份公文筐测试，但要注意强调保密。

文件编制结束后，搜集参考答案也是非常重要的内容。一种比较好的做法是，把编制好的文件让在职人员处理，这些在职人员应该和被测者具有相似的特征，可以看作来自同一个样本群体，并且他们所在的岗位就是被测者将来拟任的岗位。人数应该保证在几十个人以上，不能太少，但是时限可以稍微宽松，以保证他们能够将所有的文件都处理完。最后根据这些在职人员的结果进行汇总分类，对答案进行分析。另外一种方法是，在搜集文件素材的关键事件访谈中，让受访者描述解决这些事件的好的做法、不好的做法、一般的做法。归纳整理文件时，可以对解决方案进行汇总归类，作为最终制定参考答案的有效依据。

3）制定评分标准

由于公文筐测试有别于传统的能力测试，并没有完全客观化的答案，评分会受到评分者主观判断的影响。为了减少主观因素的影响，就必须制定客观、详细、具体的评分标准。公文筐测试的评价标准根据测评要素编制，包含三个方面的内容：参考标准、等级水平和分值区间。参考标准是评价标准设计中的关键，只有明确哪些文件处理方式能够说明被测者某方面的能力特点，才有可能有效地评价测验结果。

需要明确的是制定参考答案并不等于制定评分标准。因为公文筐测试的评分方法有很多，需要根据具体的评分方法来确定评分标准。

根据测验评分的主观和客观程度不同，公文筐测试主要的评分方法可以分为行为元素评分法、维度评分法、总体评分法。有人还提出内容评分法和风格评分法。不同评分方法的信度、效度指标不同，对测评结果反馈的详略程度也不同。在实施之前，需要根据测评的目的和需求确定采用哪种评分方法。公文筐测试的各种评分方法我们将在后面的内容中单独介绍，这里不再详细地展开。

在明确评分方法、确定评分标准之后，评价者才能够根据具体评分标准对被测者进行评价。常用的方法是采用当前国际上盛行的行为定位法，这种方法不关注被测者之间的相互比较，而是寻求有效的行为表现与无效的行为表现的区别以及不同表现所产生的效果。表 7-8 是某一公文筐测试中计划与组织能力的评分标准样例。

表 7-8 公文筐测试中各维度评分标准——以计划与组织能力为例

维度	评分标准	等级描述
计划与组织能力	优秀	（1）能够有条不紊地处理各种文件和信息材料，并根据信息的性质和轻重缓急对其进行准确的分类处理； （2）在处理问题时，能及时提出切实可行的解决方案； （3）能系统地事先安排和分配工作，注意不同信息之间的关系，有效地利用人、财、物和信息资源
	良好	……
	一般	（1）分析和处理问题时能够区分事件的轻重缓急； （2）能够看到不同信息间的关系； （3）解决问题的办法不是很有效，在资源的分配与调动方面也不够合理
	较差	……
	很差	（1）处理各种文件和信息材料时不分轻重缓急，没有觉察到各种事件之间的内在联系； （2）解决问题时没有考虑到时间、成本和资源方面的种种限制，以致提出的问题解决办法不可行

3. 公文筐测试的实施

1）准备阶段

公文筐测试的准备主要是指测验材料的准备、测验场所的准备以及测评人员的选择。

（1）测验材料的准备。公文筐测试中所需的材料包括指导语、测验材料、答题纸、笔等相应的物品。

测验指导语是对测试情境、被测者所扮演的特定身份、被测者的工作职责任务及测验要求等多项内容的说明，必须明确具体、一目了然，典型的指导语如下：

今天是20××年×月×日。从现在起请暂时忘记自己的名字，忘记自己的工作与角色。假设您现在是李刚，新上任某集团公司一家分公司的总经理，原来的总经理因为某种原因已于前天离职，现在您就要全权行使总经理的职责。

现在时间是下午2:00，您的办公桌上是秘书刚送来的一包文件，请您进入角色，设身处地地对这些文件做出处理。因为新上任，总部召集了相关人员参与一个内部会议，今天下午你需要赶往机场去总部参加明早举行的会议。因此，您必须在90分钟内处理好所有文件中的问题，而且只能把处理意见写在相应的文件下面，并简要记下这样处理的原因，最后交由秘书转达。

在测期间，为了不影响你的成绩，请关闭手机。

好，现在可以开始了，祝您工作顺利！

测验材料包括两类，即提供给被测者的背景材料和待处理的各种测验材料。

背景材料一般包括被测者的特定身份、工作职能和组织机构等具体的情景设计。背景材料的多少视测验材料而定，其核心目的是为被测者处理文件筐测验中的各种问题提供一个背景情况，以保证被测者有足够的背景信息可以参照。

各种测验资料包括信函、报告、备忘录等，将这些材料事先放在桌上的公文袋里。

为了突出文件筐测验的逼真性，上述文件可以用多种方式来呈现，比如不同的文件用不同规格和大小的纸张来呈现，文件内容可以既有打印稿又有手写稿，有些文件甚至可以写上多位主管的批示，以表示文件已在多位主管中传阅过。

（2）测验场所的准备。测验的场所要求比较宽敞、安静，每个人一桌一椅，相互之间无干扰。为了保密，所有被测者最好在同一时间完成测验。

（3）测评人员的选择。公文筐测试对测评人员的综合素质要求较高。他们不仅要具备管理学和心理学领域的基础知识，了解公文筐测试的理论和实践依据，还要对测评对象所任职务的职责权限和任职资格（工作经验、学历、能力、潜能和个性心理特征等）进行过系统研究，能够独立或与他人合作设计测评题目，了解各测评题目之间的内在联系，能够恰如其分地开展考评问询，能够对被测者进行全面、客观、公正的评价，测评人员要对每种可能出现的答案及其所代表的意义了如指掌，并与其他测评人员事先达成共识。公文筐测试的测评人员除了管理顾问、咨询专家或心理学家，还可以是所在企业的高级管理人员（他们通常是被测者直接上级的上司）。企业高级管理人员通常对企业管理现状的方方面面感受深刻，通过两周左右的标准化速成培训以及顾问人员的现场指导，他们基本上能够担负起合格测评人员的工作职责。

若参与测评的人员中有外部的应聘者，需要就文件中企业内部的一些情况对其进行简单的培训，介绍相关情况，降低因内部应聘者和外部应聘者对职位熟悉程度不同而造成的误差。

2）实施阶段

（1）开始阶段。测评主持人宣读指导语，介绍测验的要求，强调有关注意事项，一般需要 10 分钟，关键是让被测者尽快进入情境，明确自己的角色，以便正式作答。

在这个阶段，被测者有任何不清楚的问题都可以向测评人员提问。

（2）正式测评阶段。通常需要 2 小时。被测者一般需要独立工作，没有机会与外界进行任何方式的交流。被测者有任何问题，都不得提问。

在被测者处理文件时，测评人员可观察、了解其如何开展工作及其紧张程度等；可以做适当的记录，为下一步的评价提供依据。

（3）初步评价阶段。公文处理结束后，测评人员要现场翻看一下被测者的回答，必要时可以追问一些问题，以了解被测者对这些公文的处理方法及其理由说明。

3）评分阶段

当测试结束之后，就要开始对测试结果进行分析及评分。

测评人员对所有公文进行整体分析：被测评者能否关注到各个事件与人物之间的关联关系，能否对每个人物进行准确的角色定位，是否关注数据之间的关系；对事件的重要性是否有清晰的判断，能否发现不同意见之间的利益诉求，是否根据轻重缓急合理安排自己的工作；文字表达是否清晰、简洁，分配任务的指示是否明确等。

为了保证评分的客观性，评分过程一般包括三部分：第一，请每一位测评人员独立对每一位被测者进行评价，然后由工作人员汇总；第二，由主试对测评人员给每一位被测者的得分进行比较分析，观察是否在某些指标上出现较大差异，如果没有，就可以确定最终的得分；第三，如果出现差异较大的指标，就必须进行讨论，然后在此指标上分别重新打分，若还有争议则继续讨论并继续打分，直到意见较为一致为止。

4. 公文筐测试的评分

公文筐测试的评分是实施文件筐测验技术中非常重要的一个环节。公文筐测试是否能够实现作为情景模拟测验的有效评价工具，测验实施后的评分也是非常关键的。

1）公文筐测试评分前需要做好的工作

在进行公文筐测试的评分之前，有以下 3 方面的工作需要做好。

（1）明确公文筐测试的考察要点。这包括两方面的内容：一是要从整体来看，明确设计公文筐时确定的考察要点；二是要明确单个文件的考察维度。可以对照设计与开发公文筐时列出的双向细目表，将其作为公文筐评分的总体参照。

（2）修订和完善公文筐测试的评分参考标准。在设计和编制公文筐时，事先收集和制定了公文筐的答案和评分标准。但是在公文筐施测之后，根据被测群体的情况，还可以对公文筐已经制定的答案要点和评分标准进行修订和完善，以使得新的答案要点和评分标准对参测人群来说更具有针对性。

（3）选择并培训测评人员。从最终评分的效果以及时间等成本因素来考虑，2～3 位测评人员是比较适宜的。

选择、确定测评人员之后，在正式评分之前，需要对评价者进行培训。首先，要让测评人员了解公文筐所针对的职位或者文件背景情况；其次，需要让测评人员熟悉并理解公文筐考察的维度矩阵；最后，需要让测评人员理解维度含义及评分标准。

为了让测评人员准确把握公文筐的评分要求，在正式评阅前，可以让测评人员对文件进行试评，在此过程中可以通过测评人员之间的讨论来进一步深化对公文筐考察维度含义的进一步理解以及把握好公文筐的评价参考标准。

2）公文筐测试的评分方法

在实际应用中，对公文筐测试的评分有三种方式：行为元素评分法、维度评分法、总体评分方法。

（1）行为元素评分法。对照单个文件的考察要点或者考察维度来进行评分，重点观察被测者对每一个文件的反应方式，这是实际应用中最常采用的一种评分方式，容易操作，而且也便于最后的分数统计与整合。

对单个文件进行评分时，从被测者的回答中，一方面可以看其在所考察的维度上表现出的水平：另一方面也可以评估其在问题解决中的方式是否恰当、方法是否可行以及效果是否显著。测评人员对被测者在单个文件上的表现进行评价时，可以结合这两个方面的信息，来给出一个综合的评价分数。

（2）维度评分法。公文筐中的每一个文件都是经过了设计者精心设计的，一般来说，设计者都会针对目标职位所要求的重点测查维度，设计相应的工作事件来进行考察，因此，也可以针对维度来对公文进行评分。

维度评分法能够在重点考察维度上对被测者的行为表现进行量化分析，以发现被测者的优势和不足之处，这种评分方式，能够为之后的决策提供具体、明确的参照依据。

采取维度评分时，需要在评分之前确定每道题目考察的主要维度及次要维度，在评分过程中，对每道题目不仅要评价主要维度的得分，还要评价次要维度的得分。

采取维度评分时，对公文筐最后的分数统计会有些复杂。要获取被测者最终的各项维度得分时，需要对每一维度在所涉及的题目上的得分进行整合，相对而言，确定不同题目上该维度在分数合成中的权重会比较困难，分数合成的权重是评分者讨论确定的经验值。一般来说，如果想要明确被测者在公文筐所测查的维度上的水平，选择维度评分才是合适的，但是维度评分法难以直接获得参测者在公文筐上的总分。因此，如果需要被测者在公文筐测试上的成绩分数，则采用文件评分或者其他评分方式可能更适宜。

需要特别说明的一点是，在公文筐中通常会设置一个问题，即让被测者排出对每个文件的处理顺序。这样要求的目的一般是要充分应用公文筐这种测验工具，考察被测者的计划与组织能力。

（3）总体评分法。测评人员在全面了解和掌握被测者作答的基础上，对被测者处理文件的方法、思考问题的方式、管理技能等做出全面、总体的主观评定。因为测评人员可以站在更全面的角度来做出评价，该方法会具有更高的效度。但该方法受制于测评人员水平的高低，因此评分的主观性强。

在当前的应用中，一般采用的是前两种评分方式。

7.3 无领导小组讨论

1. 无领导小组讨论概述

1）无领导小组讨论的含义

无领导小组讨论（leadless group discussion，简称 LGD），俗称群面，是评价中心技术中经常使用的一种测评技术，其采用情景模拟的方式对被测者进行集体的面试。它通过让一组被测者（一般是 5～7 人）在既定的背景之下或围绕给定的问题进行一定时间（一般是 1 小时左右）的讨论，并最终得出统一的结论，测评人员会根据每个被测者在讨论过程中的表现，检测被测者的组织协调能力、口头表达能力、辩论能力、说服能力、情绪稳定性、处理人际关系的技巧、非言语沟通能力（如面部表情、身体姿势、语调、语速和手势等）等各个方面的能力和素质是否达到拟任岗位的用人要求，以及自信程度、进取心、责任心和灵活性等个性特点和行为风格是否符合拟任岗位的团体气氛，由此来综合评价被测者之间的优劣。

很多职位的任职者特别是管理者在日常工作中的重要工作就是与他人沟通，他们可能会与别人一起讨论某些问题，并对这些问题做出决策，或者需要说服他人，为自己的组织争取更大的利益，或者与一些不同背景的人合作共同完成项目。无领导小组讨论这种情景性测评方法就是设法模拟了这些重要的沟通情境。

2）无领导小组讨论的优缺点

（1）无领导小组讨论的优点如下：

① 情景设计灵活，真正考察被测者的实际能力。无领导小组讨论除了具有和实际工作情境比较接近的优点，从考察评价的角度讲，还能够从多方面考察被测者的综合素质，从而真正考察其实际能力。由于讨论试题是根据现实情况设计出来的，一般具有逼真性、针对性、熟悉性、争论性、多元性、平等性等特点。这就保证在实施过程中能够让被测者之间存在着很强的互动性，更容易暴露出个人真实的个性特征，因此能观察到被测者之间的相互作用，对预测真实团队中的行为有很高的效度，能测试出笔试和其他面谈所不能测评出的能力和素质。

② 横向对比，增加招聘的公平性。无领导小组讨论是以小组为单位进行测试，为横向比较提供可能性，而且对同一组人员进行比较，测评人员就能够很轻松地在讨论中看到每一个小组人员的表现，分析出每一位小组成员在整个讨论中扮演的角色。面试在全部结束后再比较更客观，且减少了测评人员前后对比偏差等主观误差。

③ 适用范围广泛，能应用于不同岗位测试。笔试往往仅限于书面作答，主要考察被测者在知识方面的记忆程度，很多人可以靠死记硬背的方式在笔试中表现

突出；面试主要依靠测评人员提问，根据被测者“如何说”来进行评判；而无领导小组讨论不仅根据被测者“如何说”，更需要他们在团队中 “如何做”来评判其能力。无领导小组讨论不仅在考察被测者管理潜能方面具有明显优势，而且能够全面考察被测者各方面的素质，在通用素质测评方面同样能够发挥积极作用。一般说来，该方法可以适合不同岗位测试，特别是与管理有关的任何岗位，适用的情况包括：一是招聘选拔管理人员，包括领导、管理、行政、公关、销售等与人打交道的职位。这是无领导小组讨论最经典的应用。二是招聘非管理人员时，则测评通用素质。这是无领导小组讨论的应用拓展。比如，语言表达能力、人际沟通意识和技巧、团队协作意识、原则性、责任心、条理性等通用素质，都可以通过无领导小组讨论的形式进行考察。三是招聘职位较多，非同类职位被测者混编成组，考察被测者角色定位，这种方式重点考察每个被测者是否可以找到自己的位置，发挥应有的作用。例如，行政主管、秘书、计算机管理员、出纳、销售、策划这样几个职位混编，通过其角色定位和语言表达就可以很容易考察出每个人的角色特征。

④ 节约时间，提高招聘的效率，无领导小组讨论通常是多名测评人员对多名被测者同时进行考察。这种测评方法比起其他的对被测者单独进行评价的方法（如面试）在时间上显得比较经济。此外，也可以在一定程度上减少题目泄露的可能性。

（2）无领导小组讨论的缺点如下:

① 对讨论题目要求高。对无领导小组讨论来说，题目的好坏可能会直接影响测评的质量。无领导小组讨论的题目需要根据招聘职位所要求的胜任特征进行编制，而且题目情境要与实际工作情境有一定的关联。这些题目必须是能够激发被测者的行为表现并且使被测者能够表现出个体差异的，题目应该是对被测者具有公平性的，尤其在指定角色的无领导小组讨论中，各个角色不应存在明显的优劣难易之分。在制定题目的评分标准方面，对每一个测评要素都应有评价的标准。因此，要想编制符合这样要求的题目实在不是一件容易的事情。如果使用了一道不好的题目，测评的质量就会大打折扣。在编制题目时，往往需要专家充分了解测评职位的工作情境，设计出来的测评情境需要经过反复试测和修改之后才能投入正式使用，这样有难度的工作不是任何组织都有能力实施的。

② 对测评人员的要求较高。无领导小组讨论的测评人员应该接受过专门的培训并具有一定的实际操作经验。测评人员必须能够准确地对被测者的行为进行观察，能够将观察到的行为归纳到各个测评维度中，并且不同的测评人员对评价标准的把握应具有一致性。而且，尽管有明确的评价标准，但是对被测者的评价仍会受到评价者主观因素的影响。

③ 被测者的分组以及不同的测评情境都可能会使评价结果受到影响。如果一个人能力比较强，但同一小组的被测者能力更强，其能力就显得弱；如果处在一

个较弱的组，则能力就显得强。如果录取的人少，每个职位可能只有一组，此缺点不存在。

被测者在一个测评维度上的得分与测评情境也有关系。在某个测评情境中被测者的能力和优势比较容易发挥出来，而在另外一些情境中就不容易发挥出来。这与被测者对某种情境的熟悉度和敏感性等因素都有关系。

④ 被测者的行为仍然有伪装的可能性。无领导小组讨论的方法能够引发被测者较为自然的行为表现，但由于被测者努力猜测评价的意图，他们仍有可能做出故意迎合测评目的的行为表现。例如，某个被测者平时在工作中不愿与别人合作，但他知道应聘的企业非常注重团队合作精神，于是他会在小组活动中表现出合作行为。被测者参加无领导小组讨论的经验也会帮助他们做出比较好的表现，因为他们了解其操作方式和原理，或者对讨论的题目比较熟悉，事先会有所准备，可能会出现未表现出真实行为的情况。

3）无领导小组讨论的题目类型

目前，比较流行将 LGD 题目按照形式分成是以下五种：开放式问题、两难问题、多项选择问题、操作性问题以及资源争夺问题。

（1）开放式问题。所谓开放式问题，其答案的范围可以很广、很宽。主要考察被测者思考问题时是否全面，是否有针对性，思路是否清晰，是否有新的观点和见解，例如，您认为什么样的领导是好领导？关于此问题，被测者可以从很多方面如领导的人格魅力、领导的才能、领导的亲和力、领导的管理取向等方面来回答，可以列出很多的优良品质。开放式问题对于测评人员来说，容易出题，但是不容易对被测者进行评价，因为此类问题不太容易引起被测者之间的争辩，考察被测者的能力范围较为有限。

（2）两难问题。所谓两难问题，是让被测者在两种互有利弊的答案中选择其中的一种。主要考察被测者的分析能力、语言表达能力以及说服力等。例如，你认为以工作为取向的领导是好领导呢，还是以人为取向的领导是好领导？一方面，此类问题对于被测者而言，不但通俗易懂，而且能够引起充分的辩论；另一方面，对于测评人员而言，不但在编制题目方面比较方便，而且在评价被测者方面也比较有效。但是，此种类型的题目需要注意的是两种备选答案一定要有同等程度的利弊，不能是其中一个答案比另一个答案有很明显的选择性优势。

（3）多项选择问题。此类问题是让被测者在多种备选答案中选择有效的几种或对备选答案的重要性进行排序，目的是考察被测者分析问题实质、抓住问题本质的能力。此类问题对于测评人员来说，较难出题，但对于评价被测者各个方面的能力和人格特点则比较有利。

（4）操作性问题。操作性问题，是给被测者一些材料、工具或者道具，让他们利用这些材料，自主设计制作物品或制作测评人员指定的物品，主要考察被测者的主动性，合作能力以及其在实际操作任务中所充当的角色。如给被测者一些材料，要求他们相互配合，构建一座铁塔或者一座楼房的模型。此类问题，更多的是考察被测者的操作能力，同时情景模拟的程度也大一些，但考察言语方面的能力则较少，同时测评必须很好地准备所能用到的一切材料，对测评的要求和题目的要求都比较高。

（5）资源争夺问题。资源争夺问题是在资源有限的情况下，让处于同等地位的被测者进行资源的分配，考察一般会给每个被测者分配一定的角色，模拟现实的场景。此类问题主要考察被测者的语言表达能力、分析能力、判断能力、发言的积极性和反应的灵敏性等。

4）无领导小组讨论的评分维度

（1）确定评分维度时需要考虑如下问题：

① 评分维度的数量不超过 6 个。

② 必须保证评分维度与竞聘岗位的胜任特征相匹配。

③ 不同维度之间不能有概念上重叠，以免评分者产生混淆。

④ 明确各维度的操作定义和典型行为表现。

（2）常见的评分维度有：

① 思维分析能力。思维分析能力指个体的一般智力和认知能力水平，包括准确理解题目、观点的独立性和系统性、旁征博引等。

② 人际交往能力，包括倾听：耐心、及时给予发言者反馈、对于他人的发言理解迅速、反应敏捷；表达：流畅，重点突出，技巧娴熟；开放性：尊重对立观点，择善而从。

（3）压力反应。压力反应指人在压力情境下，镇定自若、表现自如；与别人观点发生冲突时，耐心和沉着地进行解释；保持平稳的情绪，积极发表自己的看法；适时做出让步。

（4）人际影响力。人际影响力指个人的观点能够得到小组成员的充分重视，对讨论结果起到关键性的影响力，包括决定性：主导讨论过程、关键性影响；言语影响力：自信、感染力强，富有感情，主动劝说持不同意见者，从而把众人的意见引向一致，做出小组决策；说服：自己的观点能够得到别人的认可。

（5）组织协调能力，表现为通过重复、总结、建议等方式，主动推动小组讨论的进展；支持、质疑他人的意见，并调解成员间的不同意见；倡导民主、自由的发言气氛，注意征询其他小组成员的意见，鼓励他人发言；待人友善，尊重他人意见，让他人在与之交谈时感到愉悦和舒服，没有距离感。

（6）积极性（成就动机），表现为完全进入讨论角色，能够从角色的角度出发考虑问题；积极主动地发表自己的看法；言谈举止富有活力；积极记录他人发言，适时地归纳和总结。

2. 无领导小组讨论的实施过程

无领导小组讨论的实际操作可分为准备、实施和评价三个阶段（见图 7-1）。

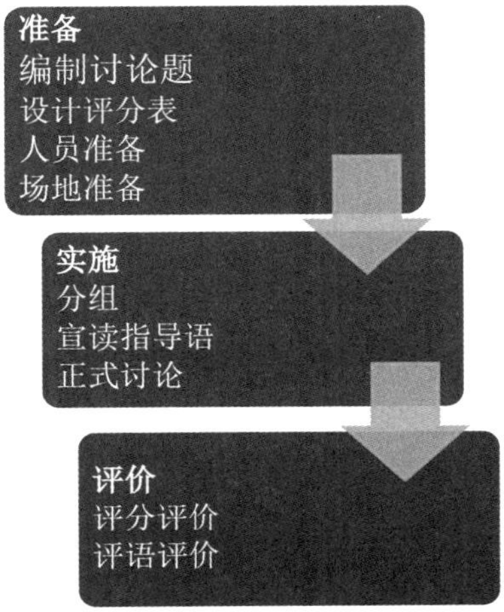

图 7-1　无领导小组讨论的操作流程

1）准备阶段

无领导小组讨论的有效性主要取决于讨论题的编制和评分表的设计，此阶段是整个过程的主要环节。

（1）编制讨论题。讨论题的编制步骤如下：

① 进行工作分析。进行工作分析是为了了解拟任岗位所需人员应该具备的特点、技能，根据这些特点和技能来进行有关试题的收集和编制。

② 收集案例。收集拟任岗位的相关案例应该能充分地反映拟任岗位的特点，并且被测者在处理时会感到有一定的难度。

③ 案例筛选。对收集到的所有原始案例进行甄别，筛选出难度适中、内容合适、典型性和现实性均好的案例。

④ 编制讨论题。为符合无领导小组讨论的要求，对所筛选出的案例进行加工和整理，主要包括剔除那些不宜公开讨论的部分或者过于琐碎的细节，根据所要考察的目的，相应地补充所需的内容，尤其是要设定一些与岗位工作相关且符合特点的情况或者问题，使讨论题真正具备科学性、实用性、可评性、易评性等特点，既新颖、凝练又具有典型性。

⑤ 试测讨论题。讨论题编制完成后可以对相关的一组任职者（不是被测者）进行试测，来检查该讨论题的优劣以及能否达到预期的目的。

⑥ 修正讨论题。检验完成后，对于那些效果好的讨论题便可以直接使用，对于那些效果欠佳的讨论题则要进行修正，直至讨论题达到预期的效果。

讨论题的编制原则如下：

① 针对性原则。编制题目时，首先需要明确拟招聘岗位的任职资格条件，确定测评指标及其所占的比重，测试题目必须建立在测评项目的基础上，针对测评要素进行编制。测试题目内容要能够反映拟测要素的内涵，在讨论中能反映被测者的能力、品质等。

② 熟悉性原则。测试题目应该是被测者熟悉的题材，并且题目的内容不会诱发被测者的防御心理，以保证被测者能够就此话题有感而发，充分表达自己的观点，展现各方面的素质。如果被测者对测试题目比较陌生，就会限制其在讨论中的发挥，导致其能力、品质无法展现。

③ 典型性原则。题目越具有典型性，越能在讨论中反映被测者是否具备完成实际工作的各项素质。对于来自实际工作的素材，要经过适当的处理，使之具有典型性，避免出现完全真实或者是完全杜撰的情景。例如，有情景的无领导小组讨论的测试题目所设计的情景应该具有典型性，能高度模拟实际情景，代表拟任工作的典型特点①。

④ 难度适当原则。提供的材料或者话题难度要适中，应具有一定的争议性或冲突性，在讨论时要能够引起争论，便于测评人员考察被测者在争论过程中的行为表现。如果试题过于简单，可能不需要深入的讨论就能够达成一致，测评人员就很难区分被测者的素质；题目的设计也不能太难或者特别尖锐，以致小组成员无法达成一致意见，这就失去了无领导小组讨论的意义了②。

（2）设计评分表。评分表包括评分标准及评分范围。评分标准是对各测评能力指标的表述，评分范围给出各测评能力指标在总分中的权重和具体分值，以及该能力优、良、中、差等级的评分区间。

① 应从岗位分析中提取特定的评价指标。不同的岗位对员工的要求是不同的，例如，对基层岗位的员工主要考察其业务技能，而不是人际技能和领导技能；对营销岗位或高层管理岗位的员工主要考察其人际技能、团队意识、洞察力。即使是同一层级的岗位，不同的部门对岗位的要求也是不同的，因此，对测评的管理能力指标不能强求一致。针对不同部门的不同岗位要分别设计其特定的评价指标。

通过无领导小组讨论可以了解被测者三个方面的能力：一是被测者在团队工作中与他人发生关系时所表现出来的能力，主要包括语言和非语言的沟通能力、说服能力、组织协调能力、合作能力、影响力、人际交往的意识与技巧、团队精神等；二是被测者在处理一个实际问题时的分析思维能力，主要包括理解能力、分析能力、综合能力、推理能力、想象能力、创新能力、对信息的探索和利用能力；三是被测者的个性特征和行为风格，主要包括动机特征、自信心、独立性、

① 凌文辁，柳士顺，谢衡晓，李锐．人员测评：理论、技术与应用[M]．北京：科学出版社，2010.
② 高日光，郭英．人员测评理论与技术[M]．上海：复旦大学出版社，2014.11.

灵活性、决断性、创新性、情绪的稳定性等特点。根据招聘岗位对各项能力的要求不同，确定各能力指标在整个能力指标中的权重及其所占分数，然后根据优、良、中、差等级分配分值（见表 7-9）。

表 7-9　无领导小组讨论的评价要素表示例

评价要素	行为观察要点	权重系数	评价分数（满分为 10 分）			
			优（9～10）	良（7～8）	中（5～6）	差（0～4）
沟通能力	语言表达清晰、流畅 善于运用语音、语调、目光和手势增强表达的效果 态度诚恳，目光温和，有亲和力 语言生动简练，有深度 善于倾听意见，倾听意见时耐心、目光专注、神情专一、态度谦和	15%				
分析能力	能综合信息，透过现象抓住本质 解决问题的思路比较清晰，角度新颖 能够分辨出每个人发言中反映问题的轻重缓急，准确掌握关键所在 对小组成员提出的不同方案有着清晰的判断	20%				
应变能力	遇到压力和矛盾时积极寻求解决办法 在遇到挫折时仍然能积极客观地面对 在难题面前能够多角度地思考问题 在小组出现争吵局面时，能稳定成员的情绪	15%				
团队合作精神	能迅速融入小组讨论之中 能从小组利益出发思考和行动 有独立的观点，但必要时善于妥协，善于换位思考，能从他人的立场、背景思考和分析问题 愿意并能适时、准确地为他人提供帮助，尊重他人，善于倾听他人意见	20%				
情绪稳定性	在处理争执时有良好的自制力，不意气用事 在讨论过程中表现出一贯的语言风格	10%				

（续表）

评价要素	行为观察要点	权重系数	评价分数（满分为 10 分）			
			优（9～10）	良（7～8）	中（5～6）	差（0～4）
倾听能力	能快速抓住他人说话的要点 积极关注讨论中每个人的发言 能够赞同他人的合理建议	10%				
人际影响力	观点得到小组成员的认同 小组成员愿意按照其建议行动 善于把他人的意见引向一致 积极发言，敢于发表不同意见 强调自己的观点时思维缜密、具有说服力	10%				

② 应确立统一的评分标准。评分标准应该具体到要素的行为水平，不能太抽象，以免测评人员不得要领，或产生不同的理解，仅凭印象给分（见表 7-10）。

表 7-10　无领导小组讨论的评分标准示例

无领导小组讨论行为标尺——团队合作精神

编号/姓名：　　　　日期：

测评人员：　　　　时间：

团队合作行为表现

差等表现　　　　低分

（　　）将表现自己而不是达成团队目标放在首位。

（　　）听取他人发言时显得不耐烦、不专注。

（　　）未听完他人的意见就表示反对。

（　　）态度生硬地指责别人。

（　　）不愿意接受他人善意的批评。

（　　）在讨论中不主动、不投入。

（　　）思考问题和发表意见时脱离会议进程。

（　　）固执地坚持自己观点。

中等表现　　　　中等

（　　）发现别人发言的错误时主动更正。

（　　）不管讨论本部门还是其他部门的问题，都显得投入。

（　　）在讨论本部门问题时起主导作用。

（　　）更重视团队的利益而不是自己的表现。

（　　）认真听取他人的观点。

（　　）吸取他人观点中的有益部分。

（　　）以探讨问题的态度去理解他人的观点。

（　　）充分信任他人，不轻易怀疑他人观点。

（续表）

无领导小组讨论行为标尺——团队合作精神
优等表现　　　　　　　　　　　　高分
（　　）综合不同发言的观点，形成自己的观点。
（　　）欢迎他人质疑自己的观点，愿意被说服。
（　　）对于他人意见中正确的部分给予肯定和接受。
（　　）根据自己能力的特点，主动要求承担适合自己的任务。
（　　）将团队利益置于局部利益之上。
（　　）把握不同的成员的特点，选择相应的交流方式。
总体评价：
0 未显露　1 欠缺　2 偏弱　3 尚可　4 较好　5 出众

（3）人员准备。

① 选择和培训测评人员。测评人员是决定被测者能否顺利进入下一轮的重要因素，因而有必要对他们进行培训，以提高他们对评分表中各项指标的判断力。培训内容主要包括：准确理解测评指标的含义，包括各指标的考量重点及对实际工作的意义；学会观察并准确记录被测者的行为，测评人员要记录被测者的表达或行为特点，而不是对这些观点或行为加以主观判断。

② 培训工作人员。除了培训测评人员之外，还应对参与无领导小组讨论的工作人员进行培训。培训的内容包括：无领导小组讨论的工作规程；工作人员的职责；熟悉被测者的情况。

（4）场地准备。无领导小组讨论的测试环境要安静、宽敞、明亮。如果有条件，要对无领导小组讨论的整个过程进行监测、录像，以便在测评人员发生争议时回顾讨论实况；如果没有录像条件，测评人员必须坐在小组讨论场地的旁边，其方位必须能观察到各被测者的表情，并能清晰地听到他们的谈话。讨论中需要用计时器来掌握被测者的发言时间，作为评分的依据，并控制讨论进程。图 7-2 所示为讨论场景的一个简单示意图。

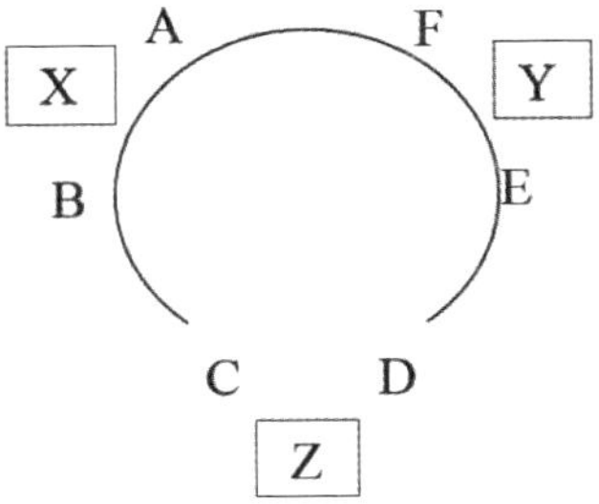

图 7-2　无领导小组讨论参与人员位置示意图

2）实施阶段

（1）将被测者分组。适当控制小组的人数，以 5～7 人为宜，在性别、年龄方面相对均衡，不能表现出显著的差异。适当的比例搭配有助于营造讨论的气氛，使测评者更容易做出全面的评价。

（2）宣读指导语。指导语是在测评过程中说明测评方式以及如何回答问题的指导性文字。测评人员向被测者宣读无领导小组讨论测试的指导语，介绍讨论题的背景材料、讨论步骤和讨论要求。指导语应力求清晰、简明，使被测者能很快明白应该做什么。指导语宣读完毕后，测评人员必须要提醒被测者是否还有不清楚的问题，确保被测者对问题都明白无误后，才能宣布讨论正式开始。时间一般为 3~5 分钟。

（3）正式讨论。被测者明白讨论规程后，进入正式讨论阶段。测试时间根据需要而定，与招聘的级别、层次、专业等因素有关，也与小组的人数有关，时间通常在 60～120 分钟。在正式讨论阶段，一般分为个人发言及集体讨论。在个人发言阶段，被测者首先根据自己对试题的理解轮流阐述自己的观点，个人发表意见的时间是有限制的，一般为 3～5 分钟，当发言超时时，测评人员要进行适当的提醒。个人发言结束后，进入集体讨论环节，这是无领导小组讨论的关键阶段。因为在个人发言阶段，每位被测者都已经了解并熟悉了他人的观点意见，在这个阶段中，被测者不应该继续阐述自己的观点，而应该对他人的观点做出反应，深化讨论，最终形成统一的意见。时间一般为 30~40 分钟，在集体自由讨论过程中，测评者不做任何干预。①

3）评价阶段

（1）在对各测评人员的表现进行评估时，可以从以下几个方面进行考评。

① 被测者参与有效发言的次数。在讨论中，被测者应当主动发言，阐述自己的观点。但是，并不是所有发言都被视为有价值的，只有符合特定的标准或者被其他小组成员所接纳的才能作为有效发言。最终，测评者也是以被测者的有效发言的次数为考评依据。

② 被测者是否善于提出新的观点或方案。被测者虽然能够积极主动表达自己的想法或者建议，但是所提出的建议是被众人所知或是对小组其他成员所提出的方法的扩展或补充，表明被测者的思维能力或创新能力较差。

③ 是否能够缓解讨论的紧张氛围，并调解争议。被测者能否找到有效途径来平息小组的纷争，促进开放的、支持性的、具有凝聚力的团队氛围的建立，推动小组为实现小组目标形成统一意见。

④ 是否能够大胆提出与别人不同的看法。在讨论中，被测者为取得小组其他

---

① 高日光，郭英. 人员测评理论与技术[M]. 上海：复旦大学出版社，2014.

成员的认同，通常会主动迎合他人的观点，但是他人观点可能是错误的。这就可以考察被测者能否提出新颖、独到的观点或见解。

⑤ 是否能够尊重他人并有效说服他人。被测者能否主动倾听他人的见解，在别人发表意见时认真聆听，不随便打断，并及时给予回复，如点头、微笑等。被测者语言表达自信、有力；能够通过语言或行为引导他人认同自己的观点或者想法。

（2）评价方式。评价方式有两种：打分评价和评语评价。

① 打分评价。就是测评者严格按照无领导小组讨论评分表里的测评维度的操作定义及评分标准对每位被测者打分，打分的方式主要有 3 种。[①]

一是每位测评者对每一位被测者的每一项测评维度进行打分。这种方式的优点是便于评价分数的汇总和比较，但测评者的工作量较大，同时准确地观察记录所有被测者比较困难。

二是测评者之间进行分工，每一位测评人员只对分配给他的被测者的每一项测评维度打分。这种方式的优点是，测评人员可以集中精力评价少数几位被测者，注意力较集中，评价较准确；缺点是不同测评人员的评价对象不同，评价结果无法比较。

三是每位测评者只对每一位被测者的某几个特定测评维度打分。这种方式的优点是，测评人员可以集中精力重点观察几个特定测评维度，对测评维度的把握较准确；缺点是测评人员不能全面评价被测者，不便于测评人员从不同测评要素之间存在的紧密联系的角度去全面评价被测者。

② 评语评价。评语评价是对打分评价的补充，是为了解决打分评价不能具体形象地说明被测者的素质特点的问题。评语评价一般包括两方面的内容：一是对被测者的重点行为进行描述，主要是陈述事实；二是测评人员的评价，主要是反映测评者基于被测者的行为、表现对其做出的判断。

最终对被测者的综合评价进行排序。在做出最终录用决策时，测评人员应该再召开一个评分讨论会。在讨论会上，所有测评人员应结合被测者在活动过程中的表现进行沟通，沟通内容包括核查测评者的态度、各种能力、优缺点以及性格特征是否满足岗位的需要。通过评分讨论会，测评人员能够对每个被测者形成一个更加清晰完整的评价，当测评者都认为他们已经获得了足够的信息，他们就可以进行最终的决策。

无领导小组讨论的实施程序如图 7-3 所示。

① 凌文辁，柳士顺，谢衡晓，李锐. 人员测评：理论、技术与应用[M]. 北京：科学出版社，2010.

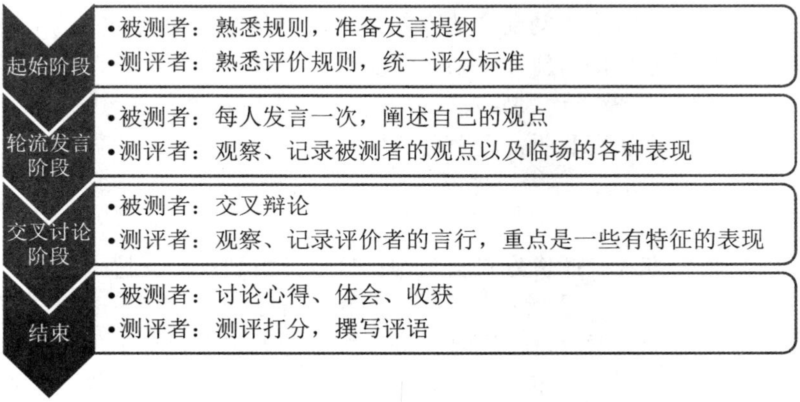

图 7-3　无领导小组讨论的实施程序

7.4　角色扮演

1. 角色扮演概述

1）角色扮演的含义

角色扮演测验（role play exercises），又叫模拟面谈（interview simulation）或一对一模拟互动（one-on-one interaction simulation），简称角色扮演。它是指在一种模拟情景中，两个人进行交流和互动，其中一人是被指定角色的被测者，另一人是经过培训的角色扮演者。评价者在两人互动的过程中观察被测者的表现，并做出判断和评价。角色扮演者可以扮演任意角色（如管理者、下属、同事以及客户等），角色扮演者同样也可以是测评人员。但是这种双重的身份会增加角色的复杂性，需要对角色扮演者进行专门培训才可能保证评估的有效性。

在角色扮演中，测验开发者设计了一系列尖锐的人际矛盾与冲突，要求被测者扮演某一角色并进入角色情景，去处理各种问题和矛盾。测评人员对被测者在不同角色情景中表现出来的行为进行观察和记录，达到对其素质和潜能的测查。在整个过程中，测评人员会根据角色在工作中可能会遇到的实际问题向被测者提出一些挑战，借此考察被测者的表现，对被测者作出判断。

通常情况下，会给被测者提供一些背景信息以及准备时间（一般是 10～30 分钟）。根据评价的目的，还可能提供给被测者一些面谈中需要完成什么任务（如制定预算、解决一个特殊问题）的具体说明，也可能是模糊的说明（如对员工进行咨询辅导）。被测者与角色扮演者的互动结束之后，测评人员可与他们分别进行面谈，以获得他们的反馈，也可以让被测者填写一些自我评估表。

一般情况下，被测者和角色扮演者是一对一地进行互动。在有些角色扮演中，被测者会和两个或两个以上的角色扮演者进行会谈。例如，被测者可能会被指定扮演一位经理，需要和客户方公司的两个代表进行会谈以解决运输或服务问题。这种形式有些类似于无领导小组讨论。但是在无领导小组讨论中，测评人员会同时对几个被测者进行评价，而在角色扮演中，只对一个被测者进行评价。

2）角色扮演的特点

在角色扮演中，被测者和角色扮演者在一个已设定的情景中进行互动。一般是由被测者来控制这种互动，并负责发起和角色扮演者之间的沟通。相对于其他情景模拟技术而言，角色扮演有其自身的优势和不足，如表 7-11 所示。

表 7-11　角色扮演的优势与劣势

优势	劣势
与实际工作的相关性较大，通常角色扮演的主题选材于实际工作中的典型性问题，这样就更容易测查出被测者与实际工作需求相关的素质特征	由于角色扮演的主题与实际工作是高度相关的，所以模拟情景的设计和开发需要花费比较长的时间
由于这种技术是一对一的互动，被测者必须去面对冲突，在这样的情景下被测者能够更充分地表现和发挥	角色扮演者需要熟悉主题的场景，并熟悉实际工作的环节，所以对角色扮演者的要求比较高，选择和培训角色扮演者需要花费比较多的精力
由于测评人员每一次只需要对一名被试者进行观察和评价，测评者的观察会更充分和深入	角色扮演者面对不同的被测者时可能表现得不一致，从而可能会影响对不同被测者的比较和评价

3）角色扮演适合测评的维度

在角色扮演过程中，测评人员向被测者描述或呈现一种精心设计的情景，其中涉及一系列尖锐的人际矛盾和人际冲突，要求被测者扮演某一角色，模拟实际工作情景中的一些活动，去处理各种问题和矛盾。测评人员通过对被测者在不同人员角色的情景中表现出来的行为进行观察和记录，并对其行为背后的动机、态度进行评价，从而测评其素质潜能。总体而言，角色扮演适合考察的维度包括与人相关的能力、与事相关的能力，具体的维度如表 7-12 所示。

表 7-12　角色扮演适合测查的维度

与人相关的能力	与事相关的能力
语言表达能力、说服能力、人际敏感性、人际沟通以及应变能力	角色适应、判断决策、压力应对、矛盾处理、问题解决和冲突管理等方面的能力
人格特点，如动机、态度、情绪稳定性等	

4）角色扮演的主题

角色扮演的主题一般都是在工作中经常遇到的一些典型性问题，归结起来，主要有以下几种类型。

（1）协调关系型。这一类型的主题需要被测者去协调组织内部或外部存在的一些矛盾、冲突，这些冲突可以是来自被测者与角色扮演者之间的，也可以是作为第三方去协调角色扮演者与其他人之间的关系，这种类型的主题中需要设计一些人际关系方面的冲突，这些冲突在工作中比较常见，但协调起来有一定的困难。评价者以此来考察被测者问题解决、沟通协调等方面的能力。根据最终达到的目的不同，这一类型的主题又可以划分为两种子类型。

① 协调矛盾。这种类型的主题最终达到的目的就是协调两人之间的矛盾，使氛围融洽。例如，被测者与角色扮演者为同级关系，两者之间有矛盾，被测者需要化解这种矛盾。

② 鼓舞士气。这种类型的主题最终需要达到的目标是鼓舞角色扮演者的士气。例如，被测者扮演上级，安抚一个在工作上遇到困难的下级。

（2）完成任务型。在这一类型的主题中，被测者需要在与工作岗位类似的情景中去完成某个具体的工作任务，最终需要达到的目的就是完成情景设定的任务。例如，被测者扮演销售人员，角色扮演者扮演客户，两者进行互动。这种类型的题目会涉及上级给下级布置工作、下级向上级汇报工作、同级之间互相配合完成工作以及员工与客户的互动等多个方面。这种类型的主题需要被测者把任务落实下去。

（3）现场操作型。操作型的主题多用在技术类的工作岗位中。被测者需要在模拟的情景中进行现场操作。例如，技术工人模拟操作机床等。这种类型的题目涉及的面会比较窄，在实际中较少应用。

2. 角色扮演的操作步骤

下面所介绍的操作步骤不是针对整个角色扮演的设计、组织与实施的程序，而是针对测评者和被测者来说的，下面是一种具体的操作程序。

1）预备阶段

测评人员和被测者进入现场后，先进行自我介绍，然后由测评人员阅读角色扮演的指导语、分配角色、分配任务、说明角色扮演中的注意事项等。

2）角色扮演阶段

（1）被测者。被测者根据角色扮演的要求，通过语言、非语言的形式完成分配的任务。

（2）测评人员。每位测评人员对被测者的行为表现进行观察，并对观察到的行为进行记录，然后把每一个行为特征归类到相应的素质测评项目中。素质测评项目及内容在进行角色扮演的设计时应做统一的规定。

3）评分阶段

测评人员对所有观察到的行为进行记录后，要针对评价标准，根据被测者的每个素质测评项目进行研究，根据其素质特征、行为表现及评分标准对被测者进行评分。

每个测评人员公布对每个被测者的评分结果，各个测评人员针对被测者在角色扮演中的表现和每个人的评分结果进行讨论，以达成对测评总分的一致意见，提高测评的准确性。

4）点评阶段

在这一阶段，测评人员有针对性地对被测者的行为表现进行点评，点评不只限制在规定的测评项目上，还可以就被测者在角色扮演中的素质特征进行点评。一般在培训性的角色扮演中会有点评阶段，在招聘性的角色扮演中此阶段一般被省略。

5）撰写评估报告

针对被测者的表现撰写报告，报告的内容包括测评时间、地点、内容、被测者的行为表现以及其对角色的把握程度等，这对于选拔人才、培训开发和人事调整等有指导意义。

3. 角色扮演的结果评定

测评人员对于角色扮演中各被测者进行评价前，应事先设计好表格。角色扮演中的一般评价内容可以分为四个部分。

（1）对角色的把握程度，被测者是否能够迅速准确地对形势进行判断，能否尽快进入角色，根据指定的角色和背景能否按照要求采取相应的对策。

（2）角色的行为表现，主要包括被测者在角色扮演中的行为风格、沟通能力、口头表达能力、说服能力、思维敏捷能力、应变能力、价值观等。

（3）角色扮演时的仪容仪表仪态是否符合角色要求，是否与当时的情境相匹配。

（4）其他内容，包括情绪控制能力、人际关系技能、缓和气氛的能力、行为优化的能力、行为决策的正确性等。

本章小结

（1）评价中心技术是将各种不同的素质测评方法结合在一起的一种新型人才测评技术。它是通过创设一种逼真的模拟管理系统或工作场景，将被测者纳入该环境系统中，使其完成该系统环境下对应的各种工作。评价中心技术作为一种较为新颖的人才测评方法，表现出综合性、灵活性、标准化程度、效度及针对性强等诸多特点。评价中心技术突破了传统测评技术的局限性，具有较高的有效性。

但是评价中心技术需要结合其他方法综合使用，它与笔试、评定委员会面试三者之间的权重不易确定，评价中心技术的专业测评人员比较稀缺，以及开发成本与施测成本比较高等局限性。

（2）公文筐测验即测评者根据被测者处理公文的质量、效率、对文件轻重缓急程度判断的准确性，以及对处理结果和理由的解释说明等，评价被测者的实际工作能力和管理潜力。

（3）无领导小组讨论俗称“群面”，采用小组面试的方式，一般是若干应聘者组成一个小组，共同面对一个需要解决的问题，小组成员以讨论的方式，通过收集各种观点，共同找出一个最适合的答案。

（4）角色扮演即通过一系列尖锐的人际矛盾与冲突，要求被测者扮演某一角色并进入角色情景，去处理各种问题和矛盾。测评人员对被测者在不同角色情景中表现出来的行为进行观察和记录，达到对其素质和潜能的测查。

复习与思考

（1）评价中心有何特点？
（2）评价中心有何优点与局限性？
（3）评价中心有哪些主要的评价方法？
（4）为什么将无领导小组讨论、角色扮演和公文筐等方法统称评价中心？
（5）公文筐的文件具有哪些特点？
（6）公文筐测验的评分方法有哪些？有何区别？
（7）无领导小组讨论的优缺点有哪些？
（8）如何理解角色扮演的概念？其特点是什么？
（9）角色扮演的主题包括哪些类型？

拓展阅读

公文筐测验试题样例及参考答案

（一）情境

公司成立于2006年，是主要从事手机配件开发、制造和销售服务的集团公司，总部位于长沙，业务遍及全国各地。最近公司针对华南地区设立了销售分公司，并计划明年在青海投资建厂。在公司，人力资源部是非常重要的部门，下设5个主管职位，分别是招聘主管、薪酬主管、绩效主管、培训主管和劳动关系主管，每个主管有2~3名下属。今天是2016年11月10日，你（李明峰）有机会在以后的3个小时里担任该公司人力资源部部长，全面主持公司人力资源管理工作。

现在是上午 8 点，你提前来到办公室，秘书已经将你需要处理的邮件和电话录音处理完毕，放在了文件夹内。文件的顺序是随机排列的，你必须在 3 个小时内处理好这些文件，并作出批示。11 点钟还有一个重要会议要你来主持，在这 3 小时里，你的秘书会为你推掉所有杂事，没有任何人来打扰你。

（二）任务

请您查阅公文筐中的各种文件，并用如下文件处理列表作为样例，给出您对每个文件的处理思路，并做出书面表述。

具体答题要求是：

（1）请您给出处理问题的思路，并准确、详细地写出您将要采取的措施及意图。

（2）在处理文件的过程中，请认真阅读情境和 6 个文件的内容，注意文件之间的相互联系。

（3）在处理每个具体文件时，请重点考虑以下内容：

① 需要收集哪些资料；

② 需要和哪些部门或人员进行沟通；

③ 需要您的下属做哪些工作；

④ 应采取何种具体处理办法；

⑤ 您在处理这些问题时的权限和责任。

(4)问题处理可能出现不同的情况,针对不同情况都要给出相应的处理办法。

（三）文件一

类别：电子邮件

来件人：姚开瑞　总裁

收件人：李明峰　人力资源部部长

日期：11 月 9 日

明峰：

你好。上个月由于 3 名高级技术工人退休，2 名跳槽，最后导致生产线瘫痪，给公司生产造成了重大影响。华南地区经理也向我反映前两个月分公司的职位空缺，三个月都没招聘到位，所以我想通过人力资源部制定一个整体的人力资源规划，彻底摆脱目前的被动局面。请你先做出一个大致的方案，并在这几天与我沟通一下这个问题。

【参考答案】

（1）对公司人力资源现状进行摸底；

（2）了解公司人力资源构成情况；

（3）了解公司对各种人力资源需求情况；

（4）盘点公司人力资源供给水平；

（5）调研行业人力资源管理状况；

（6）调研地区人力资源管理状况；

（7）提出解决目前人力资源困境的初步对策；

（8）准备书面汇报材料。

（四）文件二

类别：电子邮件

来件人：彭斌　招聘主管

收件人：李明峰　人力资源部部长

日期：11 月 9 日

李部长：

你好。明年公司拟在青海投资建立新厂。经过对当地的人力资源状况进行调查发现，中高级专业技术人员和管理人员严重短缺，我们正考虑从其他地区招聘和引进。但青海地区经济落后，交通不方便，生活条件差，要招聘和引进中高级专业技术人员和管理人员相当困难，用高薪吸引人才的效果也不理想，针对此事希望您能给予指示。

【参考答案】

（1）了解青海公司对人力资源的需求情况；

（2）调研青海地区人力资源状况；

（3）估算青海公司人力资源需求缺口；

（4）估算公司内部人力资源支持青海公司的力度；

（5）了解与青海高校合作培养的可能性；

（6）调研技术与管理远程替代的可行性；

（7）拟订相关激励方案和措施；

（8）拟订相关应急对策。

（五）文件三

类别：信函

来件人：欣荣　车间主任

收件人：李明峰　人力资源部部长

时间：11 月 8 日

李部长：

我遇到一个非常棘手的问题。最近我们车间由于质量问题，产品频频返工，废品率达到 13%。几位老总都非常不满意。产品确实出现了不少问题，但我们也有自己的苦衷。现在公司的产品都是小批量生产，目前就有 78 种不同的产品型号，而且随着研发实力的增强，新产品的推出越来越快。我们的员工虽然懂一些基本的专业技术，但从事产品生产的工作经历大都不足 3 年，应付频繁的产品更新非常吃力。虽然在每次生产新产品的时候都让研发部的人员对我们进行产品培训，但时间很仓促，大家还没有熟练掌握就要立刻投入生产，所以导致质量问题越来越严重。希望你能到车间来了解一下实际情况，帮我们和老总沟通一下，给我们提供足够的支持来改善质量。

【参考答案】

（1）调研车间具体情况；

（2）了解员工技术水平；

（3）听取领导建议与意见；

（4）了解研发人员的看法和建议；

（5）论证生产标准化的可行性；

（6）调研考核与激励的可能性；

（7）了解其他培训方法与技术；

（8）拟订综合解决方案。

（六）文件四

类别：电子邮件

来件人：郑晓虹　绩效主管

收件人：李明峰　人力资源部部长

日期：11 月 8 日

李部长：

今年绩效考评结果出来以后，有两个骨干员工感到很不满意，他们认为是由于市场的客观原因（由于政策原因，消费者对我公司产品需求暴跌），导致他们不能完成相关的绩效指标。据调查，这两位员工非常努力，他们之所以没有完成业绩指标的确是受市场的影响。按照公司制定的绩效考核体系，他们不能拿到足额的奖金。您看这件事情要怎么处理，盼尽快回复。

【参考答案】

（1）调研公司销售情况；

（2）了解员工个人意见和看法；

（3）了解原有公司考核办法；

（4）与员工座谈对考核办法的改进意见；

（5）调研行业考核情况；

（6）与销售负责人交流沟通相关情况；

（7）考虑其他措施与对策；

（8）拿出综合改善建议。

（七）文件五

类别：电子邮件

来件人：冯琛　薪酬主管

收件人：李明峰　人力资源部部长

日期：11 月 9 日

李部长：

公司两名员工张三和李四都是公司优秀的销售人员，前段时间他们原来的销售主管离职了，张三被直接任命为销售主管，可是李四认为自己与张三实力相当，凭什么让张三当了主管，而自己却没有。经调查，这两名员工实力确实不相上下，销售总监考虑要给李四加薪以安抚他，可是我们的薪酬方案里并没有这样的规定，您看这件事要怎么处理，请尽快回复。

【参考答案】

（1）了解两位员工各自的意见和看法；

（2）与销售总监沟通了解相关情况；

（3）明确公司相关提拔与薪酬政策；

（4）与高层汇报相关情况并询求其建议；

（5）与销售总监协调处理意见；

（6）找张三进行情况说明与解释；

（7）协助销售总监做好销售团队管理；

（8）改善和优化公司相关政策。

（八）文件六

类别：电子邮件

来件人：褚卫　劳动关系主管

收件人：李明峰　人力资源部部长

日期：11 月 7 日

李部长：

公司怀孕女员工张某在工作期间违反了公司相关规定，公司欲与之解除劳动关系。张某不同意公司的决定，最近带着家属坐在公司大楼门口，声称公司解除怀孕女工违反《劳动法》的相关规定。您看这件事要怎样处理，请尽快回复。

【参考答案】

（1）了解张某违纪情形；

（2）咨询相关法律规定；

（3）侧面了解张某态度；

（4）向领导汇报相关情况；

（5）做好与其家属见面的准备；

（6）避免与家属发生冲突；

（7）引导双方通过法律途径解决问题；

（8）做好相关应急预案。

实训任务一

【实训目的】

理解并掌握评价中心各类评价方法的操作实施流程。

【实训内容】

以小组为单位，就以下无领导小组讨论、角色扮演和公文筐测试进行模拟训练。

（一）无领导小组讨论

1. 情境

你们正乘一艘科学考察船航行在大西洋的某个海域，考察船突然触礁并迅速下沉，队长下令全队立即上橡胶救生筏。据估计，离你们出事最近的陆地在正东南方向 100 海里处。救生筏上备有 15 件物品，除了这些物品之外，有些成员身上还有一些香烟、火柴和气体打火机。

2. 问题

现在队长要求你们每个人将救生筏上备用的 15 件物品按其在求生过程中的重要性进行排列。把最重要的物品放在第一位，次重要的放在第二位，直至第 15 件物品。团队成员要一起讨论，在 30 分钟内定出一个统一的方案。

3. 排序用的物品

指南针、小收音机（1 台）、剃须镜、航海图（1 套）、饮用水、巧克力（2 公斤）、蚊帐、二锅头酒（1 箱）、机油、钓鱼工具（1 套）、救生圈、驱鲨剂（1 箱）、压缩饼干（1 箱）、15 米细缆绳、30 平方尺雨布（1 块）。

（二）角色扮演

你在组织中获得了一个提升机会。你已被提名这一职位，但是还有一些其他的候选人。一份备忘录放在你的桌上，来自人事经理。

鉴于已有多名候选人的情况，我们决定通过采取一种竞争方式来产生一名最好的候选人，评选小组由 3~4 名高层管理人员组成，要求每一个候选人发表一次演讲来竞争该岗位。每个人只有 10 分钟的发言机会，时间定在明日。

你发现备忘录的日期是昨天，正巧电话铃也响起来了，是人事经理打来的。他通知你，评审将于 15 分钟后开始。

你现在只有 15 分钟来准备你的讲话提纲。

记住，你要问自己 4 个问题。

（1）你为什么要讲？

（2）你讲给谁听？

（3）你准备讲些什么？

（4）你准备如何讲？

（三）公文筐测试

A 公司是一家大型民营上市公司，业务涉及水利工程、环保科技和电力自动化等多个领域，其人力资源部下设 5 个主管岗位，分别是招聘主管、薪酬主管、绩效主管、培训主管和劳动关系与安全主管，每个主管有 1~2 位下属。

您（李月梅）是该公司的人力资源总监，现在已经是上午 8 点，您已经提前来到办公室，需要处理完累积下来的邮件和电话录音等信息文件，并针对这些文件做出解决方案。在您处理文件的过程中，您可以以电话、文件、备忘录、便条、批示等形式将所有文件的处理意见、方法等，做出书面表述。

好，您现在可以开始工作了，祝您一切顺利！

1. 公文 1

类别：电话录音

来电人：刘增　国际事业部总监

接收人：李月梅　人力资源部总监

日期：7 月 8 日

李总：

您好！

我是国际事业部的刘增，2016 年 10 月中旬，人力资源部曾要求各部门上报 2017 年的大学生招聘计划。由于我部业务的特殊性，不仅要求应聘者有较高的英语水平，而且要懂得一定的专业知识，这类人员在校内招聘的难度很大。此外，由于我们公司薪酬水平较低，即使招聘来人员也很容易流失，过去几年的流失率高达 74%。为此我们国际事业部多次召开会议，并初步达成共识：公司需要制定中长期的人才规划以吸引并留住优秀人才。

但是，到底该如何操作，尚无具体方案。我刚和总裁通过电话，他建议我直接与您沟通，不知您有何意见想法，请尽快告知。

2. 公文 2

类别：电话录音

来件人：王睿　劳动关系与安全主管

收件人：李月梅　人力资源部总监

日期：7 月 7 日

李总：

您好！

我是王睿，有件事情非常紧急，今早 7 点，我接到郑州交通管理局的电话，6 点 10 分在郑州 203 国道上发生重大交通事故，我公司销售部的刘向东驾车与 1 辆大货车相撞，刘向东当场死亡，对方司机重伤，目前正在医院抢救，与刘向东同车的还有公司的销售人员蔡庆华、隋东和王小亮，3 人均受伤，但无生命危险。目前事故责任还不能确定，我准备立刻前往郑州处理相关事务，希望您能尽快和我联系，商量一下应对措施。

3. 公文 3

类别：电子邮件

来件人：张玲　绩效主管

收件人：李月梅　人力资源部总监

日期：7 月 7 日

李总：

您好！

公司今年结束年中的绩效考核后，准备实施基于目标考核的新的绩效考核系统，从上周起要求各部门经理和员工一起制订员工下半年的工作目标，按原定计划，该项工作应在下周三前完成，绩效监督小组对工作进程进行了检查，发现全公司 32 名部门经理仅有 4 个完成了工作，大部分经理尚未开始进行目标设定。当我们希望他们加快进度时，很多部门经理抱怨根本没有时间，觉得和员工共同制订工作目标是表面文章；还有部分部门经理认为这是部门内部的事，监督小组是在干涉他们的工作。目前工作进展很不顺利，请您给我们一些支持。

4. 公文 4

类别：电子邮件

来件人：陈欣　培训专员

收件人：李月梅　人力资源部总监

日期：7 月 8 日

李总：

您好！

公司 4 月在南非首次承接的 420 工程现已开工，工程部准备委派 6 名高级技术人员到南非提供技术服务。可是，这 6 名技术人员英语水平较差，虽经过为期半年的在岗英语培训，但效果不尽如人意。因此，工程部计划临时安排他们去英语学校参加封闭式培训，培训时间为 2 个月，费用为每人 10 000 元。该计划已经上报人力资源部。可是，昨天工程部来电称，财务部不同意支付培训费用，理由是该培训事先没有计划和预算，资金周转不过来，这几名员工原计划 10 月赴南非，工程部担心如果不能按期派人提供技术支持，可能会影响合同的执行和公司的声誉。目前，工程部非常焦急，请求您出面协调，敬请尽快回复。

【组织与评价】

根据操作过程的合理性和结果解释的科学性酌情计分。

实训任务二

【实训目的】

掌握无领导小组讨论操作要领。

【实训内容】

以小组为单位，两组相互对抗，从命制题目、组织讨论到撰写评价结论模拟演练全过程。

【组织与评价】

根据试题适合度、组织严密性和结论正确性等方面酌情计分。

实训任务三

【实训目的】

掌握评价中心的主要形式并把握评价中心实施的关键问题。

【实训内容】

某公司在世界化工行业名列前茅，业务主要集中在化工、商贸等领域。在中国有大中国公司，负责中国及周边地区业务，同时在全国有关城市设有生产、销售、财务等 10 多家分公司。

然而，其中的多家分公司设立时间不长，目前面临着激烈的市场竞争，部分分公司出现亏损，造成这一现象的原因是多方面的。公司上层希望通过培训使这一现状有所改善，但又不知道员工的培训需要什么。由于缺乏生涯设计，许多关键岗位的员工受到的激励也有限。因此，企业认为有必要对员工特别是各层管理者进行管理技能评估，这也与公司即将开始的人事改革相适应。如何根据员工的特点实行人—职—岗位匹配，也是该次评价的目标之一。

某咨询公司和该公司的人力资源专员共同制定了员工应该具备的素质技能表，其内容如下。

遵守公司规章：对公司业绩有兴趣，遵守并能积极参与改进公司规章，尊重他人的不同观点，对公司忠诚。

领导和影响力：设置合理目标并能向下属清楚传达；营造团队气氛，激励团队；对下属进行表扬、鼓励并适当纠正；预计潜在问题，并做出后续安排。

分析、解决问题：解决问题而不推诿；分析问题，并能识别内外可用资源；预计问题并能适时调整行动计划；在团队内能激发多种不同观点用以解决问题；面对问题时保持结果导向。

沟通和团队工作：团队目标高于个人目标；愿与他人接近，善于倾听；提供积极的、具有建设性的反馈意见；让他人以多种方式参与团队事务；愿与他人共享观点、经验。

前瞻性、主动性：探求改进工作的新方法，挑战环境以获取更好的思路，有兴趣了解他人的工作，建议如何行动而非坐等汇报。

对结果的承诺：坚持直到预期目标的实现，接受挑战、克服困难而获得结果，采取有计划的行动以获得成功，严格维护公司利益。

（资料来源：唐宁玉. 人事测评理论与方法[M]大连：东北财经大学出版社，2002：180-181.）

假如让你设计评价中心来考察员工在这些方面的表现，你将采用哪些方法呢？在具体运作时，要注意哪些问题？

【组织与评价】

（1）阅读案例，随后分组进行讨论。

（2）组内整合观点并进行阐述。

（3）任课教师就每组观点进行点评。

8

人员素质测评的实施与运用

学习目标

（1）掌握人员素质测评的操作流程；
（2）掌握素质测评的实施；
（3）掌握测评结果的反馈运用与评价；
（4）掌握测评的信度；
（5）掌握测评的效度。

引例

万科职业经理素质测评

万科股份有限公司（简称万科）成立于1984年5月，是目前中国最大的专业住宅开发企业。万科经过业务架构的调整，明确以中高档的城市居民住宅开发为主业，从事专业化经营，力求对社会的回报，以稳健的速度持续增长。在此宗旨下，1998年万科提出“职业经理年”的管理主题和“专业追求永无止境”的口号，推动公司业务经管、管理（包括投资规划、信息、培训、客户服务、工保等层面）的专业化进程。培训与高级研修是万科培养和开发职业经理的管理手段之一，以实现职业经理在万科的可持续应用和发展。

1998年，人力资源开发的重点在于通过系统科学的专门培训和在职培训，加强专业技能培训，将万科的理念和操作经验与成熟企业的专业技巧、专业模式相结合，在发挥万科比较优势的同时，加强决策、经管、管理、应变等专业能力，提高竞争力，万科职业经理核心素质如下。

（1）在工作观念方面，要求职业经理做到十点：①勇于承担工作责任，有进取意识；②集团利益至上，具有全局观念；③以积极的态度和角度对待困难和遗留问题；④具有接纳差异、用人所长的领导心胸；⑤善待客户，一切从市场出发；⑥尊重规范，不断改进；⑦具有开放的心态，善于整合资源、善于创新，有能力找到解决问题的方法；⑧不回避矛盾，大胆管理；⑨思维严谨，工作计划性强；⑩客观敏感把握，控制到位。

（2）在管理技能方面，要求职业经理做到八点：①善于激励，有号召力；②能营造有效沟通的氛围，让沟通成为习惯；③有效授权，控制得当；④培养指导下属，鼓励向别人学习；⑤科学决策；⑥压力管理；⑦组织管理；⑧时间和会议管理。

（3）在专业技能方面，要求职业经理做到四点：①精通本行业的实践专业技能；②知道如何应用；③有系统的理解能力；④具有创造力。

（资料来源：蔡圣刚，潘国雄. 现代人员素质测评[M]. 北京：科学出版社，2015.）

案例思考题

（1）万科职业经理核心素质的选取有什么特点？

（2）通过此案例，你觉得对高层管理者进行素质测评时需要注意什么问题？

随着人员素质测评应用范围的不断扩大和对测评内容的特殊要求，人员素质测评的设计与实施需要有一套严格的程序，以确保测评的科学性。本章将重点介绍人员素质测评的实施流程及分析报告的撰写方法。

8.1 人员素质测评操作流程

人员素质测评是一个复杂、综合且系统的过程，必须根据测评的目的，依照科学的测评程序，选择适合的测评方法和工具进行测评，从而保证测评结果的准确、客观、公正。尽管不同的测评项目有着不同的目标和应用领域，但多数测评项目的运作都遵循相对一致的流程。

1. 制订素质测评方案

测评方案也称测评计划，是对某一测评活动所涉及的诸方面的总体设计、部署和安排。测评方案的主要内容包括：测评体系的设计；测评方法的确定；测评工具的选用和研制；测评人员、时间和场地的确定。测评方案是整项测评活动的蓝图和指南，直接关系到测评工作的顺利开展和测评结果的有效性。

1）设计素质测评体系

测评体系设计是人员测评活动的中心环节，它是对被测者进行测评时的“标尺”。人员的素质特征只有通过测评体系，才能表现它的相对水平和内在价值。测评体系由测评指标（要素）、测评标志和测评标度三个要素组成。（详见第 3 章内容）

2）确定测评方法

随着测评技术的发展，素质测评的方法也日臻完善，用于素质测评的方法众多，既有适用于个体测评的，又有用于团体测评的，还有针对不同层次人员的测评方法。测评人员要依据被测者与测评目标确定测评的方法，科学合理的测评体系必须搭配合理的测评方法才能发挥最大的效果。目前，常用的测评方法包括履历分析、笔试、面试、心理测试、评价中心等。（详见第4~7章内容）

（1）常用的素质测评方法。

① 履历分析。履历分析是通过对被测者的个人背景、工作与生活经历进行分析，来判断其对未来岗位适应性的一种人才评估方法。研究结果表明，履历分析对被测者今后的工作表现有一定的预测效果。这种方法用于人员测评的优点是较为客观，而且成本低，但也存在几方面的问题，如履历填写中“人工装饰”的问题，即应聘者在填写履历时，总会避重就轻地掩饰对自己不利的信息。此外，履历分析的预测效度随着时间的推进会越来越低。因此，履历分析一般只作为初审的工具，要与其他方法组合使用。

② 笔试。笔试主要用于测量人的基本知识、专业知识、管理知识以及综合分析能力、文字表达能力等素质及能力要素。它是一种最古老而又最基本的人员测评方法，至今仍然是许多组织选拔人才的一种重要方法。笔试在测定被测者知识面和思维分析能力方面效度较高，而且成本低，可以大规模地进行施测，成绩评定比较客观，往往作为人员选拔录用程序中的初期筛选工具。

③ 面试。面试是通过测评人员与被测者双方面对面的观察、交谈等双向沟通的方式，收集有关信息，从而了解被测者的个性、能力以及动机等特征的一种人员测评技术。面试是应用非常普遍的一种测评技术。与其他方法相比，面试最大的特点就是测评人员与被测者能够直接沟通，而不需要借助其他的载体，因此它具有很强的互动性和灵活性，而且测评人员可以通过不断的追问，较为深入地了解被试者。按照面试内容的结构化程度，面试可以分为结构化面试和非结构化面试。结构化面试对面试的内容、题目、实施程序、评价标准、测评人员组成等要素都进行了统一明确的规定，面试必须严格依照既定的程序进行；而非结构化面试没有固定的面谈程序，测评人员提问的内容和顺序取决于测评人员的兴趣和现场被测者的回答，不同的被测者所回答的问题可能不同。

④ 心理测验。心理测验是通过观察人的具有代表性的行为，对贯穿在人的行为活动中的心理特征，依据确定的原则进行推论和数量化分析的一种测评方法。一项标准化的心理测验一般有事前确定好的测验题目、答题说明，题目主要以客观题为主，但也会有主观题，被测者只需要按照题目的指示语作答即可。标准化的心理测验系统还包括记分系统、解释系统、良好的常模、较高的信度和效度以及项目分析数据。

大多数智力测验、人格测验、成就测验、能力倾向测验，都可采用心理测验的形式，心理测验的优点在于：一是简单易用，尤其是随着计算机技术引入心理测验中，使得它的操作变得更加简捷；二是其记分和解释比较客观；三是比较经济，心理测验大多数可以团队施测，能够节约大量的时间和精力。它的不足之处：

一是开发周期长，投入大；二是由于受测验形式的局限，有些能力和个人特点难以测量，如语言表达能力等。

⑤评价中心。评价中心是在情景模拟的基础上发展起来的，评价中心技术是现代人员素质测评的一种主要形式。从严格意义上来讲，评价中心是一种程序而不是具体方法，它由多个测评人员，针对特定的目的与标准，使用多种主客观人事评价方法，包括心理测验、面试、多项情景模拟测验，对被测者的各种能力进行评价，为组织选拔、提升、鉴别、发展和训练人员服务。一次完整的评价中心通常需要两三天的时间，对个人的评价是在团体中进行的。测评结果是综合多个测评人员系统观察的结果得到的。评价中心的最大特点是注重情景模拟，在一次评价中心中包含多个情景模拟测验，可以说评价中心既源于情景模拟又不同于简单情景模拟，是多种测评方法的有机结合。评价中心具有较高的信度和效度，得出的结论质量较高，但与其他测评方法相比，评价中心需投入很大的人力、物力，且时间较长，操作难度大，对测评人员的要求很高。因此，它通常作为选拔高级管理人员的方法。

我们通常用效度、公平度、可用性和成本四项指标对一种测评方法进行评价。根据这四个指标，1987 年，美国工业心理学家 P. M • 曼琴斯基（P. M. Muchinsky）对素质测评中九种常用的方法进行了比较研究，结果发现，履历分析、同行评价和评价中心的效度最高，面试和自我介绍的效度较低；能力测定和心理测验的公平度较高；智力测验、面试和履历分析的可用性较高；智力测验、能力测定、心理测验、履历分析的成本比较低，评价中心的花费较高。具体比较结果如表 8-1 所示。

表 8-1　各种测评方法的比较

方法	效度	公平度	可用性	成本
智力测验	中	中	高	低
能力测验	中	高	中	低
心理测验	中	高	中	低
面试	低	中	高	中
履历分析	高	中	高	低
同行评价	高	中	低	低
自我介绍	低	高	中	低
评价中心	高	高	低	高

（2）选择测评方法的原则。

众所周知，每一种素质测评的方法都有利有弊，既没有一种方法完全可靠有效，也没有一种方法毫无价值和用处。关键在于我们如何组合运用，扬长避短，发挥整体互补功能。一般来说，选择测评方法中应该遵循以下原则。

① 成本节约原则。素质测评都会耗费一定的人力、物力和财力，因此在操作过程中，应该尽量通过科学的安排来降低成本，节约时间。在具体的实施中，不同的测评方法应该遵循“先简单后复杂”和“先淘汰后筛选”的原则进行。“先简单后复杂”是指在人员选拔的过程中，履历分析、笔试等简单和容易操作的方法应该放在前面实施，而评价中心、结构化面试等复杂和较难操作的方法放在后面，这样可以大幅度降低测评的成本，提高效率。“先淘汰后筛选”是指在测评实施过程中，前面的方法主要是用于将那些明显不符合要求的人员淘汰，侧重于被测者的缺点和不足。后面采用的测评方法应该侧重于被测者的优点和长处，目的是在候选人中选出与岗位最为匹配的人，遵循这一原则可以有效降低测评的费用，实现成本节约的目的。

② 有效性原则。不同的测评方法对测评指标的适用性是不一样的，例如，面试对表达能力、自信心、知识面的考察效果强于其他指标，评价中心对决策能力、应变能力、领导能力等管理类能力的考察更为突出。在素质测评的过程中，测评人员要遵循有效性原则，根据不同的测评指标，选择适合的测评方法，提高测评活动的有效性。

③ 相互验证原则。在测评过程中，只选择一种测评方法很难全面地测评出所有的指标要素，因此需要采用数种有效的方法组合，构成对被测者的测评方法体系，以便对其进行全面有效的测评。当采用两种或两种以上的方法同时对某项测评指标进行测评时，就可以观察不同方法对同一测评指标的结果是否一致，来相互印证测评的有效性；当几种方法对该指标的测评结果基本相同时，就能说明测评有较好的信度和效度。

每一种测评方法都有利有弊，因此我们在应用这些方法时，应该做到具体问题具体分析，结合测评的目的、对象、内容等因素取长补短、综合运用，以使素质测评达到最佳的效果。

3）选用和研制测评工具

由于不同测评活动的测评目的、内容、对象、方法存在诸多差异，因此，可以借助和使用的测评工具也有所不同。选择和研制针对不同测评目的和对象的测评工具成为人员素质测评中需要解决的一个重要问题。

在已有的测评工具中，有的是可以直接使用的，例如一些标准化的心理测验量表可以有针对性地选择使用；有的则需要进行修正之后才能使用，例如情景模拟、知识测验等可以借鉴并加以调整和修订。而在有些测评中，则需要测评人员开发和研制测评工具，例如针对某些特定岗位的面试，需要测评人员自行设计题目，才能满足具体的要求，但总体来说，无论是选择标准化的心理测验，还是对现有工具进行改造，或是自行开发测评工具，都是一项专业性和技术性很强的工作，需要测评专家、心理测量专家以及人员测评的实践人员共同努力才能实现。

经过近百年的发展和演进，人员测评的工具在不断地完善，尤其是随着计算机技术的应用，开发出大量测评软件，使得测评工具的使用变得更加便捷，同时也令测评结果的信度更高。

测评工具的选取要考虑测评的目的、对象、内容等诸多因素。由于每项测评活动在这些方面都存在差异，使得测评人员能够直接使用的测评工具极为有限，因此，设计和研制一套完善的测评工具就成为测评活动中非常重要的一个环节。

4）制订实施计划

（1）测评人员的选择。测评人员是测评活动的具体实施者，他们的质量和数量对整个测评工作都起着举足轻重的作用。合理的人数和人员搭配，能使测评体系发挥一定的效用，甚至可以弥补某些不足，达到最终的测评目的。测评人员需要符合的要求包括：

① 具有测评方面的专业知识和经验；

② 熟悉待测岗位的素质要求与具体评分标准；

③ 了解待测人员的基本背景情况；

④ 具有较好的口头表达、沟通、应变与观察能力；

⑤ 善于独立思考，处事公正。

测评人员可以是测评领域的专家、组织的领导、主管或人力资源部门的人员。在一项测评活动中，通常会使用多种测评方法，每种方法对测评人员的要求也不尽相同，所以，在测评实施前需要对所有的测评人员进行培训。培训内容包括测评纪律及其监控、测评的方法、具体的操作流程和程序步骤、测评中有可能出现的突发事件及应对办法等。培训的目的是使测评人员熟悉测评的每个环节和每项内容，掌握各种测评方法，保证测评工作的顺利实施。

（2）测评时间和场地的确定。测评时间和空间的选择同样会对测评结果产生影响，科学地选择测评的时间和空间，将会促进测评工作的开展，从而提高测评结果的有效性。

① 测评时间。不同的测评方法和测评工具所花费的时间也不尽相同。例如，用于初步筛选的结构化面试一般会在 1 小时内完成，而针对高级管理人员的评价中心，因为涉及多种方法，可能需要数天时间才能保证测评效果。因此，在测评实施前，测评人员要按照每项测评活动的特点合理安排时间，确定不同测评项目的先后顺序以及时间间隔。

② 测评环境。测评环境的选择对测评结果有重要影响。对环境的选择主要考虑测评现场是否适合被测者完成所测任务事项。如果测试环境通风设备不好、空间狭小、嘈杂、光线不好，容易使人心情烦躁、反应迟钝、易疲劳，影响思考。因此，测评场地应该宽阔安静、光线充足，使测评对象注意力集中、思维敏捷，从而提高测评的准确性。除此之外，测试的人文环境也很重要。在测评过程中，

主试要表现出温和的态度，让被测者放松心情，从容应对。

2. 素质测评的实施

测评的实施是测评人员对测评对象进行测评以获取个体素质数据的过程。在这一过程中，测评人员按照一定的测评程序，运用特定的测评方法和专门的测评工具，对被测者进行定性和定量的描述。

测评的实施由三个阶段组成，分别是测评计划的实施、测评数据处理和结果分析，以及测评报告的撰写。

1）测评计划的实施

测评计划是整项测评活动的蓝图和指南，测评实施是在测评计划的指导下，进行具体施工。在实施过程中，不仅要严格按照测评计划进行操作，同时还要具有一定的灵活性，能够妥善处理各种突发情况。测评计划的实施过程包括测评前的准备、测评的操作两个阶段。

（1）测评前的准备。测评前的准备包括两个方面：一是人员的准备；二是物品的准备。一项素质测评活动的顺利实施需要工作人员和专家评委进行密切配合、通力协作。因此，在测评活动开始前，需要成立一个强有力的测评小组，明确人员的分工，并对测评人员进行培训。通过培训，一方面，使测评人员明确测评的目的和意义，保证他们以主人翁的意识参与其中；另一方面，使他们熟悉测评的流程和内容，掌握测评的方法。

测评的物品准备主要包括测评人员和被测者休息场地的准备、车辆安排、测评中联络人员的安排、考场的布置、考试用品的准备等。

（2）测评的操作。测评的操作包括从测评指导语到实际测评，直到回收测评数据的整个过程。

① 测评的指导语。在进行测评具体操作前，测评人员应向被测者说明测评的操作流程、保密原则和注意事项等，使他们能够准确完整地完成测评活动，同时消除各种顾虑，保证整项活动的顺利实施。通常测评的指导语包括以下内容：人员素质测评的目的；测评持续的时间；测评过程中的注意事项；举例说明相关要求；测评结果的保密和处理。

测评指导语的时间应该控制在 5 分钟以内，时间过长会引起被测者的反感和抵触情绪。现代人员素质测评往往通过计算机平台加以实现，指导语直接呈现在计算机界面上，这就要求指导语的计算机呈现方式更加人性化。

② 具体操作。在测评的具体操作中，测评人员可采用单独操作和对比操作的方式对被测者进行测评。

单独操作。单独操作是测评人员完成某一被测者的全部测评指标之后，再对另一被测者进行测试，直到完成对所有被测者的测评为止。单独操作的方式可以使测评人员严格依据测评标准体系的内容，对被测者的素质进行测评，它的缺点是花费时间较多。

对比操作。在进行对比操作时，测评人员首先要对被测者进行分组，然后参照测评标准体系，采用对比的方式，对组内的被测者进行对比测评，直到所有指标完成后，才对下一组的被测者采用相同的操作方法。对比操作的方式可以大大节省测评时间，尤其是当测评人数较多时。但对比操作可能会导致测评人员对某位被测者的评分受到同组其他人员表现的影响，使测评结果无形中增加了不同程度的主观成分。

③ 回收测评数据。测评过程中产生的数据，要由测评人员统一进行回收，如果是集中测评，测评人员应把收集到的全部数据当众进行封装，减少被测者的顾虑。如果不是采用集中测评的方式，在发出测试题目时，要发给每位被测者一个信封。由被测者自己将测评数据装进信封并进行封装，之后再交给测评人员。测评数据的回收一定要按照规定的程序和步骤进行，否则将影响测评对象对测评活动公正性的认识。

④ 测评实施过程中需要注意的问题。

测评的实施要严格按照标准化要求进行，在测评的实施过程中，要做到客观化和标准化，保证测评结果公正，真实地反映被测者的情况。因此，测评过程要严格遵循测评的标准化实施要求，防止个人主观因素对测评结果的影响。

测评信息的收集要充分详细。在测评实施过程中，要将相关的信息和可能对决策产生影响的细节全部记录下来，包括那些对测评结果造成影响的特殊因素，如考场突发情况和被测者患病等，作为决策的辅助材料。

测评人员要严格控制测评现场。在测评实施中，测评人员需要严格控制整个测评现场，验证被测者的身份，防止作弊。排除与测评无关因素的干扰，控制测试的进程。在允许的范围内回答被测者的提问，并及时处理意外事件。

2）测评数据的处理与结果分析

（1）测评数据的处理。测评结果的数据处理包括对测评结果的记分、统计和分析解释。经过测评的具体操作得到被测者的原始数据后，测评人员要对所获取的原始数据进行统计处理。在一项测评活动中，通常会使用多种测评方法，而每种测评方法都是针对相应的测评指标进行的，所以，数据处理的第一步就是将各项测评指标得分进行归整，得出分项得分。获得了单项指标得分后，再按照预定的权重计算出总分。需要注意的是，测评实施过程中获得的测评信息并不是百分之百的准确，而且常常会出现不同测评方法获得的信息相互矛盾的情况，这就需要在信息处理过程中进行适当修正。与此同时，随着计算机技术在现代素质测评中的应用，已经开发出专门的统计和记分软件，测评数据的处理可以借助计算机完成，处理的结果也能够直接呈现出来，使得数据处理工作变得更加简单和高效。

人员素质测评结果处理的常用数理统计方法有累加法、平均综合法、加权综合法，连乘综合法、指数连乘法等。

（2）测评结果的分析

① 个体结果分析。个体结果分析是根据每位被测者在一项素质测评中的得分，参照测试中的常模和标准，对分数进行解释，并对被测者的各项测评指标做出评价，分析出该被测者的优势领域在哪里，不足在哪里。测评数据经过处理后，会得到被测者的得分，但是单纯的分数是没有意义的，测评人员需要对分数进行解释，赋予一定的意义。在对分数进行解释时，必须要参照一定的标准。一般来说，参照的标准有两种形式：常模参照和标准参照。常模参照是以某个常模团体的分数分布作为解释分数的参照标准，常模团体是指具有某种共同特征的人所组成的一个群体的代表性样本。标准参照是指测验的结果根据事先制定的标准而加以解释的一种测验，如英语四、六级考试，职称测评等。

② 整体结果分析。测评结束之后，获得的结果是个体性质的，它的意义通常不是非常清楚。因此，在获得个体测评结果之后，还应从整体上进行分析。只有从总体中、个体与个体的相互关系中，才能真正把握与认识个体的素质水平。

测评结果的整体分析主要有三种方式：整体分布分析、总体水平分析和差异分析。整体分布分析是通过图表的形式来分析素质测评结果的一种方法，总体水平分析是指通过众数、平均数或中位数的分析，来把握全部被测者的一般水平的分析方法。差异分析是用来分析一组数据的变异程度或离散程度的方法。

3）测评报告的撰写

（1）个体报告和总体报告。测评报告的撰写是测评活动中重要的一个环节，一项测评活动的设计、操作、分析和建议都需要通过测评报告展示出来。素质测评报告分为个体报告和总体报告两种。

① 个体测评结果分析报告。一份良好的个体测评结果报告要具有结构性、逻辑性、详尽性和客观性等特点，以便令被测者和相关人员能够充分理解报告的内容，并能够依据报告做出相应的人事决策，提高决策的科学性和有效性。

一份完整的个体素质测评结果分析报告应该包括以下几个方面的内容：

测评归类信息。测评归类信息主要包括测评编号、委托单位、测评机构名称、测评日期等。测评报告需要建立一个归类系统，以便于查找、复核、咨询。

测评对象的信息。测评报告中应该包括被测者的姓名、性别、出生年月、教育程度、婚姻状况、职业、职位、特长、爱好等个人信息，这些资料既是被测者个人特征的反映，也是对测评结果真实性的一个印证资料，可以根据测评的目的进行取舍。

测评项目。测评项目是测评的核心内容之一，测评人员要根据不同的被测者和目的，设置测评项目的组合和先后顺序，并在测评报告中将它们完整真实地呈现出来。

测评结果。测评结果中应该包括被测者总体概况和各项测评项目的结果。

测评结果具体分析。测评结果具体分析是对测评项目中所得到的结果进行书面解释和分析，按照测评项目的前后顺序，逐条揭示各项测验分数和维度的分值所代表的含义，并做出必要的文字阐述。

总评。总评是指报告撰写者根据测评的目的、被测者在各部分中的表现和得分情况，对其各项素质进行评价并为其未来的发展提出建议。

复核意见。测评报告需要经过人才测评专家的复核，以保证测评报告的权威性，结果的公平、客观、准确、有效。复核的主要内容包括：总体评价是否全面；报告内容是否有遗漏；报告格式是否正确；测评结果是否真实有效；测评结果有无前后矛盾之处；解释是否合理适度；评价是否依据所有事实。

责任人信息。最后，在测评报告的结尾要注明报告撰写人和复核专家的姓名、日期、联系方式，以便能够在出现问题时可以取得联系，并提供相关咨询和解答。

②测评结果总体分析报告。如果某个组织某次有大量员工参加测评，在提交个体报告的同时，可能还需要提供一份总体分析报告。测评结果总体分析报告一般要从统计学角度描述被测者全体的分数分布情况，分数的离散程度、样本的特征以及在各个具体指标上的分数分布情况等，从而使组织可以从整体上把握人员的整体素质状况。一份内容翔实、结构严谨、数据充分、建议合理的总体报告将对组织的人力资源优化配置、科学使用、开发培训等提供科学的依据。

（2）文字式报告、表格式报告和图示式报告。一般测评报告的撰写方式有三种：文字式、表格式、图示式。三种描述测评结果的方法各有千秋，根据需要可以采用单一或者混合的方法描述测评结果，方便向决策者提供测评报告。

①文字式报告。文字式报告是指采用书面文字的方式表示素质测评的结果。文字式描述方法属于定性的表达方式，常用于通过定性方式获得的测评结果，如面试法获得的资料。文字式表达存在一些缺陷，如难以反映被测者素质差异的细小差别、操作费时费力等。因此，进行文字式描述时，要界定好描述素质高低、优劣等词汇的内涵，明确素质高低、优劣等词汇内包含的行为表现和绩效水平。

小专栏 8-1

员工张某的文字式测评报告

张某符合该职位要求的特质有：一般情况下能够按照工作计划行事，遇到特殊事件，也能比较灵活地处理，在这些方面，张某能够达到职位的要求，不需过多干预他的表现。

在下列特质上，张某的表现与职位要求有些差距：

（1）在工作过程中遇到挫折时很难较好地应对，会造成较大的心理压力或冲击。

（2）可能会感到每天迫于完成任务而失去乐趣。

（3）在没有明确工作目标的时候，又会感到没有方向，非常迷茫。

（4）与人打交道的能力或者愿望不够强，在人际资源方面可能有所欠缺。

（5）在目标职位上，可能会比较孤立，需要较多时间来适应团队工作的方式。

（6）与工作要求相比，责任心不够强，可能会影响到他在该职位上的工作质量和效率。

（7）追求成功的愿望较低，这可能会影响到他在工作上的动力和投入程度。

（8）与工作要求相比，沟通技巧有所欠缺。

（9）做事喜欢被动等待，自己主动发起活动的动力不足。

在管理风格方面，中高层销售管理职位需要应聘者从事一定的管理工作，张某在带领一个团队时，可能表现出下面的特点：

（1）更多地期望团队成员通过结果来证明自己，但信息获取可能不够充分。

（2）可能习惯于接纳现状，只是在问题出现时想办法把它解决即可，自己主导改变现状的动力较弱。

（3）严格、善于制定项目计划并带领团队成员完成。

（4）有时对突发事件的灵活应对不够。

（5）倾向于采用命令式或任务式的管理方法，可能会形成竞争型的团队氛围。

② 表格式报告。表格式报告是将素质测评结果制作成统计表，以表格形式展现的方法。表格式描述方法属于定量的表达方式，常用于通过定量方式获得的测评结果，如通过测量获得的统计数据。表格形式简明扼要，便于分析比较；但对于缺少统计知识基础的使用者可能存在理解上的困难。因此，表格式方法常常与文字式方法一起使用，文字式可以辅助说明表格内容。

③ 图示式报告。图示式报告是以几何图形的方式表达测评结果的数量关系。图示式直观形象，看之一目了然，有助于分析和研究测评数据。常用的图示主要有直条图、圆形图、线形题等。

3. 测评结果的反馈运用与评价

1）测评结果的反馈运用

测评活动的最后阶段是将测评结果准确无误、适时地反馈给被测者、上司等人，并根据最初的测评目的，帮助他们利用测评结果进行人事决策。测评结果的反馈可以使被测者和管理人员了解其自身的素质水平，并为未来的发展提供指导和建议，同时通过反馈过程，可以评估测评活动的质量和有效性，为测评活动的修订和完善提供可靠依据。在反馈过程中，测评人员应客观地陈述测评结果，不随意夸大、缩小或遗漏，更不能掺入主观意见。同时，还应该对测评结果进行解释，为反馈对象提供具体详细的测评信息，对他们的疑惑进行解答，帮助他们更好地理解测评结果，而不是仅给出简单肯定或否定的结论。尤其是向被测者本人反馈结果时，测评人员要选择合适的场所和时间，营造良好的沟通氛围，注意反馈的方式和措辞，避免出现冲突。

当测评人员将测评结果反馈给被测者的上级时，他们可以利用这些结果做出人事决策。但是在利用测评结果的时候，管理人员需要抱着科学的态度，一方面认识到人员测评在提高人事决策科学性方面发挥的重要作用；另一方面还要正确看待人员测评的可靠性和有效性，不应过分夸大它的精度和适用范围，充分认识到它在精度上存在的限制和误差，不能盲目使用甚至滥用人员素质测评的结果。

从根本上讲，人员素质测评本身不是目的，是一种手段，是为了其结果的使用。因此，形成测评结果后，测评人员要根据测评的结果和测评的目的，将测评结果应用于实际的工作中，如招聘用人决策、培训需求调查、职业发展规划等，如表 8-2 所示。

表 8-2　不同测试目的下测评结果的反馈内容

测试目的	反馈内容
选拔性测试	被测者的素质与岗位素质标准的差异
培训需求分析测试	向企业相关部门综合反馈被测者群体的特点
能力训练与开发测试	被测者每项素质（指标）的特点、被测者的素质与岗位素质标准的差异，被测者在每项素质上需要改进的方向、改进的方法等
绩效管理评估测试	向被测者说明评估结果，指出被测者素质中的优势与不足，针对不足提出改善建议
能力诊断测试	反馈内容视测试目的与企业的具体要求而定
职业发展测试	反馈测试过程中被测者表现出的职业倾向、工作类型，需要提升的素质，开发的潜能

2）测评效果的评估与改进

（1）测评效果的评估。素质测评的最终目标在于科学地测量出人员素质，为人力资源管理工作服务。但是在实际的情况中，测评作为手段，终究存在自身的有限性和不稳定性。这些因素都需要在测评结果的分析结束后进行全面的评估。此外，组织在实施测评的过程中，不仅要强调测评结果的科学有效性，还要注重收益和成本的均衡，在对测评结果进行评估时，可以采用有效性、成本评估、公平性与可用性四项指标进行衡量。

① 有效性。要想确定一种人员素质测评方法的有效性，最为有效的方法便是找出测评工具所测得的分数与实际工作绩效的分数之间所存在的相关性，即求出该种测评方法的效标关联效度。如果在测试分数和实际工作绩效分数之间存在明显的正相关，说明该测试具有较好的效果，即对于员工的绩效具有较好的预测力。

② 成本评估。在测评结束之后，对测评成本的评估是体现测评结果的效率和

效果的重要指标。测评成本是指测评工作中所花费的各项成本。测评结束后，人力资源部应当对照测评预算，对测评成本做出评估，以了解不同测评方法或测评工具所用成本的高低。

③ 公平性。公平性是指测评活动对于每位被测者的公平性。在测评活动中，各种测评方法、测评工具以及测评顺序安排等对于每位被测者都是要求一致的、条件相当的。

④ 可用性。可用性是指测评活动的实际可操作性，如测评方法与测评指标的可操作性等。在其他条件相同的情况下，可用性越高越好。

（2）测评活动的改进。

测评人员通过对被测者及组织人事决策的长期跟踪分析，对素质测评的流程、技术、结果的有效性、科学性、准确性做出评估，并据此完善素质测评的操作流程、测评技术和工具等，提高今后测评活动的准确性和有效性。

8.2 测评的信度与效度

1. 人员素质测评的信度

1）信度的定义

信度（reliability）是指测评结果反映所测素质的可靠性和稳定性，一般多以内部一致性来表示该测评信度的高低。进行人员素质测评时，若对同一特质进行若干次测评，其测得的每一次结果都不可能完全一致，这受测量误差的影响。

一般来说，人员素质测评的误差可以分为两种：一是随机误差，二是系统误差，其具体内容如表 8-3 所示。

表 8-3 人员素质测评中误差的类型

随机误差	系统误差
随机误差是指由偶然因素引起的无规律的误差，导致测评结果围绕某一个值产生不一致、不稳定的变化	系统误差是由于测验工具本身引起的有规律的变化的误差，导致测评结果偏离真值，其特点是测量结果向一个方向偏离，且其数值按一定规律变化，具有重复性和单向性

2）信度的类型

（1）重测信度（test-retest reliability）又称为稳定性系数，它的计量方法是采用重测法：用同一种测验，在不同时对同一群体施测两次，这两次测量分数的相关系数即为重测系数。

重测信度主要优点在于：①首测和再测中使用同一套试题，需要两套，这样要省时、省力；②同一套试题所测评的属性是完全相同的；③可以作为预测被测者将来行为表现的依据。

当然，它也具有不足的地方：①若前后两次实施测试的时间间隔选择不当，被测者则容易受到练习和记忆的影响；②被测者前后两次参加的测试并不是独立的。

重测信度所考察的误差来源是时间的变化所带来的随机影响。在评估重测信度时，必须注意重测间隔的时间。对于人格测验，重测间隔在两周到 6 个月之间比较合适。

（2）复本信度（alternative-form reliability）是以两个测验的复本来测量同一群体的特质，然后求得被测者在这两个测验上得分的相关系数。复本信度的高低反映了这两个测验复本在内容上的等值性程度。

复本信度与重测信度一样，也考虑两个复本实施的时间间隔。复本信度的主要优点在于：①能够避免重测信度的一些问题，如记忆效果、练习效应等；②适用于进行长期追踪研究或调查某些干涉变量对测验成绩的影响；③减少了辅导或作弊的可能性。

复本信度的局限性在于：①如果测量的行为易受练习的影响，则复本信度只能减少而不能消除这种影响；②有些测验的性质会由于重复而发生改变；③有些测验很难找到合适的复本。

（3）内部一致性信度（internal consistency reliability）主要反映的是测验内部题目之间的关系，考察测验的各个题目是否测量了相同的内容或特质。学术界普遍使用内部一致性系数（cronbacha）检验量表的内部一致性信度。内部一致性信度又分为分半信度和同质性信度。

① 分半信度（split-half reliability）是把一个测评分为两个假定相等而独立的部分来计分，通常以项目奇数的测题作为一半，把项目偶数的测题作为另一半，计算两半测验之间的相关性而获得信度系数。测验时间愈长，信度系数愈高。

② 同质性信度（homogeneity reliability）是指测验内部的各题目在多大程度上考察了同一内容。同质性信度低时，即使各个测试题看起来似乎是测量同一特质，但测验实际上是异质的，即测验测量了不止一种特质。同质性分析与项目分析中的内部一致性分析相类似。

（4）评分者信度（raters reliability）是指不同测评人员对同样的测试对象进行评定时的一致性。最简单的估计方法就是随机抽取若干份答卷，由两个独立的评分者打分，再求每份答卷两个评判分数的相关系数。这种相关系数的计算可以用积差相关方法，也可以采用斯皮尔曼等级相关方法。

3）提高测量信度的方法

（1）测验保证标准化。测验的一系列程序、指标等应经过严格的设计，按照测量学的要求去做，以保证测验的内部一致性和稳定性。

（2）样本特征要具有广泛的代表性。在总体内抽样，样本应体现出多层次、异质性，这样样本的分布会更广泛，得出的信度指数会相对较高。如果选择的样本都集中于某一个层次，可能会造成分数分布比较集中，影响到信度系数。

（3）注意测验环境的影响因素。测验环境包括心理环境和物理环境，在测试时尽量在物理环境相对一致的前提下使被测者保持轻松的心态，以免影响正常发挥。如晋升测试中，很多人由于情绪紧张而发挥失常。

（4）根据测试内容选择合适的信度系数指标。对于跨时间稳定性的测试可采用重测信度，如个性测验；对于易找到复本的测试可采用复本信度，如职业资格考试。

（5）注意测验的难度和长度。在实际情况下，如果某个测验适用范围广，其难度水平通常适用于中等能力水平的被测者，而对较高水平的被测者和较低水平的被测者可能较易或较难，这就会使得分数分布范围缩小，信度水平降低。因此，一个标准化的测验，在难度设计上应该基本满足不同能力水平的被测者。

另外，测验时还要注意测验的长度，虽然在一个测试中增加同质的题目，可以使信度提高，但测验也不宜过长，否则会引起被测者的疲劳和厌倦，从而影响测验的质量。

2. 人员素质测评的效度

1）效度的定义

效度（validity）即有效性，是指测量工具或手段能够准确测出所需测量的事物的程度。效度是指所测量到的结果反映所想要考察内容的程度，测量结果与要考察的内容越吻合，则效度越高；反之，则效度越低。效度分为四种类型：表面效度、内容效度、构念效度和经验效度。效度比信度有更高的要求，信度是效度的必要条件，没有信度的测量工具就谈不上具有效度，但信度高的测量工具未必具有高的效度。

2）效度的种类

（1）表面效度（face validity）指测试应达到的卷面标准，即一套测试题从表面看来是不是合适的。例如，若一次阅读理解力的测试包括许多被测者没有学过的方言词汇，则可认为这次测试缺乏表面效度。表面效度是保证测试出被测者正常水平的一个因素。

（2）内容效度（content validity）指一套测试题是否包含了应该测试的内容或者说所测试的内容是否反映了测试的要求，即测试的代表性和覆盖面的程度。例如，某一套发音技能测试题仅仅考察发音所必须具备的某些技能，如只考单一音素的发音，而不考察重读、语调或音素在词语中的发音，那么，该测试的内容效度就很低。

确定内容效度的方法通常是由专家根据测验题目和假设的内容范围作系统的比较判断。如果专家们认为测验题目恰当地代表了所测内容，则测验具有内容效度。这种方法的主要问题是：缺乏一种数量化指标来描述内容效度的高低；不同专家的判断可能不一致；如果测验内容范围缺乏明确性，会使效度的判断过程发生困难。

（3）构念效度（construct validity）是指理论中的抽象概念在多大程度上在实际研究中成功地进行了操作化，即操作变量在何种程度上体现了它想要体现的理论概念的真正含义。构念效度通常用聚合效度（convergent validity）和区别效度（discriminant validity）来评价。

①聚合效度反映使用不同方法度量同一概念所得出的度量结果之间的一致性。例如，测量学生的英语能力（构念），有两种测量方法：一是大学英语四、六考试，二是英语课上老师根据学生上课的长期表现打分。如果两种分数具有较高的相关系数，则说明两种测量方法都具有聚合效度。

②区别效度。如果使用同一测量工具测量（理论上认为）两个不相关的构念，结果发现这两个构念的实际测量结果确实不相关，那么则称该测量工具具有区别效度。例如，从理论上讲，“英语能力”和“数学能力”这两个构念不相关。对于“考试”这种测量工具，如果英语考试成绩与数学考试成绩不相关，则说明“考试”这种测量工具具有区别效度。

（4）经验效度（empirical validity）是一种衡量测试有效性的量度，通过把一次测试与一个或多个标准尺度相对照而得出。经验效度可分为两种：一是共时效度（concurrent validity），即将一次测试的结果同另一次时间相近的有效测试的结果相比较，或同教师的鉴定相比较而得出的系数；二是预测效度（predictive validity），即将一次测试的结果同后来的语言能力相比较，或是同教师后来对学生的鉴定相比较而得出的系数。

3）提升效度的方法

（1）控制系统误差。系统误差是影响测验效度的主要因素。它主要包括仪器不准，题目和指导语有暗示性，答案安排不当（被测者可以猜测）等，控制这些因素可以降低系统误差，提高效度。

（2）精心编制测题和测验量表。首先，测题内容要适合测验目的，如知识性测题就不能全面反映被测者的智力水平，它主要测量其知识水平。其次，测试题要清楚明了，用语要让被测者理解，排列要由易到难。最后，测题的难度和区分度要合适。

（3）严格按照测验程序进行测量，防止测量误差。要严格按照测验手册进行测量，不能做过多的解释，按标准评分，两次测验间隔要适当。

（4）样本容量要适当。当样本容量增大时，样本对总体的代表性提高。样本大，被测者的内部差异增大，扩大了真分数的方差，使效度提高。样本容量一般不应低于30。另外，抽样方法也很重要，一般用随机抽样，当群体很大时，可分层抽样，样本容量扩大时，其代表性才随之增大。

（5）正确处理信度与效度的关系。信度是效度的必要条件，但信度高的测验，效度不一定高；而效度高的测验，信度却比较高。但是，既要有高效度，又要有高信度是不容易做到的。最大可靠度（信度）要求测验项目之间有高度的组间相关；最大预测有效度却要求低度的组间相关。最大可靠度（信度）要求项目等同的难度；最大预测有效度却要求项目的难度有所区别。中等程度的组间相关（0.10～0.60）通常可产生良好的效度（0.30～0.80），并且产生满意的信度（0.90）。

（6）适当增加测验的长度。增加测验的长度可提高测验的信度，也可以提高效度，但增加测验的长度对信度的影响大于对效度的影响。

本章小结

（1）人员素质测评的操作包括了三个阶段：测评的第一阶段是测评的准备阶段，包括确定测评的目的、制订测评方案；测评的第二阶段是测评活动的实施阶段，包括实施测评、测评数据的处理和结果分析以及测评报告的撰写；测评的最后阶段是测评结果的反馈运用与评估改进。

（2）在制订测评方案的过程中，测评人员首先要设计测评体系；然后确定测评中所要使用的方法；接着要根据测评目的和对象选择和研制测评的工具；最后确定测评者、测评时间和场地。

（3）在测评的实施阶段，首先要进行测评实施的准备工作；然后根据测评方案，实施具体操作，并回收测评结果；接着测评人员要利用科学的分析方法对收集的数据进行统计和分析，最后根据分析结果撰写最后的测评报告。

（4）测评活动一般都与某项人事活动密切相关，因此在得到测评结果之后，需要将测评结果反馈给测评对象本人或上级以及其他相关的管理人员，并对测评的效果进行评估和改进。

复习与思考

（1）一项完整的测评方案应该包括哪些内容？

（2）在素质测评中有哪些常用的方法？选择的依据是什么？

（3）简述人员素质测评的实施流程。

（4）测评报告中包含的内容有哪些？

（5）在测评结果的反馈运用中应该注意哪些问题？

（6）人员素质测评信度的主要类型有哪几种？

（7）人员素质测评的效度有哪几种类型？

拓展阅读

宝洁公司的校园招聘①

宝洁公司完善的选拔制度已经得到了商界人士的首肯。在2003年中华英才网首届“英才大学生心目中最佳雇主企业”评选活动中，宝洁公司名列综合排名的第五位和快速消费品行业的第一位。

我们考察宝洁所取得的成就时，肯定不能忘记的是宝洁独特的人力资源战略。其中，尤其值得称道的是宝洁的校园招聘，曾经有一位宝洁的员工这样形容宝洁的校园招聘：“由于宝洁的招聘实在是做得太好了，即便在求职这个对学生比较困难的关口，自己第一次感觉自己被尊重，就是在这种感觉的驱使下，我带着理想主义来到了宝洁。”

一、宝洁的校园招聘

1. 前期的广告宣传

派送招聘手册，招聘手册基本上覆盖所有的应届毕业生，以达到吸引应届毕业生参加其校园招聘会的目的。

2. 邀请大学生参加其校园招聘会

宝洁的校园招聘会程序一般如下：校领导讲话；播放招聘专题片；宝洁公司招聘负责人详细介绍公司情况；招聘负责人答学生问；发放宝洁招聘会介绍材料。

宝洁公司会请公司有关部门的总监、高级经理以及一些具有校友身份的公司员工来参加校园招聘会。通过双方面对面的直接沟通和介绍，向同学们展示企业的业务发展情况及其独特的企业文化、良好的薪酬福利待遇，并为应聘者勾画出新员工的职业发展前景。通过播放公司招聘专题片，公司高级经理的有关介绍及具有感召力的校友亲身感受介绍，使应聘学生在短时间内对宝洁公司有较为深入的了解和更多的信心。

3. 网上申请

从2002年开始，宝洁将原来的填写邮寄申请改为网上申请，毕业生通过访问宝洁中国的网站，单击“网上申请”填写自传式申请表来回答相关问题，这实际上是宝洁的一次筛选考试。宝洁的自传式申请表是由宝洁总部设计的，全球通用。宝洁在中国使用自传式申请表之前，先在宝洁中国的员工及中国高校中分别进行取样调查，汇合其全球同类问卷调查的结果，从而确定了可以通过申请表选拔的最低考核标准，同时也确保申请表针对不同文化背景的学生仍然保持筛选工作的

① 周广亮，刘珂. 人力资源管理[M]. 北京：中国铁道出版社，2013：109.

有效性。申请表还附加一个开放式问题，供面试的经理参考。因为每年参加宝洁应聘的学生很多，一般一个学校就有 1 000 多人申请，宝洁不可能直接和上千名应聘者面谈，而借助于自传式申请表可以帮助其完成高质高效的招聘工作。自传式申请表用计算机扫描来进行自动筛选，一天可以检查上千份申请表，宝洁公司在中国曾经做过这样一个测试，在公司的校园招聘过程中，公司让几十名并未通过履历申请表这一关的学生进入到下一轮面试，面试之前告知他们都已经通过了申请表筛选这一关。结果，这几十名学生无人通过之后的面试，没有一个人被公司录用。

4. 笔试

笔试主要包括 3 个部分：解难能力测试、英文测试、专业技能测试。

（1）解难能力测试。这是宝洁对人才素质考察的最基本一关，主要考察求职者解决疑难问题的能力。在中国使用的是宝洁全球通用试题的中文版本，试题分为五个部分，共 50 小题，限时 65 分钟，全部为选择题，每题 5 个选项。第一部分：读图题（约 12 题）；第二部分和第五部分：阅读理解题（约 15 题）；第三部分：计算题（约 12 题）；第四部分：图表题（约 12 题）。整套题主要是考核申请者的以下素质：自信心（对每个做过的题目有绝对的信心，几乎没有时间检查改正）；效率（题多时间少）；思维灵活（题目种类繁多，需立即转换思维）；承压能力（解题难度较大；65 分钟内不可能有丝毫松懈）；迅速进入状态（考前无读题时间）；成功率（凡事可能只有一次机会）。考试结果采用电脑计分，如果没通过就会被淘汰。

（2）英文测试（Test of English for International Communication，TOEIC）。这个测试主要用于考核母语不是英语的人的英文能力。考试时间为 3 个小时。45 分钟的 100 道听力题，75 分钟的阅读题，以及用 60 分钟回答 3 道题。大多是用英文描述以往的某次经历或者个人思想的变化。

（3）专业技能测试。并不是任何部门职位的申请者都需要经过专业技能测试，最主要考核的是应聘那些有专业限制的岗位（如研发开发部、信息技术部和财务部等的岗位）的申请者。宝洁公司研发部门招聘的程序之一是要求应聘者就某些专题做学术报告，并请公司资深科研人员加以评审以考察其专业功底，对于申请公司其他部门的学生，则无须进行该项测试，如市场部、人力资源部等。

5. 面试

（1）面试流程

宝洁的面试分两轮。第一轮为初试，由面试经理对应聘者进行面试，面试一般都用中文进行。面试人通常是有一定经验并受过专门面试技能培训的部门高级经理，一般这个经理是被面试者所报部门的经理，面试时间在 30~40 分钟。

通过第一轮面试的学生，宝洁公司将出资请应聘学生来广州宝洁中国公司总部参加第二轮面试，也是最后一轮面试。为了表示对应聘学生的诚意，除免费往返机票外，面试全过程在广州最好的酒店或者宝洁中国总部进行。

第二轮面试大约需要60分钟，面试官至少是3人，为确保招聘到的人才真正是用人单位（部门）所需要的和经过亲自审核的，复试都是由各部门高级经理来亲自面试，如果面试官是外方经理，宝洁还会提供翻译。

宝洁的面试过程主要分为以下三大部分。

② 相互介绍并创造轻松的交流氛围，为面试的实质阶段进行铺垫。

② 交流信息。主考人员会提出8个问题，这8个问题由宝洁公司的高级人力资源专家设计，无论如实回答或者是编造，都能反映应聘者某一个方面的能力：宝洁希望了解每个细节，高度的细节要求让个别应聘者感到不能适应，没有丰富实践经验的应聘者很难很好地回答这些问题。

讨论的时间逐渐减少或者是合适的时间一到，面试就引向结尾。这时候面试官会给应聘者一定时间，由应聘者向主考人员提几个自己关心的问题。

③ 面试评价。面试结束后，面试人立即整理记录，根据应聘者回答问题的情况及总体印象做出评定。

（2）宝洁的面试评价体系

宝洁公司在中国高校招聘采用的面试评价测试方法主要是经历背景面谈法，即根据一些既定考察方面和问题来收集应聘者所提供的事例，从而考核应聘者的综合素质和能力。

宝洁的面试由八个核心问题组成。

① 你举一个具体的例子，说明你是如何设定一个目标并且达到它的？

② 请举例说明你在一个项目团队活动中如何采取主动性，然后起到领导者的作用，最终获得你所希望的结果。

③ 请你描述一种情形，在这种情形中你必须去寻找相关的信息，发现关键的问题并且自己依照一些步骤来获得期望的结果。

④ 请你举一个例子，说明你是怎样通过事实来履行你对他人的承诺的。

⑤ 请你举一个例子，说明在完成一项重要的任务时，你是怎样和他人进行有效合作的。

⑥ 请你举一个例子，说明你的一个有创意的建议曾经对一项计划的成功起到了重要的作用。

⑦ 请你举一个例子，说明你是怎样对你所处的环境进行一项评估，并且能将注意力集中于最重要的事情上以便获得你所期望的结果。

⑧ 请你举一个具体的例子，说明你是怎样学习一门技术并且怎样将它用于实际工作中。

根据以上几个问题，面试时每一位面试官当场在各自的“面试评估表”上打分，打分分为3等：1～2分（能力不足，不符合职位要求，缺技巧、能力及知识），3～5分（普通至超乎一般水准，符合职位要求，技巧、能力及知识水平良好），6～8分（杰出应聘者，超乎职位要求，技巧、能力及知识水平出众）。具体项目评分包括说服力、毅力评分，组织计划能力评分，群体合作能力评分等。在“面试评估表”的最后一页有一项“是否推荐栏”，有三个结论供面试官选择：拒绝、待选、接纳。在宝洁公司的体制下，聘用一个人，需经所有的面试经理一致通过。若是几位面试经理一起面试应聘者，在集体讨论之后，最后的评估多采取一票否决制，任何一位面试官选择了“拒绝”，该应聘者都将从面试程序中被淘汰。

公司发出录取通知书给本人及学校。通常，宝洁公司在校园的招聘时间大约持续两周，而从应聘者参加校园招聘会到最后被通知录用大约需要一个月。

二、校园招聘的后续工作

发放录取通知后，宝洁的人力资源部还要确认应聘者被录用与否，并开始办理有关入职、离校手续。除此之外，宝洁公司校园招聘的后续工作还包括以下几个方面。

1. 招聘后期的沟通

宝洁认为他们竞争的人才类型大致上是一样的，在物质待遇大致相当的情况下，“感情投资”便是竞争重点了，一旦成为宝洁决定录用的毕业生，人力资源部会专门派一名人力资源部的员工去跟踪服务，定期与录用人保持沟通和联系，把他当成自己的同事来关怀照顾。

2. 招聘效果考核

招聘结束后，公司也会对整个招聘过程进行一些可量化的考核和评估，考核的主要指标包括：是否按照要求招聘一定数量的优秀人才；招聘时间是否及时或录用人是否准时上岗；招聘人员素质是否符合标准，即通过所有招聘程序并达到标准；因招聘录用新员工而支付的费用，即每位新员工人均因招聘而引起的费用分摊是否在原计划之内。

案例点评

宝洁公司的校园招聘有以下几个特点。

（1）大多数公司只是指派人力资源部的人去招聘，但是在宝洁，是人力资源部配合别的部门去招聘。用人部门亲自来挑选人才，而非人力资源部作为经理来选人才，让用人单位参与挑选应聘者的过程中去，避免了“不用人的选人，而用人的不参与”的怪圈。

（2）科学的评估体系。与一般的国有企业不同，宝洁的招聘评估体系趋向全面深入，更为科学和更有针对性。改变了招人看证书、凭印象来判断的考核制度，深层次、多方位考核应聘者，以事实为依据来考核应聘者的综合素质和能力。

（3）富有温情的“招聘后期沟通”，使应聘学生从“良禽择木而栖”的状态迅速转变为“非他不嫁”的心态，这也是宝洁的过人之处。它扩展了传统意义上的招聘过程，使其不仅限于将合适的人才招到公司，而且在招聘过程中迅速地使录取者建立了极强的认同感，使他们更好地融入企业文化。

实训任务一

【实训目的】

掌握人员素质测评的实施流程。

【实训内容】

2016年3月，北京某移动通信运营商公开招聘运营部总经理、业务部总经理、副总经理。为了提高中高管理干部选拔的科学性和有效性，公司希望改进以往的评估方式，通过人才测评来进行人才选拔。请结合你了解的实际情况和所学知识，为该公司列出人员素质测评的实施流程并写出各自的内容要点和应该注意的事项。

【组织与评价】

（1）阅读实训内容要求，随后分组进行讨论。

（2）组内整合观点并完成下表。

序号	步骤	内容要点	注意事项
1	确定测评目的		
2	选择测评指标和方法		
3	设计测评方案		
4	进行人员素质测评		
5	测评数据分析		
6	测评报告撰写		
7	测评结果反馈		

（3）组间互评，教师点评。

实训任务二

【实训目的】

掌握设计不同岗位的人员素质测评的实施流程方案。

【实训内容】

你是B公司人力资源部门负责人，现在公司需要招聘财务经理，需要对应聘者进行素质测试，心理测试采用霍兰德职业兴趣、价值观测试，评价中心采用的是无领导小组讨论和角色扮演，请你用一天时间把测评实施方案流程图做出来。

【组织与评价】

（1）教师提供简要的测试流程，供学生参照使用。

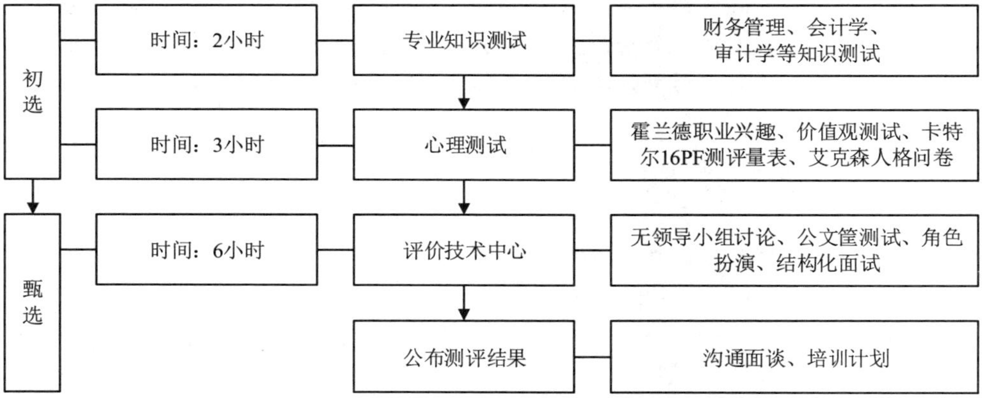

（2）学生分组进行讨论，设计流程图。

（3）学生进行汇报，老师对每组的汇报进行点评。

实训任务三

【实训目的】

掌握人员素质测评的实施流程，并能对实际案例中的实施方案进行合理的评价和分析。

【实训内容】

从人员素质测评实施的角度对以下案例进行分析。

神龙集团是一家制造汽车的中型国有企业，在我国经济体制改革初期，原企业销售人员直接转为营销人员，并未经过甄选、测评上岗，人员素质参差不齐。为了适应激烈市场竞争的需要，提高营销队伍的工作绩效，将合适的人放在合适的岗位，对不适应岗位的人员进行培训和开发，神龙集团委托A测评公司对营销人员进行素质测评，希望通过测评技术对营销队伍进行优化配置，提升公司的销售业绩。

A测评公司采用多种方式对神龙集团进行了大量的实地调查研究，收集了详细的资料，并根据此次测评目的制订出实施方案。该方案分为三个步骤：步骤一，根据营销人员的工作要求确定测评的指标要素；步骤二，将测评指标要素分为两大类，一类是管理指标，另一类是业务指标，并对测评指标分配权重，经过修订后形成胜任力模型；步骤三，通过与测评对象进行关键行为事件访谈，与他们的上司、助理、业务相关部门的同事等进行360度访谈，并查阅销售人员过去的销售记录，了解他们的素质状况、专业知识、工作能力与个性特征等情况，从而完成对测评对象适应职位的可能性和发展潜力的评价。

【组织与评价】

（1）阅读案例。

（2）思考以下问题：

① 该企业的营销人员素质测评方案合理吗？

② 该方案是否具有可行性和可操作性？

③ 一个完整的人员素质测评项目包括哪些步骤？

（3）将不同观点进行比较，教师进行点评。

参考文献

[1] 萧鸣政．人员素质测评理论与方法[M]．2 版．北京：北京大学出版社，2016．

[2] 周路路．人才测评——理论、方法、实务[M]．北京：人民邮电出版社，2018．

[3] 陈爱吾．人员素质测评[M]．北京：中国财政经济出版社，2017．

[4] 畅铁民．人力资源管理实验教程[M]．北京：北京大学出版社，2013．

[5] 孙宗虎，庄俊岩．人员测评实务手册[M]．北京：人民邮电出版社，2017．

[6] 陈全明，张广科．人才素质测评[M]．北京：高等教育出版社，2016．

[7] 苏永华．人才测评概论[M]．2 版．北京：中国人民大学出版社，2016．

[8] 张文贤，董临萍．人才测评[M]．2 版．北京：科学出版社，2018．

[9] 徐世勇，李英武．人员素质测评[M]．北京：中国人民大学出版社，2017．

[10] 王文茜．情绪管理与压力缓解[M]．上海：上海交通大学出版社，2017．

[11] 王淑红，周新军，姜平．人员素质测评[M]．3 版．北京：北京大学出版社，2023．